もっと多くの人が関わればどうなるだろうか。あるいは数多ある大学の序列化、しかも国内に限定せずに世界中の大学をランキング化して、それを真に受けて補助金にまで影響するとしたなら、話は穏やかならぬ生臭さを帯びる。

現在の情報社会の進展がランキング化に拍車をかけていることも確かだろう。ビッグデータの分析は人間行動の膨大な情報の分析を可能にし、さらにその情報の解釈を容易にするためにランキングは重宝である。これからの国際社会は、一層のランキング化の波にさらされることになろう。そうであるなら、国家も個人も、ランキングを冷静に解釈するリテラシーを持たないとただただその情報に踊らされてしまう。ある著名なランキングで昨年1位だったものが今年は10位に下落したとする。その下落の意味することは何なのか。そもそもそのランキングの指標は正確なのか。評価学的にはそこに信頼性の問題があるかもしれない。それを冷静に捉える思考様式は欠かせない。ランキングに踊らされることのないようにリテラシーを高めることと併せて、明確に一つの価値で序列化されているなかで、日本の位置を確かめることにも本書は取り組んでいる。影響力を持つものの、日本がさほど重視しない価値であるならそれを無視することもできるだろう。しかし、自由で平和な民主主義社会を価値とするとき、それに関連したランキングで下位に甘んじていてよいのかどうか、一つの政治的な課題として検討する必要がある。特に日本が重視したいランキングを取り上げている。

各章では、過去のランキングにも遡る。あるいは特徴的な輪郭を浮かび上がらせるために比較の対象を変えてふんだんに図表を掲載している。場合によっては網羅的にランキングを掲載することで、資料的な意味合いを持たせている箇所もある。それらを用いてより深い分析を別の機会に行うための準備作業的なセクションとなる。余力があれば本書のなかでデータを用いた一歩踏み込んだ分析を行えればよかった。この点は近い将来の残された大きな課題として認識している。そうした点を含めて、本書の刊行が、世界の中の日本についての考究に多少なりとも刺激を与えることとなれば幸いである。

広島修道大学学術選書 67

ランキングに見る日本のソフトパワー

三上 貴教 *MIKAMI Takanori*

溪水社

はしがき

　世界第2位の経済大国が、中国にその座を譲って第3位に落ちた。GDPという指標が、経済の専門家のみならず、国民の心持ちを変えるほどの大きな影響力をもっていることは疑いない。筆者が国家間比較のランキングに特に関心を抱くようになったのは、人間開発指数という尺度があって、日本はそれで世界1位であるとの報道に接したことだったように記憶する。それはすごいことだと思う反面、何やら腑に落ちない、「それってどういう意味？」、そもそも「そのことに何か意義はあるの？」との疑問も脳裏のどこかに払拭されずに残っていた。

　比較的最近の例を挙げるなら、大学世界ランキングもその影響力を認めつつ、どうやって客観的に判断するのか大きなクエスチョン・マークのつくランキングの一つである。しかしこのランキングに文科省は大いに刺激を受けて、スーパーグローバル大学を選別した上でベスト100以内にランクインさせるべく大金を注いでいる。これは日本の名山100を選定するような話とは訳が違う。いやもちろん名山100も選ばれると選ばれないとでは大きな差が生じる。近隣地域の経済効果など泥臭い話とも無縁ではないかもしれない。それでも、通常の受け止めは、なかば遊び心が加味された100山であろう。国の税金が直接的に何億円と動く話ではない。

　本来ランキングは好奇心の延長線上にある遊び心に根差した話のネタの提供に過ぎないのかもしれない。自分の心のなかで、このレストランが1番、こちらは2番、などと私的かつ主観的につけて自分なりの情報整理に役立てる。ただしそれが、Aさんも、Bさんも、Cさんも納得するようにレストランを順位づけようとするなら、その途端に穏やかならぬ競争心と相俟って、ささくれ立った感情のぶつかり合いを生み出しかねなくなる。

　Aさん、Bさん、Cさんの3人ならばまだじっくりと話し合えばそれなりの結論に到達して、みなが納得できる結論も導き出せるかもしれない。

目　次

はしがき…………………………………………………………… i

第1章　国際政治学的にランキングを研究する意義 ……… 3
1　ランキング化の進展　3
2　ランキングによる目標の明確化　8
3　ランキング・リテラシー　15
4　ひろレポの可能性　23
5　国会審議のなかのランキング　26
6　ランキングと地球文化　38

第2章　外交青書のなかのランキング …………………… 40
1　日本外交の基調　40
2　第1号と近刊　41
3　1960年代と1970年代　51
4　1980年代と1990年代　62
5　2000年代　69
6　2010年代　78
7　ランキング的分析　81

第3章　民主主義を測るランキング ……………………… 88
1　民主主義のランキング化　88
2　民主主義指数の方法論　90
3　日本の評価　103
4　諸外国の評価　108

第4章　幸福度ランキング　………………………… 112
　1　社会のなかの幸福　112
　2　情けは人のためならず　113
　3　幸福度ランキングについて　115
　4　日本国内の幸福度ランキング　118
　5　第2回目の発表　120
　6　OECDによる幸福度調査　122
　7　より良い社会とするために　123

第5章　国際観光に関するランキング　………………… 125
　1　ソフトパワーとしての観光　125
　2　観光競争力ランキング　127
　3　受け入れ観光客ランキング　135
　4　観光と安全保障　139
　5　日本の観光政策に向けて　144

第6章　腐敗認識指数　………………………………… 146
　1　腐敗認識指数とは　146
　2　ソフトパワーとしての腐敗認識指数　150
　3　日本にとっての課題　153

第7章　平和度ランキング　…………………………… 158
　1　平和は測れるか　158
　2　GPI第1部　159
　3　GPI第2部　163
　4　GPI第3部と評価項目　165
　5　OECD諸国のなかで　175

第 8 章　人間開発指数ランキング …………………………… 178
　1　日本の順位の変動　178
　2　教育の評価　183
　3　2013 年版のレポート　188
　4　指数の算出方法　190
　5　日本社会における存在感　196

第 9 章　「ひろしまレポート」に基づくランキング ……… 199
　1　「ひろしまレポート」に対する期待　199
　2　図表分析　201
　3　記念式典への参加を促す　212

第 10 章　「良い影響」調査に基づくランキング ………… 216
　1　与える影響に関するアンケート調査　216
　2　日本に対する評価　220
　3　諸外国の自国に対する評価　224
　4　日本社会における浸透度　228

第 11 章　「教育力」ランキング ……………………………… 231
　1　教育再生と大学ランキング　231
　2　大学ランキング創出の試み　237
　3　英語力ランキング　250
　4　教育のコスト　255
　5　大学教育の現状　259
　6　海外留学生数　265
　7　日本の英語教育の課題　268

第12章　オリンピック・メダル数ランキング …………272
1　ソフトパワーとしてのオリンピック・メダル数　272
2　夏季オリンピックⅠ（1976年モントリオール・オリンピック以降）　280
3　夏季オリンピックⅡ（1972年ミュンヘン・オリンピック以前）　291
4　日本のメダル数　303
5　冬季ソチ・オリンピックを終えて　305
6　冬季1980年レークプラシッド以降　311
7　冬季1976年インスブルック以前　318

第13章　NGO・シンクタンク・ランキングと日本の市民社会の課題 ……327
1　NGOとシンクタンク　327
2　NGOランキング　328
3　シンクタンクのランキング　334

第14章　ソフトパワーによる民主主義の強化 …………339
1　ソフトパワーの相互認証　339
2　J・マクローリーのソフトパワーランキング　342
3　ソフトパワーの重要要素である民主主義を競う　344
4　日本アカデメイア　347
5　ソフトパワーを高める　349

おわりに ………………………………………… 355
参考文献 ………………………………………… 357
事項索引 ………………………………………… 373
人名索引 ………………………………………… 376

広島修道大学学術選書　67
ランキングに見る日本のソフトパワー

第1章
国際政治学的にランキングを研究する意義

1 ランキング化の進展

　新聞を開けば大抵何がしかのランキングがある。何でもランキング化しようとする日本社会の動きに呼応している。それは国際社会の国家間ランキングでも同様である。国家を比較することはそう簡単な作業ではない。宇宙で人が暮らす時代になったとはいえ、世界はやはり広大で、世界各国の事情に通じることなど並大抵の作業ではない。それでも国家を比較するランキングは数多出現している。そうした趨勢を生み出している要因は何なのだろうか。それはランキングの持つ情報を伝える力、興味関心を惹起する力に起因しよう。またインターネット時代となって、世界を文字通りネットワークの網の目で覆うことが可能になった技術革新によるところも大きい。さらには国際機関が蓄積してきた数多くのデータがネット上で無料公開される例が増えたこともあろう。大森（2012：40）によると世界銀行は 2010 年 4 月 20 日から「オープン・データ・イニシアティブ」を開始して、世界各国の 2000 を超える経済、社会開発関連の指標を公開するようになったという。こうした動向について、ランキングや格付けが、評価される機関の説明責任と透明性を高めているという指摘もなされるようになっている（Szper 2013）。
　国際政治学的な視点からこの過剰なランキング化の現象にアプローチするとき、次のような解釈はできないだろうか。本書が取り上げた数多くの世界ランキングは、その過半が 2000 年に入ってからはじめて発表されたものが多い。このことは、世界がある一つの価値で比較可能な国際社会が

誕生していることの証左ではないのか。あるいは世紀の変わり目に、ウェストファリアの揺らぎ、新しい中世[1]として世界の変容を強調する見解が流布したことに対する反発的な動きではないのか。つまり現存秩序への懐疑が大きくなるなかでの危機感が、逆に主権国家を中心とするランキングの湧出を招いた面もあるのではないか、ということである。国家単位での比較は、国家そのものを単位としてその存在感を否定しがたく際立たせる。10億人を超える人口を抱える巨大国家と、わずか3万人のマイクロ国家を同一視する、一見明白な矛盾が内在する主権国家システムを所与のものとして再強化する手段が世界各国のランキング化となっている。

さらにより新しい既存の国際秩序の激しい動揺をもたらしているのは、中国の急激な台頭である。多分に西欧的価値観に支えられているウェストファリア体制を中国の存在をより顕在的に際立たせる国際秩序へと変えようとする思惑が中国の行動には見え隠れする。そうした揺らぎに見舞われているからこそ、あらためて国際社会が築き上げてきた価値を確かなものにしようとする試みの一端もランキング化に表れている。

世界ランキングは、世界のある価値を巡る分布を明らかにする。それは国際社会を知るための有効な手段である。人は自分の目で現場に立って肌で感じられる情報を得る。現場主義の情報量は何物にも勝る。しかしながら、現場主義だけではそれが刹那的な直観に根差してはいるものの、深い洞察を伴わない恐れがつきまとう。その瞬間に感じたことの意味は何なのか。その現実がつきつける時間と空間を超える意味は何なのか。それを探求する試みとして、現場主義に加えて理論的分析と洞察が必要になる。

可能ならば世界ランキングが描くベスト3とワースト3の国に足を運ぶことも刺激的だろう。しかしそのための資金を誰でもが持ち合わせているわけではない。仮に運よく経済的に可能であっても、特にワースト3は治安上の危険を伴い、渡航が制限されていることも少なくない。ワースト3が無理なら、ランキングを手に置きながら、近隣の渡航可能な国々に足を

---

[1] たとえば田中明彦（2003）と、脱国家性をポストモダンと位置づける冷戦後世界秩序のキーワードとする Cooper（1993）を参照されたい。

運んでランキングの尺度から観察してみることも新たな発見を生むだろう。

　高校世界史教科書、政経教科書、高校地図にもランキングは掲載されている。地図は伝統的な国際ランキングの宝庫である。これらは言わば地政学的なランキングである[2]。人口、領土面積、貿易額、資源の埋蔵量など、ランキングは人間を映し出す医療技術のMRI（Magnetic Resonance Imaging）のように世界の断面を描く。基礎データランキングと言ってもよい。他方、本書が取り上げる民主主義ランキング、腐敗認識指数、幸福度ランキングは先の地図には載らない。地理のランキングのように客観的データとも色合いを異にする。民主主義を測るという行為は、民主主義をどう理解するか、分析者の認識、価値、哲学が反映する。基礎データランキングと対比させるなら、価値データランキングといってもよい。もしこうした価値観が反映されるランキングで下位に位置づけられたなら、そう評価された国からそのランキングに対する嫌悪が示されることも少なくない。もちろん、民主主義ランキングで上位に位置することはその国にとって誉である。対外的な魅力の一つにもつながる。換言すれば、こうしたランキングはソフトパワー的ランキングである。

　本書で取り上げたランキングの多くは、ナイがその著『ソフト・パワー』においても言及している。ここでの目的には、日本のソフトパワーをできるだけ客観的に判定し、そのランキングを上げるためのヒントを探ることもある。世界的に注目されるランキングにおいて、高位に位置づけられることのソフトパワー的意味は決して小さくない。世界で最も民主的であるとする国家は、民主主義をもっとも価値ある政治体制とみなす多くの世界の人々にとって憧憬の的となる。大学ランキングについても同様である。人類の発展に役立つ大学教育の充実ぶりを示す国に対して、やはり世界中の多くの人びとはその優秀さに敬意を表しよう。

---

[2] 国際政治の力学の理解に、あらためて地政学的アプローチの重要性が主張されている。たとえばカプラン（2014）を参照されたい。

日本は戦後、軍事力を誇示するのではなく、経済力によって世界で一目置かれる存在であることに誇りを抱いてきた。あるいは、他と一線を画す日本文化の独創性を重要な文化的資産と認識してきた。そうした自己の自信を自惚れとしないためには、冷静に現在の日本の世界の中での位置を把握する作業が欠かせない。

　文明を形作る人間社会を観察するなら、価値あるものは歴史の教科書に載るか、ランキング化されてきた。歴史教科書は国によって記載が異なることもある。日本と中国、韓国などは典型的な例である。世界政府ができて、強権的に一本化でもしない限り、世界大に共通の歴史教科書はできないだろう。価値観の分布がどのような広がりを示しているかを知るためにもランキングは有用である。トップとボトムの間には未来永劫克服しがたい程の差があるのだろうか。それとも、常に変化する人間社会の宿命として、十分に変わりうる縮図となっているのか。差を認識し、その比較を可能にする分析枠組みの探求をランキング研究は可能にする。

　本書で取り上げた世界ランキングは、国際社会においても日本においても一定の影響力を持っている。たとえばHDI（Human Development Index：人間開発指数）は、はじめて登場した1990年以来、世界各国の人間開発の状況を示して新たな価値の萌芽となった。これは日本の新聞の社説においても数多く取り上げられ、国会審議においても言及されてきた。日本のみならず国際社会において、人間開発指数は一つの重要な価値として定着している。本書ではまた、取り上げた各ランキングにおける日本のランキングの順位の変遷にも注目する。

　世界100か国以上を網羅する世界ランキングの多くは冷戦後に登場している。冷戦構造の崩壊によって、はじめて世界大に各国を比較すること、また世界大に共通の価値を追求する素地ができたとも言える。ただ日本社会においては、自らランキングを創出して国際社会を比較しようとする意欲は強くないように見受けられる。世界各国を比較することも一つの国際社会観とするなら、ランキング創出国と比して日本のそれはかなり弱い。

比較することが人間の本性的な嗜好に根差していることはキャンベルとデッシュが指摘する通りである（キャンベル／デッシュ 2013）。経験的に捉えれば、ランキング化は理解しようとすること、知りたいとする欲求と関連していることもわかる。小学生 A 君が先生に君は足が速いと言われたとする。それはそれで当の本人にとってうれしいことである。しかしどの程度の重みをもつ事実として足が速いという指摘を受け止めたら良いのだろうか。その理解のためには相対的な視点が欠かせなくなる。小学生であるから、もし A 君が 100 メートルを 13 秒で走ろうものなら、驚くほどのスピードであろう。しかし、クラスで 1 番速いことがわかったとして、では地域全体の小学生のなかではどうなのだろうか。あるいは大人を含めてどうなのだろうか。さらにはジャマイカのウサイン・ボルト（Usain Bolt）が何秒で走っているのか、など、客観的な記録との対比が A 君にとって自己に対する足が速いとする言説の真偽を吟味する過程となる。そうしたプロセスを経ないで、絶対的に足が速いと主張してもその根拠は脆弱である。ボルトは人間として世界で一番足が速い。それでも、もしボルトが動物チーターと速さを競えば、同じ人間の一人としては残念なことではあるが、到底かなわない。そうした視点を踏まえて、100 メートル 9 秒台の意味を捉えることが、人間の知的探求力として真理に近づくことである。こうしたことを勘案するなら、ランキング化は一つの真理探究の試みとなっている。知的好奇心を持ち、知りたいと思うことが人間を人間足らしめているがゆえに、比較の一形態であるランキング化は人間の本能的なこととして意味をもつ。

　ランキングによる価値の創出と表出の意味を強調した。他方、ランキングには世間の関心を惹くための情報提供の側面もある。典型的には、プロスポーツ競技におけるランキングがある。2014 年 9 月のテニス全米オープン準決勝で、世界ランキング 11 位の錦織圭選手が同ランキング 1 位のノバク・ジョコビッチ（Novak Djokovic）を破った。こうしたランキングの活用は、見る者に、関心を惹起する効果を持っている。

2　ランキングによる目標の明確化

　世界の中の日本をより長い時間の幅で見るなら、第二次世界大戦後に日本がとった政策は、アメリカ的な自由な国際秩序のなかで、経済、文化に比重を置いた平和国家であった。外交政策上は吉田茂が敷いた、軽軍備の経済国家が路線となった（五百旗頭 2014：286）。高度経済成長を経験して、1969 年には西側世界で国民総生産第 2 位の経済大国となったことが発表された（毎日新聞 1969）。経済成長という目標が戦後日本を規定し、経済大国が日本のアイデンティティとなった。対米従属、エコノミックアニマルなどと揶揄されることもしばしばであったが、戦後の廃墟から押しも押されもせぬ経済大国にのし上がったことが日本人に誇りと自負を植え付けた。その世界第 2 位の経済大国のプライドをへし折ったのが中国の台頭である。成長著しい中国はあっという間に GDP で日本の倍近くに成長し、折れ線グラフのワニの口はますます大きく広がるばかりである[3]。世界第 3 位の経済大国という肩書で日本人のアイデンティティが安泰となるような状況にはない。経済成長の重要性は変わらぬまでも、2 位から 3 位に後退した事実を前に何かしら元気を失った日本で、経済大国を表看板に掲げる気分にはなれない。

　本書の目標の一つは、日本にとって誇りとなりうるランキングに注目し、日本丸の航海の海図とすることである。同時に、同じアジアの中国韓国との対比を交えて、地域の国家間関係を具体的に表すランキングを見ることである。日本あるいは日本人が重視する価値を体現し、それに基づく世界ランキングにおいて名誉ある地位を占めることはアイデンティティの確立のために意味がある。

　マラソンで強くありたいと願う陸上選手にとって、100 メートルの順

---

[3] ただし 2015 年以降、経済成長の鈍化が指摘されている。フォーリン・アフェアーズ誌においてバボネス（2016）は、実態はマイナス成長であるとも指摘する。

位はそれほど大事なことではない。長距離選手としての誇りは、長い距離を早く走れることにある。同じように、すべての国家が軍事大国を目指すわけではない。もちろん軍事力は国際政治のパワーを計算する上での最重要の要素である。しかし少なくとも国民のアイデンティティに鑑みて、軍事力を度外視して、何か別のものに重きを置き、そこで上位足らんとすることがあって良いのは当然である。

　そうした個々の目標に関わるランキングにおいて、人は上位を占めたいと願うはずである。日本にとってのそうしたランキングを顕在化させることは国家として確立すべきアイデンティティにもつながる。日本が誇りとしたいランキングの候補としては、民主主義、腐敗認識指数、HDI、観光競争力、幸福、教育、良い影響、経済競争力、言論自由度、オリンピックメダル数、ジニ係数、市民社会（NGO、シンクタンク）のランキングが思い浮かぶ。これらのできるだけ多くと、性格は多少異にするが、ひろしまレポート、外交青書について本書では取り上げている。

　外交青書に関しては、それが取り上げるランキングを見て、日本外交が追求しようとしている価値を浮かび上がらせることを目的として分析する。同時にそうした作業を通して日本外交の時代的な変遷も映し出す。それは図らずも世界の中の日本の状況を反映している。あるいは、必要性も感じられないところに惰性でランキングを紹介している箇所もある。そうした記載の在り様の意味も含めて、外交青書のランキングは世界の中の日本を考える上で興味深い情報に富む。

　明治期には西欧列強に追い付こうとする必死の改革があった。第二次世界大戦直後には、国家の壊滅的な状況のなかから、何としても復興しようとするたくましさがあった。高度成長期には、経済で国家を一流にしようとする熱意が発露した国民すべての努力があった。21世紀に入り、西欧に追い付きそして追い越したと勘違いした。一時は世界屈指の国家を生み出したと思い込んだものの、バブルがはじけた後は、覇気を失ってしぼんだ風船のような心持ちが日本人を包んでいる。

　こうしたなかで、どう国家の目標を定めたらよいのだろうか。今一度原

点に返って、OECD諸国のなかで自らの自画像を描き出してみることでヒントが生まれるのではないだろうか。OECD諸国については先進国として、さまざまなデータが数多く揃う。多くの場合、人類社会が築き上げてきた価値を定着させる、あるいは促進しようとするランキングが並ぶ。そうしたOECD諸国と日本を比較するランキングをつぶさに検討する。

　日本が重視してきた民主主義や平和を測るランキングにおいてトップを目指すことは、日本のソフトパワーにもつながる。またランキングを通して他国が得意とする分野、重きを置く価値が理解できれば、相手国のアイデンティティの確立とも結びつく[4]。そうした外交的なやり取りは、ソフトパワーの相互承認という平和的な関係の構築にもつながりうる。

　逆に言えば、これまで重視してきた価値であるはずなのに、ランキングにおいて必ずしも上位を占めていないとすれば、政策的に何らかの手を打つ必要がある。もしOECD諸国のなかで下位に低迷しているとしたなら、その原因を探り、改善の手立てを講じることが欠かせない。民主主義指数のランキング、腐敗度に関わる指数、平和度指数、観光競争力など、日本が重視すべきランキングは、OECD諸国との比較から世界の中の日本を相対的に知る手立てとなる。併せてランキングそのものに対する批判的な視点も持ち続ける必要がある。ランキングが表す価値に重きを置くならそれだけ、ランキングそのものに対する鋭敏な感覚を磨きたい。ランキングに対する創造的アプローチによって、日本がそこで上位に行くすべを見つけ出したい。あるいはより良いランキングにすることで、それが具現しようとする価値をより適格に表すランキングの改善にもつなげたい。ランキングそのものの結果は発表されても、その評価の仕方の詳細を公表していないランキングも少なくない。たとえば日本が重視する民主主義の指標で、ある項目の日本の評価が顕著に低い時、なぜそうなのか解明することが課題となる。内訳が細かく明示されていなくとも、日本の政治状況と評価項

---

[4] 大庭（2000）が指摘するように、アイデンティティの確立には自他の二重の承認が必要になる。

目とを照らし合わせていくと、民主主義の場合など上位をうかがえない原因が明らかになる。女性議員の数が少ないことは最大の評価引下げの要因となっていよう。評価の改善を図るためにも、評価そのものの分析を行い、評価の要因を探りだすことも懸案である。

　他方、ランキングは数値で表すことが通例だけに、国家間比較を行いつつ共通基盤足らしめようとする価値を広げることに都合が良い。国際社会を覆う主権国家を比較しながら、その主権国家が留意すべき価値を知らしめる最も有効な手段の一つとなっているのである。地球温暖化を防ぐために世界全体の CO_2 を減らすことに価値を置くとき、その排出量を各国比較で並べることは価値を伴うメッセージの周知である。中国がワースト1位である時、その事実を発表する機関が CO_2 を減らすことに価値を置いていることは明らかである。ランキングの発表は、中国政府がそのメッセージを汲んで、削減することへの期待を包含している。先進国で最も少ない排出量であるならば、その状況を称賛し、その国家のソフトパワーとなりうる情報を提供していることになる。

　山田順は、世界における日本の存在感の低下に危機感を深め、そうした実態を紹介するなかでランキングを数多く取り上げている。ここでのランキングは山田の主張の説得力を高めるために用いられている。たとえば、世界で失墜している日本ブランドの例として、100位までに日本の企業が7社入っているが、トヨタの10位が最高で、サムスンの8位に劣ることを、日本人として情けなく思うと記している（山田 2014: 58）。同時に山田は、日本が誇るべき強みを紹介する事例においてもランキングを列挙する。産業用ロボットの生産数は日本が1位である。広報外交においてその事実を適確に世界に伝えるなら、それは日本にとってのソフトパワーと結びつく。

　世界の中の日本の立ち位置を明確にするための比較対象として本書ではOECD諸国を取り上げることを上に述べた。併せて適宜新興国も取り上げていく。ランキングによっては世界100か国を超える地域を網羅して数値化している。そうしたランキングも、たとえば最下層の諸国の状況との

対比が有益である場合は随時取り上げる。しかし、数が多すぎることによって、逆に比較する視座がぼやけてしまうことも多々起こる。OECD諸国は、経済発展段階も共通性が高く、G7よりサンプル数が多いこと、さらに、本書が取り上げるさまざまな指標のデータが数多くそろうという利点がある。これらを網羅的に比較することで、日本の課題を浮かびあがらせることができる。OECD自体も加盟各国を比較するための統計データを積極的に開示発表し、ランキング化もしている。本書はそうした発表を活用しつつ、エコノミスト・インテリジェンス・ユニットの民主主義指標をはじめ、OECDの視点と異なるランキングも随時取り上げて国際社会における多様な価値に敏感であろうと心掛けている。

　日本が国家としての目標を定めかねているなかで、誇り得るべきものは何かを探しながら、ある人はクールジャパンをそのよすがとする。失われた20年を経てなお漂う日本丸には新たな目標が必要である。国家目標の再定義としてOECD諸国間との比較可能なランキングにおいて、すべてでOECD諸国の平均以上となるように提案したい。先進国のなかで、多方面に及ぶ指標で、その平均を上回る状態でありたい。もちろん得意分野はそのなかでトップ3に躍り出ることも課題となろう。それはそれで伸ばす。しかしそれらに限らず広範囲に及ぶ指標においても、平均を上回る国家でありたい。

　プリンストン大学教授のジョン・アイケンベリーによれば、自由と平等、民主主義を標榜した自由と繁栄の弧の麻生外交こそは、外交のグランドビジョンを掲げた例であったことを指摘する。しかしそれは、中国から中国の孤立化を狙う子供じみた外交として一蹴されたという（アイケンベリー 2015）。アイケンベリーが言うように、麻生政権自体が自民党に対する逆風のなかで、十分にその理念を追求できなかった事実は重い。民主党政権は従来の外交方針と異なる骨太のグランドストラテジーを提起することができなかった。再び自民党が与党となったことを踏まえれば、麻生が示した大きな方針の具体化をあらためて試みることは全くあり得ないシナリオではない。ただその時に示される目標は、国民にもまた国際社会にも

具体的に見えやすいほうが良い。その点では、本書が掲げるOECD諸国との関係から自由、平等、法の支配という民主主義的基盤を比較するランキングは有用である。これらに価値を置く以上、OECD諸国内の平均以上を目指す方針は具体的かつ簡明である。

　世界の中の日本を考察するうえで、経済的な競争力の側面からも、日本の低落傾向についての指摘はしばしばなされている。1人当たりのGDPなど、1993年当時世界で第2位であったものが、2012年には第18位まで低下している。労働生産性も、OECD諸国のなかで21位となっている（下村2014:254-255）。こうした現実から、日本の地盤沈下は明らかであり、目標を再度明確に定めてOECD諸国のなかで平均以上を狙う必要がある。経済力自体はジョセフ・ナイによるソフトパワーの定義に含まれない。しかし経済的な競争力は日本人が誇りとしていた部分であり、自らアピールできると感じてきた領域である。そうした経緯を踏まえれば、他へ自らの魅力をアピールする一領域として拾い上げることも問題はないだろう。

　併せて最近は、OECDの各種の指標において、新興国BRICSのデータを交えて紹介することが多くなった。そうしたなかでも、世界の中の日本の立場の輪郭を際立たせるために本書では、中国との対比は積極的に行う。GDPで中国に抜かれた後、存在感として高まる中国と影が薄くなる日本のコントラストが否応なしに目立つ構図となっている。日本人として、それでは民主主義という世界的な価値観においてはどうなのか、関心を持っておきたい。そこで中国はどう位置付けられ、そして日本はどう評価されているのだろうか。個別に対比していくなかで、自由と平等、法の支配を重んじる日本と、そうした民主主義的な価値を体現できていない大国の姿が映し出される。日本が重んじる価値は、そうした中国の現実と大きく異なる民主主義的政治文化に存している。もちろん、日本にも改善すべき事柄が多い。それでもなお、アジアのなかで国際社会が尊重する重要な価値を日本は追及し、他方で中国はその方向性に歩もうとしていない現実を浮かび上がらせる事例は多い。その対比によって、日本が国際社会のなかで

歩むべき道も自覚的に確認できよう。日本は中国とは異なる。当たり前のことではあるが、世界の中で目指す方向も中国と異なり、民主主義的価値を重んじる国家であることを誇りとすることで、世界の中の日本の舵取りの羅針盤は精度を増す。

　国際関係の断面を表象するランキングとして、査証免除国の数を単純に集計したものがある。これを見るとやはり上位には北欧の国々が並び、続いて西欧諸国、その後に日本や韓国が並ぶ。明らかに政治経済的な社会の安定度が表れている。他方ロシアや中国は下位にある。中国は経済的発展によって自信を深め、世界の中心として国際的な信認を得るべく外交政策を展開している。しかしその自己認識は世界から快く受け入れられる状況にまでは至っていない。国際社会は中国の国内的な格差の問題、人権を尊重しない権威主義的な共産党による一党支配、不十分な法の支配、自由を重んじない現実を看過しない。逆にいうと、そうした国際社会が共有する価値において相変わらず世界の周縁に位置づけられていることに中国自身が反発を抱き、その変更を力で行おうとする欲求がますます高まる可能性に注意を向ける必要がある。

　船橋洋一が広く世界から碩学を集めて編纂した『検証　日本の「失われた20年」』は、具体的なランキングを示して、いかに日本が1989年以降、下降線をたどってきたかを明らかにする。そこにあるランキングは、スイスのIMDによる競争力のデータであり、大学ランキングである。1人当たりGDPにおいて大幅に順位を下げた事実にも言及している。こうしたランキングこそは、日本の相対的な世界における位置づけを掌握するために欠かせないツールとなっている。

　世界各国を評価するランキングは数多く存在する。そのすべてで上位でないことに、あるいは1位でないことに憤慨し、悲嘆する必要はない。もちろん、国家に関していうなら、この分野こそはその国家の繁栄の礎であり、アイデンティティに欠かせない物であるなら、そこでは上位、あるいは首位を目指すべきだろう。その当時の流行語にもなった、民主党の仕分けから生じたスーパーコンピュータを巡る「1位でなければだめなんで

しょうか」発言に関連付けるなら、スーパーコンピュータこそは日本の国際競争力、高い技術力の証としてきわめて重要な象徴であった。だからこそ、科学技術者の間では常に首位を目指す必要があると捉えられていた。

歴史的な推移で国家の最重要課題とランキングについて見てみるなら、列強の仲間入りを目指して富国強兵の延長線上で躍起となっていた当時の日本の軍事力は、最も重要視される分野であった。だからこそ、戦艦や戦闘機零戦の第一級の性能にこだわった。しかし戦後、軍隊を持たないと規定した憲法の下、軍事力はむしろ突出しないことが大事になった。

ランキングは序列化である。その背後に、より良い成果をめぐって競い合うことが前提となっている。個々のアクターに関しては、何を競うか、何で競うか、自分の強みと志向を確認する作業が付随する。それゆえにランキングを意識することは、アクター個々のアイデンティティの確立と密接に関わるのである。小学生が、野球が好きだから野球選手を目指す、音楽が好きだから音楽家を目指す、勉強ができるから良い大学を目指すとき、そこにその子供が将来いかなる人間足らんとするのか、アイデンティフィケーションの重要な過程が付随する。同様に国家に関しても、世界の中でいかなる国家足らんとするのか、何で競い、何を競うのかを見極めることは、その国家のアイデンティティの確立と結びつく。

3　ランキング・リテラシー

本書はランキングを見る目、ランキングを読む力、そこから日本の課題を読み解く洞察力を問うている。その言わばランキング・リテラシーにおいて欠かせないのは、ランキングに対する批判的な視座を養うことである。どのように評価がなされているのか透明性がまず問われる。ランキングを用いる人はまず基準の妥当性、調査の方法、評価の適格性を見なければならない。またその評価に対する疑念が寄せられたなら、ランキングを発表した機関はすみやかに説明責任を果たす必要もある。ランキングそのものを透明性、説明責任に基づいて、その信憑性を評価する姿勢を市民は

身につけておきたい。

　関係する例を加えておこう。文科省はタイムズ・ハイアー・エデュケーションの世界トップ100の大学に日本の大学をできるだけ多く入れることに必死である。そうしたことの表れの一つが2015年6月8日に文科省は全国86の国立大学法人に対して出された通知にある。教員養成系学部や人文社会系学部・大学院を、組織の廃止や社会的要請の高い分野に転換するように、と通知した（文部科学大臣2015）。文系の大学の研究は大学トップ100にほとんど貢献することがない。タイムズのランキングが本当に世界の大学のトップ100と言えるかどうかを問おうとする批判的な視点は窺えない。これこそはまさに学問の根幹を理解していない誤った姿勢である。

　日本経済新聞2015年5月4日は、特集「グローバルデータマップ」で「人助け活発　お国柄反映：慈善活動、米・ミャンマーが首位」とする1面の3分の2を割く大きな記事を掲載した。イギリスの団体「チャリティーズ・エイド・ファンデーション」がまとめた、手助け（道に迷っている人を案内する、見知らぬ障害者を介助するなど）、寄付（非営利団体への金銭の寄付、街頭募金など）、ボランティア（町内の清掃活動、地域の子供スポーツチームを手伝うなど）の3項目に基づいて、過去1か月間で行った人の割合を調べた調査結果であるとする。米ギャラップ社の世論調査に依拠する結果であることがわかる。しかし、どの程度の人々を対象としたのか、都市部での調査なのか、農村部か、精度はどの程度かもわからない。単純に他の団体のランキングを無批判に転載するだけでは新聞メディアとしての矜持に欠く。因みに日本は90位、明記されていないが、図表から読み解けば、最下位は135位のイエメンである。トップ3は同率1位でアメリカ、ミャンマー、3位がカナダである。ボトム3はイエメン、ベネズエラ、パレスチナとなっている。

　肝要なのは、ランキングがどのようにつくり出されているのかを理解すると共に、単に受動的ではなく、内在する価値が重要であるならばそれに積極的に参画する姿勢である。それは専門家集団にとっても同様である。

いわば世界大に存在するエピステミック・コミュニティに加わることが、世界に貢献しうる人材の証左である。ランキングに能動的に関わる一例として、たとえば民主主義指数にこうした要素も測定すべきである、という変数の付加を試みることがあってよい。ランキングの活用例として、たとえば世界全体のあるランキングにおいて、ワースト国、あるいはワースト10などの国や地域に焦点をあてることで、一つの側面の国際社会の像を描き出すこともできる。そうした試みは、たとえばワースト国の支援として何ができるのかを考えるきっかけにもなる。筆者のゼミ生は、平均寿命のランキングを取り上げて、そのワーストとなっているシエラレオネに対して、何が出来るかを話し合ったことがある。シエラレオネの家庭に何か持ち込むことができるとしたら、何を持ち込むか、との具体的論題を設定して様々な意見を出し合った。議論を活性化し、国際理解を深化させる手段として、ランキングは知的好奇心を引き出す材料となる。

　様々に存在するランキングそのものの影響力を考える上で、そのランキングの歴史を振り返っておくこともランキング・リテラシーを高める。HDIは1990年から、継続的にランキングを発表している。もっともその指標は人間開発という概念自体の変化を受けて変更が加えられている。そうした点はランキングの信憑性、信頼性の側面からはマイナスに働く。それでも、最近始まったNGOランキングに比べると、20年を超える歴史を持つという事実がこのランキングの力となっていることがわかる。過去を振り返ることができるランキングは歴史的流れを掌握する上でも重要な情報を提供している。

　過度に比べることの弊害もある。なんでも比較することに対する批判も存在する。それを表すメッセージが説得的に示された歌が槇原敬之作詞作曲の「世界で一つだけの花」であろう。人の生き方として比べてばかりいないで、自分らしく生きるように訴える。ただ、そうしたメッセージが多くの共感を呼ぶことは、それほどに人間社会は比較にあふれていることの裏返しである。比較はいかなる時代、場面、状況においても人間の本性のあらわれであるかの如くに存在している。

実際に面白おかしくランキングを発表する場面によく遭遇する。メディアはしばしばそのランキングのもつ意味、価値観にこだわることなく発表することが少なくない。ランキングは発信力に富むだけに、発表する機関も、その意味に敏感でなければならない。
　繰り返しになるが、様々なランキングが発表されているなかで、そのランキング化の方法がブラックボックスになっているものには注意が必要である。調査の仕方、対象、指標の作成方法等が不明である時、ランキングは恣意的に、作成者の主観的価値判断に基づく序列を表すことにもなりかねない。ここでも民主主義の原則と同様に、透明性、説明責任が欠かせない。
　そうした観点からは、本書で取り上げた HDI、民主主義指数についても全く問題がないとは言えない。HDI には数学的に一般市民の理解を超えた計算式が散見される。民主主義指数は、どのように調査を行っているのか、より分かりやすく明示する必要がある。
　新聞社はさまざまな機関が発表する世界ランキングについて、ただその結果のみを紹介することが少なからずある。それらを鵜呑みにして転載するだけでは、新聞が本来担うべき社会的責務の一部しか果たしていない。インターネット上に雑多に横溢する情報と違い、社会的に認知された既存の新聞メディアには、真実に対するより真摯な姿勢が求められる。ランキングについての検証分析がなされた上での転載であって欲しい。現状の新聞はそうした期待に十分に応えきれていない。
　もう一点、たとえば日本を代表する大手新聞社のランキングの取り上げ方についても種々の差異が存在することに我々は敏感でなければならない。それは、たとえば朝日新聞が取り上げても、読売新聞は全く注目しないような世界ランキングの存在に敏感である必要がある。朝日新聞は、2015年2月13日に、国境なき記者団が発表した世界報道ランキングについて、そのランキングの結果だけを掲載した。一方読売新聞は全くこれに言及しなかった。日経新聞にもなかった。一見客観的事実が紹介されているかのような印象を受けるランキングを巡る報道に関して、各紙の比較

を交えるなど、クリティカルな目が必要となる。

　ランキングを分析することの意味の一つには、無闇にランキングを持ち出し、それを錦の御旗に政策目標を設定する手法に対抗できるだけの力を身に付けることにある。ランキングがある価値の表出であるということは、多様な社会においては、またそれとは異なる価値が存在することを含意する。後述する幸福感などは良い例かもしれない。例えば寺島（2014）の研究によれば、沖縄は日本で幸福度が最下位の県である。他方、西川（2007）は、沖縄は県外からの人口流入も多く一番の長寿県で子供の出生率も高い、と指摘してその「住みやすさ」「豊かさ」に注目する。寺島（2014）の見解とは逆に、沖縄は日本で一番幸福な県なのかもしれない。

　国家間のランキングを数多く発表しているのは国際機関である。OECDや国連、世界銀行など、国家を比較するデータを発表し続けている。広田（2013）が指摘するように、これら機関は、研究調査を通じて様々な研究領域に課題を設定し、世界大に普及を図っていることは明白である。国際機関が世界の基準を定め、その標準化を試みているのである。国際機関そのものが、主権国家システムを安定させるために存在している側面がある以上、こうした作業に積極的になるのは機関そのものの存在意義にかなっている。しかしいかなる機関からのランキングであっても、その基準、標準化は、ある断面の価値の表出に過ぎない。世界銀行の構造調整はまさしく、特定の価値、特定の政策の押し付けにほかならなかった[5]。国際社会の一員として、国家のみならず市民もまた、国際機関からのデータやランキングに対するリテラシーを高めなければならない。

　ランキングに関して注意すべき点としては、それらを安易に鵜呑みにしないことを繰り返し述べた。ランキングはそれを創設する者が、自らの一つの価値観を反映するための尺度に基づいた序列を示していることに他ならない。その序列も、わずかな尺度の変更で大きく変わることもある。ラ

---

[5] たとえば下田（2013）を参照されたい。

ンキングを読み解くときは、当然それら尺度を詳しく検討する必要がある。時にそこで用いられている算出方法が複雑で、簡単に理解できない時もある。その場合であっても、単純な計算式から導き出されているわけではないランキングであることを知っておくことに意味がある。

　ランキング・リテラシーは筆者の造語だが、文字通りその意味は、ランキング読解力である。数多くのランキングが溢れている現代社会であるからこそ、いたずらにそれに踊らされず、正しく活用することが欠かせない。民主主義社会の市民がその一員として基礎的な社会の仕組みを理解していることが期待されていることと同様に、最低限のランキングを読み解く力も求められている。

　ランキング・リテラシーの点から強調しておきたいことは、順位そのものに一喜一憂するのではなく、まずそのランキングがいかなる価値を伝えようとしているかを読み解くことである。ランキングを作成した当事者は、そのランキングが伝える価値に重きを置いている。子供の学力を測るテストを国際的に実施して、その結果をランキング化して発表する行為は、世界の子供たちが身につけてほしい学力のスタンダードを提示しようとしている。ランキング・リテラシーはそうしたランキングの背後にある意図、伝えようとする価値を把握する能力でもある。

　新聞は民主主義社会を支える大事な媒体の一つである。その一般紙で用いられる文章表現が難解で、専門家にのみ通じる表現であふれているとしたらどうなるだろう。『朝日新聞の用語の手引き』のあとがきで、同新聞社の用語幹事は次のように記す。「『義務教育を終えてある程度実社会や学校での生活を経た人々を対象とする』という常用漢字表の趣旨が新聞文章の基本であることは今後も変わりません」（片山 1981）。一世代前のこうした基本方針は現在も変わっていない。「新聞は中学卒業程度の知識があれば読みこなせるレベルで製作しています」（服部 2010）との言葉にそれは表れている。日本における義務教育を終えた市民の誰もが理解できる文

章表現が心がけられている。

　筆者はそうした心がけはランキングにおいても必要であると考える。計算式を複雑かつ高度にして、厳格な序列化を期すことがより科学的なアプローチとして称揚される傾向は確かに存在する。しかし社会における価値の創出、普及を企図して発表されるランキングは厳格な科学的分析に用いられる数値とは一線を画す。社会の一員である市民に周知することを目的としたランキングである以上は、そこで用いられる計算式も、日本で言えばできるだけ義務教育のレベル、つまり中学を終えた人であれば理解できる範囲の計算式にとどめる努力が必要である。複雑で難解な計算式が用いられ、およそそうした一般的な市民がその数値の意味を確認できないランキングの算出方法は、少なくとも詳しい説明を付して、理解可能な状況にする責務が発表側にある。

　ランキングを捉える上で、看過できないさらなる視点は、ランキングはそれを発表する機関にとっての大きな武器になっている事実である。国際機関、NGO、シンクタンク等が国家間比較のランキングを数多く発表している。これらは自らが重要であると信じる価値をランキングを通して世界に発信している。多くはそれによってある規範を広めようとしている。これら機関のそうした目的を影響力ある形で発しているのがランキングである。時にその評価に主権国家は踊らされる。国家は政策の変更を迫られたり、新たな対策を求められたりする。日本の安倍政権が、世界大学ランキングのトップ100に日本の大学を入れようとわざわざ施政方針演説で言及する例はこの典型である。首相の頭にある大学ランキングは、タイムズ・ハイアー・エデュケーションがその機関の方法で算定した一つのランキングに過ぎない。しかしそれを受けて、日本の高等教育政策は、必死になってその内容を変更しようとしている。2015年10月1日の「NHKニュース7」は、2015年のこのランキングで日本の大学がおしなべて順位を大幅に下げたことをニュースとした。東京大学は前年の23位から43位へと後退した。これを受けて下村文部科学省は2015年10月2日の閣議後記者会見で、「論文引用の日本の地位が低下傾向にある。留学生

や外国人教員の比率も国際的な評価が低く、文科省も大学も危機感を持たなければならない」と述べた（読売新聞 2015）。しかしこのランキングでは、1 位から 10 位の内、実に 9 校が英米の大学で占められている。このランキングがいかなる価値を表しているかについて、よく吟味しなければならない。

　ランキングは国際社会の重要な価値を明確にし、それを広く知らしめようとしている。その普及には、インターネット世界の特性として、検索によって容易に情報収集できるという簡便さが背景にある。しかしそれと同時に、ランキング疲れとも言えるようなランキングの洪水は、安易に作られたランキングも簡単に、厳しく言えば無責任にインターネット上に載せて悦に入ることもできる。それゆえ新聞などの既存メディアは、ランキングを吟味する厳しい目利きとなることが求められる。

　さらにランキングに関して生じうるもう一つの問題は、ランキングは一方的に発表されるものの、それを巡る議論が十分に展開されていないことに起因する。発表されたランキングに対する異論、質問等も、ランキングの創設発表者と相互になされることが望まれる。そうした対話の空間が規範としての信頼性を高める。それが欠けていて、インターネット空間にランキングによる公共圏的な場を構築できていないとその規範力が高まらない。国連や OECD など、責任ある公的な機関が発表するランキング、あるいはトランスペアレンシー・インターナショナルなどの著名な NGO が発表するランキングは、広く質問疑義を受け付けるような場を構築しなければならない。そうしてはじめてランキングの信頼性は高まる。

　本書は国際社会において、敢えて各国を比較することで発しようとするメッセージが何なのかを探ろうとしている。同時にそこに国際社会における規範形成の役割が存していることにも注目する。しかし単純にすべてのランキングを肯定的に捉えるわけではない。

4　ひろレポの可能性

　核兵器の脅威を縮減しようと企図している「ひろしまレポート」[6]（本書では略称を用いて「ひろレポ」とする）は、究極の武器の実情と平和の在り様を問い掛けている。人間は平和を真剣に希求して知恵を絞る一方で、有史以来戦争を繰り広げてきた。日本は第二次世界大戦で敗れ、戦争はもうこりごりだと国民の大多数が強く認識した。国際平和主義はこの時代を生きた者の発言力が大きい間は有効に機能した。しかしそれとて江戸時代の300年を超える太平にはまだまだ及ばない。世界を見渡せば日本が戦争を忌避した時代のなかでも、朝鮮戦争が勃発しベトナム戦争が遂行された。最近のことに限定しても、湾岸戦争がありイラク戦争があった。どうやら人間は戦うことを本能的に自らの遺伝子に組み込んでいると見るべきだろう。中江兆民の『三酔人経綸問答』のなかで豪傑君は、動物である以上、戦うことは生きる道として当然のことであることを力説した。戦争はどんなに厭うべきものであっても、それは避けがたい動物の本能である。リアリズムは同書の紳士君的な主張が力を持つ時代があっても一時的で、あるいは豪傑君が強く支持される時代にあっても変わらず、勢力均衡こそが戦争を抑止する手段であることを摂理としている。国際政治学の根本原理が勢力均衡であり、国家がそれを追求することこそがリアリズム的安全保障の策となる。
　では核兵器に関してはどうなのだろうか。核兵器の非人道性は疑いない。一度使用されたなら非戦闘員を容赦なく殺りくする。その目的が自衛であっても、もたらされる結果の惨害から使用が正当化されることはない。戦争はどうだろうか。イスラム国の存在が思考の方向性にも影響を与

---

[6] 広島県が国際平和拠点ひろしま構想の一環として、国際問題研究所に委託してまとめた「ひろしまレポート──核軍縮・核不拡散・核セキュリティを巡る動向──」で、2013年から毎年発表されている。広島県のホームページに全文が掲載されている。

える。法的な手続きを踏まず残虐に殺人を行い、ネット上でそれを公開する。こうした組織を放置して好き勝手を許すことは人の道に反する。イスラム国がイラク、シリアを支配しさらに我が物顔で中東地域に勢力を広げることに手をこまねいて座視することはできない。イスラム国と戦うことは国際社会にとっては責務である。その戦いが戦争であるなら必要な戦争である。つまりすべての戦争を悪として否定することが人の道として正しいとは言い切れない。

　憲法9条はすべての戦争、また国の交戦権も否定する。ただし自衛権を否定するものではないという解釈が加わって自衛隊は存続する。条文を素直に読むならば、イスラム国が日本人を数多く殺害してもそれに対抗する手段は持ちえないことになる。しかし解釈上では、イスラム国が日本でそうした残虐行為を繰り広げるならば実力行使は可能となる。他方それが日本の領土外の時、どうなるのだろうか。集団的自衛権に対する国民の根強い反発からは、NATOがイスラム国掃討に動いても日本国民はそれへの自衛隊の参加を拒むだろう。それは誇るべき平和主義を死守したということではなく、国際社会の責務といえども自らは手を汚したくない、あるいは自らの命は賭せないとする国の在り様にも映る。

　安全保障上の視点から、ひろレポで核保有国に対して厳しいランキングをつけることは核兵器の非人道性から見て当然である。他による核兵器使用を抑止するためにアメリカが提供する核の傘の下にいることで非難される所以はない。なぜなら非人道的な兵器を使わせない手段として拡大抑止が有効であるなら、使わせないという意味で効果的である以上、合理的な策だからである。それよりさらに効果的に核戦争から身を守る確かな手段は核廃絶であることから、核兵器削減の主張を続けながら、核廃絶を究極の目標とすることにも何ら問題はない。

　本書がひろレポを取り上げているのは、核兵器を削減するための努力を体現する日本発の試みであるからに他ならない。ただ、これはランキングの形を取らない。データは示しているので、ちょっとした工夫でランキングになる。本書はこのランキング化を試みている。その詳細は第9章に譲

るとして、このランキングは世界に影響力をもつシンクタンクによるランキング提示の事例となっている。ひろレポを発表している日本国際問題研究所は、世界で第 13 位にランクインしているシンクタンクである[7]。日本でトップ 100 にランクインしているのは、他にはアジア開発銀行のシンクタンクのみである。このランキングでは本書 7 章で取り上げた各国の平和度ランキング化である GPI を発表している Institute for Economics and Peace（IEP）（Australia）が、他の機関との協力関係を示すランキングで 75 位にランクインしている。

　日本の政治が世界に訴える価値の代表格は自由と民主主義、法の支配である。もしそれが自国の政治のなかで不十分にしか展開できていないとしたなら、いかなる改革が必要なのか、重要な課題である。ランキングは時にそうした課題を浮かび上がらせる。また日本が誇りとする国民の気風とも言えるおもてなしの精神、もったいない精神などを、より広くわかりやすく世界に伝えるために世界ランキングを作るとしたなら、どのような評価項目を作ればよいだろうか。ソフトパワー外交を展開する上でそうしたランキングの活用が検討されて良い。

　ある団体（NGO、研究機関）がランキングを作るとき、それはその団体がその事項を適格に評価できるとの自信があってこその評価であろう。それはまたその団体が世界各国に訴えたい価値の表象でもある。ひろレポは、広島が国際社会に訴える価値の表象でなければならない。だからこそ、ひろレポにも国家間比較のランキング発表を求めたい。詳しくは第 9 章であらためて論じる。

　ランキングと国際社会における規範の関係は常に意識したい。規範については、NGO のセクションである第 13 章で、その理論的な議論を概観する。ここでは、ランキングの影響力は、規範起業家、規範のカスケード

---

[7] ペンシルベニア大学の The Think Tanks and Civil Societies Program（TTCSP）のレポート。<http://repository.upenn.edu/cgi/viewcontent.cgi?article=1008&context=think_tanks>2015 年 9 月 10 日閲覧。

を促す観点からも有益であることに言及しておきたい。ランキングが伝えようとする価値は、国際社会における規範的側面を持つものが少なくない。それにも拘わらず、規範に関わる国際政治学理論がランキングを扱ったものは管見の限りでは承知しない。たとえば日本国際政治学会の機関誌『国際政治155――現代国際政治理論の相克と対話』(2009) は巻頭論文が鈴木基史「現代国際政治理論の相克と対話――規範の変化をどのように説明するか――」で、まさに正面から規範を扱う論文である。しかしランキングについては全く触れられていない。男女平等という規範はこの特集号のなかにも取り上げられているテーマの一つだが、それに大きな影響力を持つ世界経済フォーラムの「男女平等指数」に基づくランキングなどは見当たらない。つまり国際政治学理論においてランキングが果たす役割、意味、影響力についてはほとんど無視されてきたというのが実情である。

同様に価値についてはどうだろうか。中西寛はその著『国際政治とは何か』で国際政治を分析する視座として、歴史、安全保障、政治経済、そして価値をあげている。しかしこの価値を扱うセクションで、ランキングについての言及は皆無である。

5　国会審議のなかのランキング

国会は国権の最高機関であり、国民の代表が集い国政について議論する場である。ここで議論されているランキングは、日本の政治が重要視する価値の断面を描き出している。ここでは国会審議を基に、日本社会の指向を言わば日本の自画像として描き出す。たとえて言うならば、そこに表れた顔の絵があり得ないほどに口が大きく描かれているとしたなら、その歪みを正すことが必要になる。国民として国家を論ずる議論がいかなる自画像を表出しているのか、見極める材料として国会審議を用いる。同時にそれは、毎年の変化を辿ることによって日本政治の歴史的な資料としての意味も持ちえる。なぜならここでのランキングは日本の社会の価値の縮図を表しており、それぞれの時代の断面を映し出しているからである。下は国

会会議録検索において「ランキング」をキーワードとして検索した結果である。何に関するランキングであったのか＜キーワード＞を付した。また発表した団体、日本の順位などに言及がある場合は（　）内にその情報を明記した。なお発言者の表現に依拠しているため、同じ事項のランキングであっても、表現が異なる場合がある。

2015 年（平成 27 年）
12/03　高速道路の渋滞ワーストランキング＜渋滞＞
09/08　旅行好きが選ぶお薦めローカル列車ランキング（楽天トラベル）＜福島県の観光＞
09/03　日本の国別輸出額ランキング＜経済の中国依存＞
09/02　全国学力テスト地域別、学校別ランキング＜教育＞
09/02　レストラン、食堂のランキング＜飛行場＞
09/01　日本の水質ランキング＜琵琶湖の環境保全＞
08/10　メダル獲得目標＜オリンピック・パラリンピック＞
08/04　高速道路の渋滞ワーストランキング＜渋滞＞
07/07　世界大学ランキング（タイムズ・ハイアー・エデュケーション社で上位 100 校に 2 校だけ）＜大学ランキング＞
07/03　世界の報道自由度ランキング（国際 NGO 国境なき記者団、2005 年 42 位、2006 年 37 位、2007 年 51 位、2008 年 37 位、2009 年 29 位、2010 年 17 位、2011 年 11 位、2012 年 22 位、2013 年 53 位、2014 年 59 位、2015 年 61 位）＜報道自由度ランキング＞
06/18　イノベーションランキング＜イノベーション＞
06/04　西洋文化のなかから見たランキング（ランキングが世界中で横行している）＜ランキング＞
06/03　国民総幸福量（GNH）に基づくランキング（日本は 46 位）＜GNH＞
06/03　建築物の省エネ性能の表示（BELS：Building Energy Efficiency Labeling System）＜建築物＞
06/02　高校ランキング＜個人情報保護＞
05/28　ICT（Information and Communication Technology）競争力ランキング（世界経済フォーラム、日本は 21 位）＜情報通信競争力＞
05/27　国会議員の女性の割合（日本は 142 か国中 117 位、1 位ルワンダ

63.8％、スウェーデン5位、ドイツ20位、中国55位、アメリカ73位）＜女性議員＞／ジェンダーギャップ指数（世界経済フォーラム、2014年日本は142か国中104位）＜ジェンダーギャップ＞／経済活動参加（102位）、教育（93位）、健康・生存率（37位）、政治権限（129位）＜女性＞

05/27 大学ランキング＜大学＞／特許件数ランキング＜特許＞／ロイヤリティーランキング＜特許＞

05/25 世界の報道自由度ランキング（ワールド・プレス・フリーダム・インデックス、民主党政権時11位、2015年61位、パリで設立された国境なき記者団が発表）＜報道自由＞

05/21 研究開発促進税制適用状況（大企業が72％使用）＜研究開発＞

05/20 ICT競争ランキング（日本はOECD最下位）＜IT技術＞／国連電子政府ランキング（2012年18位から2014年6位）／ICTランキング（世界経済フォーラム、2013年21位、2015年10位）＜IT＞

04/17 卓球の世界ランキング＜リオ日本代表選手選考＞

04/15 隠れ待機児童数ワーストランキング（大阪市1394人、横浜市1224人、川崎市1008人）＜待機児童＞

04/08 環境に対する取り組みのランキング（日本はアメリカ、中国よりも下にランクイン）＜環境＞

04/07 大学の分野別国際ランキング（日本の人文学、社会科学の評価は理系に比べて相対的に低い）＜大学・文系＞／MBAの世界ランキング＜専門職大学院＞

04/01 マーケットの世界ランキング（電力先物市場、LNG先物市場）＜マーケット＞

03/25 男女格差のランキング（世界経済フォーラム）＜男女格差＞

03/20 展示場（日本では東京ビッグサイト、幕張メッセ、大阪の三か所のみ、広さの面からも弱い）＜展示場＞

03/20 クルーズ船の寄港ランキング（1位福岡、2位長崎、3位那覇、4位石垣島）＜沖縄振興＞

03/12 相対的貧困率に関する国別ランキング＜貧困＞

03/10 国際展示場（日本は非常に展示場が少ない）＜展示場＞

03/10 大学ランキング＜大学＞

03/09 保育士、幼稚園の先生（ランキング化しろというのではなく、質を確保する）＜幼児教育＞

03/06 PFI受注企業ランキング（受注は大手ゼネコンを初めとしてほとんど

が大企業）＜政治献金＞
03/03　高所得ランキング（1000万円以上の人の人口比率で沖縄は10位）＜沖縄振興＞
02/06　お取り寄せランキング日本一（四国中央市、抹茶大福）＜地方創生＞

2014年（平成26年）
11/12　都市ランキング（森記念財団都市戦略研究所）＜都市＞／大学ランキング＜大学＞
11/12　男女格差指数ランキング（世界経済フォーラム）＜男女格差＞
11/12　栃木県のバイオマス発電の各市町村及びその隣接地域別のポテンシャル関するランキング＜バイオマス＞
11/10　東京のベストスポットランキング（1位は六本木ヒルズ、2位は三鷹の森ジブリ美術館＜東京ベストスポット＞
11/07　世界大学ランキング＜大学＞
10/31　世界経済フォーラムの男女格差の少なさを指数化したランキング＜男女格差＞
10/30　オリンピック金メダル数ランキング（文部科学白書に掲げる目標）＜金メダル＞
10/17　世界大学ランキング＜大学＞
10/17　なりたい職業ランキング、公務員給与ランキング＜なりたい職業＞
10/16　ワールド・ジャスティス・プロジェクト（法の支配を世界に広めるNPOによる4回目のランキング、日本は12位、デンマーク1位、ノルウェー2位）＜法の支配＞
10/16　世界トップ大学ランキング＜大学＞
10/15　都市ランキング（東京は世界で4位）＜都市＞
10/14　都道府県移住希望地ランキング＜移住希望＞
06/19　国際ランキング（日本の大学）＜大学＞
06/17　国際ランキング（日本の大学）＜大学＞／世界のデザインプログラムランキング（2006年、アメリカのビジネス・ウィーク誌が京都工芸繊維大学を15位とした）＜大学デザインプログラム＞
06/11　国連の電子政府ランキング（1位は韓国）＜電子政府＞
06/06　世界銀行の開行規制における起業のしやすさランキング＜起業しやすさ＞

06/06　グローバルランキング（世界の大学ランキング）＜大学＞
06/04　ランキング（世界の大学ランキング）＜大学＞
06/03　大学ランキング＜大学＞
05/29　事業者の安全性を保険料に反映させるランキング（INPO：Institute of Nuclear Power Operations ＝米国原子力発電運転協会が原発をランク付け）＜原発安全＞
05/23　大学ランキング＜大学＞
05/22　大学ランキング＜大学＞
05/21　大学ランキング＜大学＞／有名大学合格者ランキング（週刊誌）＜大学合格＞
05/14　地域の学校のランキング（中学、高校）＜学校＞
05/14　アメリカのNGOである核脅威イニシアチブによる核物質に対する国の管理体制の安全度ランキング（日本は32か国中23位で先進国中最下位）＜核物質管理＞
04/25　小中の学力テスト県別ランキング＜学力テスト＞
04/22　イノベーションランキングで世界第1位を目指す＜イノベーション＞
04/22　都道府県の人口ランキング＜人口＞
04/21　世界の港湾別コンテナ取扱個数のランキング（世界一を目指す）＜港湾＞
04/15　学校ランキング（小中の全国学力テスト）＜学力テスト＞
04/03　国際特許の出願数ランキング＜国際特許＞／論文の引用数のランキング＜大学＞／大学の学部別ランキング（文系の大学の水準が低い。ハーバードビジネススクールのような実学ベースの大学教育の改革）＜大学＞／アメリカの大学ランキング（ニューヨークタイムズ、ビジネス・ウィーク、ウォールストリートジャーナル）＜大学＞／世界大学ランキング（トップ100を目指す力のあるトップ型10大学を含めた30大学程度を重点的に支援）＜大学＞
04/02　地域ごとの海外インフラの受注国ランキング（プラント受注状況など、日本は横ばい、韓国、中国が伸びている）＜海外インフラ受注＞／世界のインフラ共同主幹事ランキング（日銀は上位を占めている）＜インフラ主幹事＞／プロジェクトファイナンスに係る主幹事の引き受け総額ランキング（日本の三大メガバンクは上位を占める）＜プロジェクト引き受け＞

04/02　中央大学学生の注目企業ランキング＜注目企業＞
04/01　国際特許出願件数上位ランキング＜国際特許＞
03/28　世界のランキング2000の企業（ベンチャービジネスの活性化）＜企業＞
03/25　ワインのクラスによるお客さんのランキング＜顧客＞
03/19　ジェンダーランキング（日本は世界106位）＜男女格差＞
03/18　行革の進捗ランキング＜市町村行革＞／県民所得ランキング＜所得＞
03/18　世界に良い影響を与えている国ランキング＜良い影響＞
03/18　世界ランキング＜大学＞
03/13　世界の下院議員の女性の割合ランキング（日本は127位）＜男女格差＞
03/13　オリンピック競技における世界ランキング1位＜オリンピック＞／過度な競争やランキング化（全国学力テスト）＜学力テスト＞
03/13　ランキング＜国際競争力＞
03/13　外国人旅行者、入国旅行者ランキング＜外国人旅行者＞
03/07　国際競争力ランキング＜国際競争力＞／世界銀行のビジネス環境ランキング＜ビジネス環境＞
02/26　世界銀行の開業規制における起業のしやすさランキング（日本は114位）＜起業＞／「外国人がクールだと評価した日本の観光スポット」ランキング＜観光スポット＞
02/26　大学ランキング＜大学＞／就職ランキング（学生が就職したい企業のランキング）＜企業＞
02/26　世界のシンクタンクランキング（日本国際問題研究所が13位）＜シンクタンク＞
02/25　ビジネス環境ランキング（先進国15位から3位以内を目指す）＜ビジネス環境＞
02/21　金メダルランキング（世界3位から5位以内を目指す）＜金メダル＞／タイムズ社が出している国際大学ランキング＜大学＞
02/20　世界に良い影響を与えている国ランキング＜良い影響＞
02/06　ジェンダーギャップ指数に関連する省庁の評価のランキング＜男女格差＞
01/31　アメリカで特許を取っているランキング＜特許＞

2013年（平成25年）

12/04　自治体の給与ランキング＜自治体給与＞

11/28　ビジネス環境ランキング（法人税はシンガポール17％、イギリス20％。ビジネス環境ランキングではシンガポールが1位、香港が2位、日本は24位）＜ビジネス環境＞

11/28　CO_2の排出量（世界資源研究所によると、日本の排出量は世界第6番目）＜CO_2＞

11/27　分散散圃の解消に資する都道府県の機構ランキング（提案）＜分散農地＞

11/26　世界銀行のビジネス環境ランキング＜ビジネス環境＞

11/20　旧国公立系の医科大学病院の職員数（看護師数など）のランキング（国立系病院で防衛医科大学校病院は53の内で最下位）＜国立系病院＞／イノベーションランキング（世界1位にする）＜イノベーション＞

11/19　ビジネス環境国際ランキング＜ビジネス環境＞

11/19　商業・法人登記の情報提供に関する公開水準ランキング＜登記の情報公開＞

11/15　世界銀行のビジネス環境ランキング＜ビジネス環境＞

11/15　芸能人のブログのランキング＜ブログ＞

11/13　世銀の競争力ある都市ランキング＜競争力ある都市＞／世銀のビジネス環境ランキング＜ビジネス環境＞

11/07　都道府県別の魅力度ランキング（民間調査機関等が実施）＜都道府県魅力度＞

06/21　世界大学ランキング＜大学＞

06/21　世界の各市場・マーケット評価ランキング（東京市場の国際的地位の低下）＜マーケット＞／国際競争力ランキング＜国際競争力＞

06/21　規制、金融分野の改革、税制、政府調達等のランキング（世銀、WEF）＜経済＞／アメリカで博士号を取得する人の出身大学ランキング（1位精華大学、2位北京大学、3位バークレー）＜米博士号＞／大学ランキング＜大学＞

06/13　なりたい職業のランキング＜なりたい職業＞

06/13　国際都市比較ランキング＜国際都市比較＞

06/04　ファンドのランキング（ジョージ・ソロスは10億ドルの利益）＜ファンド＞

05/30 人気職業ランキング＜人気職業＞／親が子どもになってほしい職業ランキング＜職業＞
05/29 企業のポイントランキング（企業のCSR等イメージが向上するような環境づくり）＜企業のイメージ＞
05/22 大学生の就職人気企業ランキング＜就職人気企業＞／各国の起業活動率ランキング（1位アイスランド、2位アメリカ……日本は下位）＜起業＞／開業規制における起業のしやすさの国際比較（世銀、日本は114位）＜起業しやすさ＞
05/22 日本の貿易額ランキング＜貿易額＞
05/21 全国ｅ都市ランキング（電子自治体への取組の評価を日経BP社が発表）＜電子自治体＞
05/17 古い耐震マンションの戸数ランキング＜耐震マンション＞
05/16 農業輸出力の世界ランキング＜農業輸出力＞
05/16 イノベーションに関する国際経済ランキング＜イノベーション＞
05/14 港湾のランキング＜港湾＞／英語のランキング（TOEFLで日本は163か国中135位）＜英語＞
05/09 人気職業ランキング＜人気職業＞
05/09 女性下院議員比率（IPU：列国議会同盟）＜女性議員＞
04/15 日経何でもランキング＜ランキング＞
04/15 展示会場の面積の世界ランキング（東京ビッグサイトでも世界で68番目）＜展示会場面積＞
04/15 パラリンピックの国別金メダルランキング＜パラリンピック金メダル＞
04/15 アメリカの子供に長期的な障害を与える疾病ランキング＜疾病＞
04/15 2012年管理戸数ランキング＜管理戸数＞
04/09 子供が将来就きたい仕事のランキング＜なりたい職業＞
04/05 ｅ都市ランキング（日経パソコン）＜電子自治体＞
04/03 企業自由度ランキング（世銀）＜企業自由度＞
03/28 規制環境ランキング（世銀）＜規制環境＞
03/27 世界の大学競争ランキング（日本の大学ランキングは毎年順位が下がっている＝下村文科相＜大学＞／TOEFLの国別ランキング＜TOEFL＞／世界の大学ランキング（オーストラリアは2025年までにトップ100に10入れる）＜大学＞
03/21 自動車セールスランキング＜自動車セールス＞／世界で最もビジネ

スをしやすい国ランキング（世銀など）＜ビジネス環境＞
03/15　司法試験の合格率ランキング＜司法試験合格率＞
03/15　男女平等ランキング（世界経済フォーラム）＜男女平等＞
03/15　世界のシンクタンクランキング（日本国際問題研究所が第16位、アジアでは中国の社会科学院についで2位）＜シンクタンク＞
03/13　ジェンダーギャップ指数によるランキング（世界経済フォーラム）＜男女平等＞
03/07　サウジアラビアの水電力大臣のランキングが高い＜サウジ水電力大臣＞
03/06　学力テスト（単なるランキングの発表に流れる傾向を厳に戒め）＜学力テスト＞

2012年（平成24年）
11/07　ＥＵ向けの水産物のHACCP認定加工施設ランキング（世界で33位）＜EU認定水産加工施設＞
08/20　調査業務の会社ランキング（細野豪志大臣がいた会社は5位）＜調査業務＞
08/07　都道府県の幸福度ランキング（大阪は最下位）＜大阪の幸福度＞
08/01　世界スパコン性能ランキング（1位）＜スパコン＞
07/26　東証銘柄ランキング＜東証銘柄＞
07/26　国際競争力ランキング（スイスIMD）＜国際競争力＞
07/26　企業の地域統括拠点数（1位シンガポール、2位中国、法人税率の安い方から並んでいる）＜地域統括拠点数＞
06/18　NRC（National Regulatory Commission 米原子力規制委員会）の原発運転免許ランキング＜原発運転免許＞
03/28　小学生のなりたい職業ランキング＜職業ランキング＞
03/22　金融商品取引業の人気ランキング＜金融商品取引業＞
03/21　駅別の乗降客数ランキング＜乗降客数＞
03/14　投資顧問の人気ランキング＜投資顧問＞
03/05　世界のシンクタンクランキング（ペンシルバニア大教授が先導、6000以上の研究所にアンケートを配布、500のジャーナリストから意見を聴取）＜シンクタンク＞
03/05　国際競争ランキング（スイス国際経営開発研究所）＜国際競争ランキング＞

03/05　世界のシンクタンクランキング＜シンクタンク＞
03/02　「エコノミストは役に立つのか」ランキング（文芸春秋）＜エコノミスト＞
02/29　水に関連する企業のランキング10社（中国）＜水関連企業＞
02/28　ラスパイレス指数ランキング＜ラスパイレス指数＞
02/27　TOEFLのランキング（日本は163国中135位）＜TOEFL＞
02/23　あなたがなりたい職業はなんですかランキング（ベネッセ実施、高校生は男女ともに公務員が1位）＜なりたい職業＞
02/15　就職人気ランキング＜就職人気＞
02/08　都道府県の経常収支ランキング＜都道府県経常収支＞

2011年（平成23年）
10/27　お勧めのサイクリングコースランキング（新聞）＜サイクリングコース＞
10/26　経営効率化ランキング制度（内閣府が国立大学86法人について発表）＜国立大学経営効率化＞
10/25　スパコンの計算速度ランキング＜スパコン＞
07/27　義援金について国別ランキング（ランキングをつけるような性格ではないが台湾からは多額の義援金をいただいている）＜義援金＞
07/20　再生可能エネルギーについての各国の投資額一覧ランキング（日本はトップ10に入っていない）＜再生可能エネルギー投資額＞
06/10　GDP1人当たりのランキング（日本は十数位）＜1人当たりGDP＞
06/01　ITレポート（世界経済フォーラム、世界IT先進国を示す）＜IT＞／国際物流効率ランキング（世界銀行）＜物流効率＞
05/27　薬の売れ筋ランキング＜薬の売れ筋＞
05/20　世界の大学ランキング＜大学＞
04/27　学生からの人気企業ランキング＜人気企業＞
03/31　日本の主要港取扱量ランキング＜港取扱量＞
03/09　がん拠点病院のランキング（週刊文春）＜がん拠点病院＞
03/08　スパコンランキング＜スパコン＞
02/25　国内観光地ランキング＜観光地＞
02/25　ICT分野の世界ランキング＜ICT＞／国連の電子政府ランキング（日本17位、1位韓国）＜電子政府＞
02/25　国際競争力ランキング＜国際競争力＞

02/25　小中学校の耐震強化のランキング＜小中学校耐震強化＞
02/24　国際競争力ランキング＜国際競争力＞
02/22　世界で最も心地よい国ランキング（平成22年8月に米のニューズウィーク誌発表、世界1位はフィンランドだが、人口の大きな国については日本が1位＜世界で最も心地よい国＞
02/01　国際競争力ランキング（IMD）＜国際競争力＞

2010年（平成22年）
11/17　競争力ランキング（世界経済フォーラム）＜競争力＞
08/05　1人当たりGDPランキング＜1人当たりGDP＞
05/28　企業の広告費ランキング（1位資生堂、それが派遣社員を解雇）＜企業広告費＞
05/21　国立大学法人の市場化テスト順位ランキング（弘前大学が最下位）＜国立大学法人市場化＞／国立大学の施設管理業務改善の推進状況ランキング＜国立大学の施設管理＞）
05/20　国立大学86法人の総合評価ランキング制度（経営効率化、民間企業活用度）＜国立大学経営効率化＞
05/18　全省庁で部下が存在しない係長の数をランキング（1位国土交通省、2位農水省）＜省庁1人部署＞
05/14　大学ランキング＜大学＞
04/21　よく使われる漢字のランキング＜よく使われる漢字＞
04/09　危ない信金、信組ワースト百ランキング＜信金・信組＞
04/08　就職志望企業ランキング＜就職志望企業＞
03/18　政治家のツイッターのランキング（ツイートが読まれている程度＜政治家＞／OECD諸国の電子政府化進捗度ランキング＜電子政府化＞
03/12　GDPランキング＜GDP＞
03/10　相続税、贈与税の大型告発事件ランキング＜相続税、贈与税＞
03/10　全国統一テスト学力ランキングリスト＜学力テスト＞／学力テストの都道府県ランキング＜学力テスト＞
02/24　HDI（Human Development Index）によるランキング＜HDI＞／2005年各国幸福度ランキング（アンケート調査で個人に直接幸福度を尋ねる方式、平均値の比較）＜各国の幸福度＞
02/17　建設業評価ランキング（島根県）＜建設業＞

以上が202件に上った2010年（平成22年）から2015年（平成27年）の国会審議におけるランキングへの言及であった。国会審議で興味を惹くのは、ランキング化に対して、全国学力テストによる序列化への反発、弘前大学が絡む国公立独立法人の序列化に対する地元議員の反発が示されていることである。一つの尺度で良し悪しを決められてしまうようなランキング化への反発である[8]。下位に位置づけられることの憤り、悔しさ、憤怒が問題を生む可能性は確かに存在する。下位のランキングを明示して新聞メディアが報道するとき、また研究者がそれを取り上げるとき、どこにどのような課題が存在しているのかについて分析を加えて発表することが望まれる。下位を下位として切り捨てる発想に基づくランキングが流布するとき、何ら事態の改善は望めなくなる。自らのランキングを冷静に受け止め改善策につなげる。あるいは反骨精神に火をつけるきっかけとなるようなランキングの提示でありたい。

　国家間比較からは脱線する事例ではあるが、偏差値の最下層にあったビリギャルが、学習塾の先生からの指導を受けて最難関校の一つである慶応大学に入学を果たす物語について触れておきたい。この場合、学力を測る一つの尺度である偏差値を、プロの学習塾講師がどのようにすれば上げることができるかを熟知していた。その道のプロと呼ばれる人の力である。この物語では、大学入試といえども中学の基礎知識から徹底的に反復学習を行う。大学入試も基本的には学校という場で学んできたことの知識を問う試験に過ぎない。偏差値が示すランキングを熟知した塾講師だからこそビリギャルを合格に導くことができた。ランキングを人を測る尺度として用いるなら、向上に導く確信を伴っていることが倫理である。国家においても向上のための提言を伴ったランキング分析が望まれる。

---

[8] 小6中3の全員を対象に行う全国学力調査に関して、ランキングの横行を防ぐ必要性を朝日新聞社説も主張している（朝日新聞2015）。

6　ランキングと地球文化

　ランキングによる価値の創出は、地球文化の醸成に結びつく試みである（三上 2012）。ただしここでいう地球文化は、個々の土着の文化がるつぼのなかで融解されるがごとくに生まれいずるものではない。むしろ個々の土着の文化が自らの個性を前面に押し出し、その価値を地球大に顕示する状況である。その価値の競い合いを地球大に行うところに、地球規模の相互作用が生じる。その相互作用が、地球大の文化を生む[9]。こうした様は、情報通信の発達による地球規模のネットワーク化、移動手段の発展があってより一層進む。

　ここでいう地球文化は地球人的なアイデンティティの存在を前提としていない。他方、馬場が捉えようとした地球文化は、主権国家を超えたところで生じる地球大の文化、あるいは主権国家よりも小さな、地域的に人間が地に足をつけて生活できる場に依拠した地域の文化を事例としていた。つまりそれは国家アイデンティティを超克したアイデンティティと相互不可分的な概念（馬場 1983）で、地球大の文化の創出の芽をはぐくみつつ、戦争の主体である国家にからめ捕られない個々のアイデンティティを、人類の歴史的な進展の文脈のなかで捉えようとする地球文化論であった。

　本書の地球文化の主体はなお国家中心的である。地球に存在する国家を地球全体に関わるある価値で比較しようとするランキング化の試みそのものに注目している。その価値を普遍化しようとする状況が進展すればするほど、地球的な文化がその地盤を強固にすると捉えている。

　クノー（2014）は、世界の主要な博物館に展示されている文化遺産の返還要求に異議を唱えている。エジプトやギリシャ、イランで出土した古

---

[9] 人間開発指数、腐敗認識指数などから、自己組織化マップを用いて地球を多次元的な同質性によってマッピングできるとする論文として Buscema, Sacco and Ferilli（2016）も参照されたい。

代文明の文化遺産が、大英博物館、パリのルーブル美術館に展示されている。それを出土した国の現在の政権が、自国のものであるから返還すべきとの声を発している。それに対してクノーは、博物館は、多元主義や多様性という理念を表しており、文化や国境に制限されるべきではない人類の遺産の展示の場であると主張する。頑迷な文化財の返還要求に諾々と従うのではなく、コスモポリタン的なビジョンを共有する世界の博物館や美術館と互恵的な関係を構築すべきことを提言する。

　大英博物館、ルーブル美術館、メトロポリタン美術館のいずれも、世界で覇をなした世界的な帝国が発掘し、より集めた文化遺産で溢れている。それを非難する声に理がなしとは言えない。しかし、帝国の存在を含めて地球上の様々な文化が相互に関係性をもった結果が現在の博物館の姿であることを想起するなら、クノーの主張は大国のみを擁護する偏狭な主張と断定はできない。むしろ、地球文化の一つの形態を博物館に感じ取ることもできる。

　本書で観る地球文化は、人間が価値を生み出し、守り、再定義する営みを繰り返す歴史のなかで、それを地球大に存在足らしめんとするときにランキング手法が効果的であるとの文脈において議論している。政治制度としての民主主義を地球大に比較する試みこそは、その地球的な価値たる地球文化としての存在意義を訴えかけていることに他ならない。

第 2 章
外交青書のなかのランキング

1　日本外交の基調

　アイケンベリーは、アメリカ主導のリベラルな国際秩序のなかで利害当事者として文化外交を展開したことを戦後の日本外交の特色とする。外交目標上の路線は三つあったという。一つは普通の国として軍事力の増強も図りながらの大国路線、二つにはスイスのように中立国として平和を希求する路線、そして最後に日米安保と平和を重視した路線である。このなかから日本は最後の路線を歩んできたと捉えている。これはあくまでアメリカによる国際秩序のなかでの外交であった（アイケンベリー 2015）。外交青書においてそれは、ODA 重視の人間の安全保障の動きなどに顕著に表れることになる。

　しかしより詳細に外交青書を通観すれば、日本外交の歩みについてはまた違った顔が浮かび上がる。特に 1990 年代以降の日本の歩みは、経済大国、一億総中流、教育先進国を自負する色調に彩られている。HDI で上位であること、世界から良い印象を持たれていることなども誇りとなっている。失われた 20 年が喧伝される一方で、こうした誇りが見え隠れする外交論の展開もあった。これらのなかで、日本は何をアイデンティティとして世界の中で自らの存在感を示してゆけば良いのだろうか。世界の中のランキングを研究する目的の一つがそれを見極めることにある。

　この間、外交目標の明確化が全くなされなかったわけではない。麻生外務大臣当時の自由と繁栄の弧を掲げた外交政策を思い浮かべたい。ここで日本は、完璧ではないにしても、民主主義、法の支配、人権を重視する古

参の国家として世界の中に存在していることを前面に打ち出していた（麻生 2007）。それが中国からは、自国を地域において孤立させる政策と映り、反感を抱かせる外交指針にもなった。

　さて現在、あらためて自由と繁栄の弧を日本が追求すべき状況にあるのかどうか。中国のプレゼンスは飛躍的に高まったが、その国家としての在り様は民主主義、自由と法の支配からは程遠い。他方、日本はこうした価値を尊重し、体現できる国家として胸を張りたい。あるいはこれを一歩推し進めて、より一層の充実を期すことで自らのアイデンティティとすることも選択肢ではないのか。

　日本外交が民主主義を誇りとしうるかどうかについては、また別の論点もある。薬師寺は、日本の外務省は、伝統的に世論を軽視し、国民は政府の外交に口を挟まなくていい、という発想をもっていたと指摘する（薬師寺 2003:39）。国民から理解や共感を得ようとする努力に欠き、外交をあたかも自らの専有物であるかの如くにふるまってきたという（薬師寺 2003:101）。外交政策に関する透明性、説明責任が不十分であるならば、果たしてそうした外交の主体を民主主義国家と言えるかどうかについては疑問符がつく。公衆と共に外交を展開するためには、パブリック・ディプロマシーの推進が求められる。日本外交が果たしてどの程度、国民と共に歩もうとしていたのか、外交青書の分析はその点を詳らかにする一つの作業ともなっている。本章でのその作業は、外交青書の図表をできるだけ網羅的にとりあげることによる。その点で、資料的な意味合いを持たせる章となっていることをお断りしておきたい。

2　第1号と近刊

　外交青書は日本外交の課題と指針を公にする。その前身である『わが外交の近況』が1957年に発行されて以来、毎年1度、休むことなく公刊が続く。E・H・カーが古典的名著『危機の二十年』のなかで指摘したように、秘密外交は20世紀の世界に大きな惨禍をもたらした。その教訓か

ら、国際政治、外交を広く人々に開かれたものとする要請が民主主義国家において高まった（カー 1996）。そのために欠かせない情報公開の一端を、日本においてはこの青書が担っている。

　ここでは、外交青書が掲載するランキングに注目して、日本外交が何を重視してきたのかを、抽出、分析する。ランキングは通常、数値を比較することでなされる格付けである。そのことから、図表として示されていることが多い。したがってここでの方法として、主に外交青書各号の図表に注目しながら、さらにそのなかのランキングに特段の注意を払って検討する。

　第 1 号となる『わが外交の近況』は 1957 年に刊行された。第 1 号に明示的なランキングはない。この号で最初に登場する図表は「補償請求国別処理状況」で、連合国人からの国別の補償件数と金額などが示されている（外務省 1957:53）。第二次世界大戦後の平和条約締結に基づく義務の履行が最大の関心事の一つであったことがわかる。国際社会に復帰して、最初の外交的懸案は、言わば戦争の後片付けであった。

　次に示される図表は「生産性視察団の派米」について、そのチーム名、団員数、出発日を一覧にしている（外務省 1957:55）。「米国より技術情報の提供を受けて企業の経営、生産、労務の面における科学的管理方式の普及を行い、これによってわが国産業の生産性を向上せしめんとするものである」（外務省 1957:54）と説明する。チーム名として「油脂加工業」、「鍛造業専門」、「第三次労働団体」などがあり、多岐の領域に及んだ視察団であることをうかがい知ることができる。

　次には漁船拿捕問題の小見出しのなかで、拿捕の隻数、人数等がある（外務省 1957:84）。北洋漁業に向かう漁船がしばしばソ連に拿捕されている。これは当時の重大な外交懸案であった。

　続いて、巻末に別表第一として挙げられているのが、「年度別および目的地別移住送出数」のデータである（外務省 1957:154）。昭和 27 年から昭和 32 年度の第一四半期までの期間について、目的地別、つまり国別に移住者の人数が明示されている。下に一例としてブラジルに向けた移住者

数を挙げておく。

表2-1　ブラジルへの移住者数

年度	27	28	29	30	31	32 (4月〜6月)	計
ブラジル（人）	54	1,480	3,524	2,569	4,357	1,083	13,157

別表第一（外務省 1957:154）からの抜粋の上、筆者作成。

　さらに移住送出に関連した投融資実績が図示された後、「邦人の海外渡航」のデータが続く。公用旅券と一般旅券による渡航を区別し、昭和27年から32年の途中（4月1日から7月31日）までの渡航者数を図表で明らかにしている。「昭和27年のサン・フランシスコ平和条約成立とともに海外渡航邦人も逐年目覚ましい増加のすう勢を示している」（外務省 1957:156）と記す。

　また在ソ抑留邦人の送還の項目で、1955年8月30日から1956年12月23日の間の数次に渡る引取者数を明示する（外務省 1957:158）。資料として掲載されているのは「日本国とソヴィエト社会主義共和国連邦との共同宣言」（外務省 1957:167）、「貿易の発展及び最恵国待遇の相互許与に関する日本国とソヴィエト社会主義共和国連邦との間の議定書」（外務省 1957:171）をはじめとして、ソ連、チェコ、ノルウェー、オーストラリア、ボリヴィア、西ドイツ等との条約、協定等である。最後に「わが国の在外公館一覧表」と「わが国に置かれている外国の在外公館一覧表」が付いている。

　以上が数値を伴う図表に基づく第1号の概観である。この1957年は日本国際政治学会の設立趣意書が決定された翌年である。この時期の日本外交の研究者は、初代学会理事長、神川彦松のように、理想を掲げて世界の中の日本を熱く語るものが目立つ（神川：1957）。しかし、外交の実務に携わる外務省の課題は、補償請求に関わる「戦後処理」、米の視察による産業面からの「戦後復興」、拿捕や抑留法人に関する「対ソ連問題」、南米等への「移民」がそれであった。

これと比較するために、第56号（2013）となる平成25年版の『外交青書2013』のなかの主な図表を挙げておく。第1号との際立った差異は、多色刷りとなって、カラー写真もふんだんに用いられていることである。どの図表もカラフルで、グラフも多用されている。ここでの最初の図表は「2012年の主な日中政府間対話」（25）[1)]で、日中高官の接触があった状況を月毎にまとめている。これは尖閣諸島問題で険悪化している日中関係を映し出している。それに続くのは「日中貿易額の推移」、「日本の対中直接投資の推移」のグラフである（27）。政治的緊張関係が続くなかでも、経済関係の緊密化が顕著である。この号の図表は続いて、東南アジア諸国連合のセクションで「アジア太平洋における国際的枠組みの一覧」と「世界の各地域・経済共同体の貿易額（2012年）」がある（51）。「日本のASEAN連結性支援」（54）、「日本とASEAN（貿易・投資及び経済協力）」（55）と紙面を割く記述からは、日本のASEAN重視の外交姿勢がわかる。解釈を膨らませれば、日中関係が冷え込むなかで浮かび上がる、ASEANとの関係性、特に経済的関係の実態を客観的に明らかにしようとする意図が透ける。

　続く北米のセクションには、「米国の貿易赤字に占める対日比率の低下」、「日米投資関係」（64）が並置される。中南米地域情勢の項目では、「地域統合の動向」（70）、「経済指標比較」（71）、「中南米諸国の資源・エネルギー・食料生産量（括弧内は世界における順位）」（72）がある。ランキングに注目する本書の問題意識から特記すれば、ここに中南米諸国の順位が数多く登場する。特に中南米諸国が世界1位である産出物に限定して挙げても、メキシコの銀、ベネズエラの石油（埋蔵量）、ボリビアのリチウム（埋蔵量）、チリの銅鉱石、リチウム、レニウムと並ぶ。日本外交が中南米諸国の資源を重視していることが如実に示されている。

　欧州に移ると、「主な動き（各国別）」（83）がまとめられ、「欧州の主要

[1)] 以下、外務省の『外交青書』（『わが外交の近況』を含む）からの引用は、当該号のページのみを記す。

な枠組み」(85)の図は、EUを中心としつつも多様な地域機構が重層的に存在することを読者に伝える。次節のロシアでは「日ロ貿易額の推移」(88)がグラフ化されている。

アフリカに関連しては、「アフリカにおける主要紛争地域の動向（2013年1月現在）」(110)がなお続く地域紛争を描く。「アフリカ開発の国際的枠組み」(113)、「日本の対アフリカODA倍増」、「対アフリカ民間投資倍増支援」(114)と3つが連続する図表からは、経済的に重みを増すアフリカへの高い注目度が表れている。

分野別に見た外交のセクションにおいてはまず「米軍再編の全体像」(121)、「在日米軍関係経費（日本側負担の概念図）（2012年度予算）」(122)が登場する。「平和構築分野での日本の取組」(125)が続き、「国連ミッションへの軍事要員・警察要員の派遣状況～上位5か国、G8諸国及び近隣アジア諸国～」(126)では順位が示されている。このランキングについては後に詳しく見ることにする。続いてソマリア・アデン湾等で多発する海賊等の襲撃に関連して「全世界の海賊等事案発生状況」(132)がグラフでまとめられている。発生日を辿って一覧となっているのは「2012年1月から2013年1月までに発生した主要なテロ事件（報道などに基づく）」(135)である。そして「世界の核弾頭数の状況（2012年）」(142)が世界地図を用いて示される。さらに「大量破壊兵器、ミサイル及び通常兵器（関連物質などを含む）の軍縮・不拡散体制の概要」(146)と続く。

この後、国連関係の図表が3つ掲載されている。「国連通常予算（分担金）の推移」(152)、「主要国の国連通常予算分担率」(153)、「国連関係機関に勤務する日本人職員数の推移（専門職以上）」(154)がそれで、2番目の分担率は順位が掲載されている。1位が米国、2位が日本、3位がドイツ、4位がフランス、5位がイギリスと並ぶランキングである。分担率そのものの推移が青書の問題関心であり、日本は12.530％から10.833％に下がったことを積極的交渉参加の成果とみなしていることが本文記述の説明からわかる。このランキングの意味は、国連を財政的に支

えている自負の顕示ではなく、課題となっている負担軽減の成果を示すことにあると言える。下に実際の表を転記しておく。ただし原典では日本の行は朱書されている。

表 2-2 国連通常予算分担率

順位	国名	2010 年－2012 年	2013 年－2015 年	増減ポイント
1	米国	22.000%	22.000%	±0%
2	日本	12.530%	10.833%	－1.697%
3	ドイツ	8.018%	7.141%	－0.877%
4	フランス	6.123%	5.593%	－0.530%
5	英国	6.604%	5.179%	－1.425%
6	中国	3.189%	5.148%	＋1.959%
7	イタリア	4.999%	4.448%	－0.551%
8	カナダ	3.207%	2.984%	－0.223%
9	スペイン	3.177%	2.973%	－0.504%
10	ブラジル	1.611%	2.934%	＋1.323%
11	ロシア	1.602%	2.438%	＋0.836%
25	インド	0.534%	0.666%	＋0.132%

「主要国の国連通常予算分担率」（外務省 2013:153）より。

　この国連分担率について国会審議のなかでもしばしば言及されてきた。たとえばアントニオ猪木議員は、平成 26 年 3 月 17 日の外交防衛委員会において、日本が 11 パーセント分担しているにも関わらず、国連におけるその発言力が小さいことを指摘している。平成 25 年 5 月 10 日には、岸田外務大臣がこれの減額に言及している。平成 24 年 8 月 22 日には安井美沙子議員が、分担率に比して日本の国連職員数が少ないことを指摘している。同年平成 24 年 3 月 27 日には玄葉光一郎外相が、やはりこれが過分な負担となっていることを、さらに平成 22 年 4 月 15 日には、国連分担率の過大な負担を求められていることに徳永久志議員が触れている。このように、青書と同様、国会審議においてもこれを減らすことが外交上の懸案となっていることがわかる。

国連海洋法条約の説明の箇所で「各種海域の概念図」(157) があって、その後 ODA 関連のグラフが 3 つ並ぶ。「主要援助国の ODA 援助実績（支出純額ベース）」(166)、「開発途上地域における 5 歳未満児の死亡率（出生数 1,000 人あたり）」(170)、「不就学の子供の数（1999 年 –2010 年）」(170) である。この項目に関連した本文には「経済協力開発機構／開発援助委員会（OECD/DAC）加盟国中では、米国、ドイツ、英国、フランスに次ぐ第 5 位の額である」(165) と言及されている。続いて「北極評議会（AC）概要」(178) の掲載がある。

　経済外交のセクションにおいて最初に登場するのが「日本の経済連携（EPA）の取組」(184) で、次項にすぐ「EPA・FTA の現状（TPP を除く）」(185) と「アジア太平洋地域における広域経済連携の現状」(186) がある。続く経済安全保障に関連した図表も多く、「ウェスト・テキサス・インターミディエート（WTI）原油価格動向（2006 年 1 月〜 2013 年 2 月）」(190)、「世界の地域別一次エネルギー需要の見通し」（同）、「原油価格に対する天然ガス価格及び石炭価格の比率の見通し」(191)、「主要各国におけるエネルギー輸入依存度（2010 年）」（同）と並ぶ。さらに「世界と日本の食料安全保障との関係性」(196)、「日本の大陸棚延長」(198)、「世界経済の現状と今後の見通し（GDP 成長率（%））」(200) が示されている。

　日本への理解を促す取組を詳説した次節において文化外交関連で「第 6 回国際漫画賞受賞作品／授賞者」(209) に始まり、「留学生の推移及び出身国・地域別留学生数」(210)、「JET 参加国招致人数及び参加者の推移」(211)、「海外における日本語学習者数及び国・地域別学習者数」(213) のグラフがある。

　最終章では「ビザ発給件数の推移」(220)、「外国人登録者数の推移と日本の総人口に占める割合の推移」(221)、「駐日大使館数（1980 年以降）」(222)、そして青年海外協力隊、シニア海外ボランティアに関連して「出身都道府県別派遣実績（集計期間：2012 年 1 月 1 日〜 12 月 31 日）」(225) が登場する。協力隊に関して、顔の見える協力としてこれを高く

評価することはわかる。しかし派遣実績の累積を都道府県別に詳述する意図は理解できない。青年海外協力隊のデータでは、東京が最多の3784人、神奈川、大阪、愛知と続く。人数の多寡を引き合いに出して都道府県で競わせる意図があるのだろうか。敢えて都道府県別にデータを挙げておきながら、その意味を分析することもなく1ページすべてをこの地図に費やす必要性は感じられない。

　対照的に、これに続く図表は「邦人援護件数の事件別・地域別内訳（2011年）」（230）、「援護件数の多い在外公館上位20公館（2011年）」（231）、「海外安全ホームページ」（232）、「『渡航情報』の体系及び概要」（232）、「2012年度海外安全・パスポート管理促進キャンペーン」（233）と、海外における日本人の安全に関する情報として有益である。上記2番目の援護件数はランキングになっている。1位が在上海日本国総領事館の1367件、2位が在タイ日本国大使館の972件、3位が在フランス日本国大使館の862件、4位が在フィリピン日本国大使館の679件、5位が在ロサンゼルス日本国総領事館の669件と続く。上海で最多のトラブルが発生している事実を日本人渡航者が認識しておくことは、注意喚起の面で効果的である。

　そして「領事サービス利用者へのアンケート調査結果（2012年）」と「日本国内における旅券発行数の推移」（234）が併置され、在外選挙の方法についての図解がある（236）。さらに国民に対する情報発信として「会見による情報発信」「文書による情報発信」「ホームページのアクセス数（ページ・ビュー）」（242）、また外務省ホームページの日本語と英語の例が示される（243）。「国民から寄せられた意見（広報室受付分）」（244）と「主要国との在外公館数・職員数比較」（245）、「2012年度重要外交課題関連予算」「2012年度予算」（246）が本文の最後にある。250頁以降の末尾には、「国際社会及び日本な主な動き」が日を追って、「要人往来」が地域ごとに掲載されて締めくくられる。

　あらためて第56号の図表のなかで、明確にランキング情報が示されているものは、「中南米諸国の資源・エネルギー・食料生産量（括弧内は世界

における順位)」(72)、「国連ミッションへの軍事要員・警察要員の派遣状況～上位 5 か国、G8 諸国及び近隣アジア諸国～」(126)、「主要国の国連通常予算分担率」(153)、「援護件数の多い在外公館上位 20 公館（2011 年）」(231) である。日本外交において資源・エネルギー、国連関係、邦人の安全を重視する姿が浮かび上がる。これらの重要性は認識しつつも、日本外交の輪郭を際立たせるためには、クールジャパンなど、文化交流に関連したランキングを明示すべきである。

さて、「国連ミッションへの軍事要員・警察要員の派遣状況～上位 5 か国、G8 諸国及び近隣アジア諸国～」(126) のグラフを確認しておきたい（図 2-1 参照）。外交青書のランキングに、日本外交が重視するメッセージを読み解こうとするのが本論の趣旨である。それに照らしてこれを見れば、PKO への日本の貢献度が低いことを問題視していると捉えるべきか。外交青書は 80 年代半ばから米、英、仏、独（当初西独）等の主要国と比較することが多くなる。その延長線上でこれを見るなら、日本の PKO 要

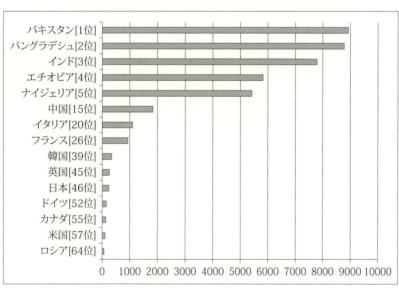

図 2-1 「国連ミッションへの軍事要員・警察要員の派遣状況～上位 5 か国、G8 諸国及び近隣アジア諸国～」(126)

員の派遣は、ドイツ、カナダ、米国よりも多いので、問題はないとしてこれを示そうとしているのだろうか。単年度のみでは判然としない。2008年、51号にこのデータがはじめて登場した時、日本のPKO要員は82位であった。そこから大きく改善したことがこの図からわかる。なお継続してPKO要員数の比較を掲載していることから、日本外交においてはPKOがなお課題であり、さらなる増員を目指していることと続み解くべきだろう。

在外公館の援護件数のランキング（表2-3）は何を意図して掲載されて

表2-3　在外公館の援護件数

順位	在外公館名	件数
1	在上海日本国総領事館	1,367件
2	在タイ日本国大使館	972件
3	在フランス日本国大使館	862件
4	在フィリピン日本国大使館	679件
5	在ロサンゼルス日本国総領事館	669件
6	在英国日本国大使館	622件
7	在大韓民国日本国大使館	516件
8	在ニューヨーク日本国総領事館	476件
9	在バルセロナ日本国総領事館	402件
10	在香港日本国総領事館	389件
11	在ホノルル日本国総領事館	341件
12	在サンフランシスコ日本国総領事館	295件
13	在中華人民共和国日本国大使館	280件
14	在広州日本国総領事館	267件
15	在ホーチミン日本国総領事館	254件
16	在イタリア日本国大使館	245件
17	在ベルギー日本国大使館	230件
18	交流協会台北事務所	212件
19	在チェンマイ日本国総領事館	207件
20	在ハガッニャ日本国総領事館	196件

「援護件数の多い在外公館上位20公館（2011年）」（231）

いるのだろうか。海外における日本人の安全対策は軽視できない。邦人の援護は時代を問わず、外交のルーティン的な重要項目の一つであろう。ただしこれをランキング化して示す意味については不明である。在外公館同士の切磋琢磨を促して、援護件数の減少を目指しているのだろうか。減らす努力を促すことが目的なのだろうか。2008年から掲載されているランキングではあるが、単純に前例の踏襲に陥っていないかどうか、あらためてその意味を問いたいランキングの一つである。

第1号と第56号の比較において、両号に共通する図表はない。「戦後処理」、米の視察による産業面からの「戦後復興」、拿捕や抑留法人に関する「対ソ連問題」、南米等への「移民」という当初の外交懸案から、いかに外交の力点が変化したか、一目瞭然の差異である。

3　1960年代と1970年代

以下、その変化の節目を明らかにすることも企図して、日本外交の力点を『わが外交の近況』、『外交青書』から実証的に掌握する。具体的には、ランキング、また推移する図表に注目して、外交を遂行する当事者たちが何を国民に伝えようとしているのか、その変遷を概説する。

第2号（1958）および第3号（1959）の第1号との違いは、技術協力のセクションで、「専門家の派遣」（2号:36-37）、「研修生の受入」（2号:37）が加わることである。コロンボ計画、米国ICA技術援助計画、さらに国連及び専門機関による技術援助計画に積極的に協力することが謳われ、途上国援助がこの後の外交の柱として位置付けられるようになる萌芽を確認することができる。

第4号（1960）になって、移住者送出数が国ごとに明示されるようになる（20）。また図表的にまとめられた新しい情報として、「日米両国都市提携状況」（94-95）が加わる。戦後賠償、拿捕問題、そして「研修生の受入」（147）は前号から続く。ここでは国ごとに、中国から422名、タイ312名、インド300名、フィリピン180名、インドネシア178名と

受け入れ人数が並ぶ。ただしこれらはランキングとなっているわけではない。それでも 1960 年発行のこの号の段階で、日本外交における対外援助重視が鮮明に浮かび上がっている。

　第 5 号（1961）では「日米両国都市提携状況」の本文の説明が興味深い。「米国においてはアイゼンハワー政権の時代から、世界の平和、友好関係の増進は単に政府と政府との間の働きかけでなく、広く一般国民とのつながりによって達成されるものであるという考えから、いわゆる People to People Program なるものが生れ、その一環として米国の諸都市と各国の諸都市との間に姉妹関係を結び、双互（原文ママ）に文化の交流、貿易の振興等を図っているところ、わが国の多くの都市においても、この趣旨に賛成し、広く一般国民による対米友好関係増進という見地から、米国の諸都市と姉妹関係を結ぶに至っており、その成立数は一九五五年一件、同五六年一件、同五七年五件、同五八年五件、同五九年九件、昨年二件となっている」（92）とある。姉妹都市交流の原点がここにある。

　第 6 号（1962）から情報の充実度は増し、巻末に資料として総理大臣、外務大臣の演説、締結された協定等が載るようになる。

　第 7 号（1963）でもそれは変わらない。なお第 7 号では「国連公債の引受け」のセクションが新たに登場して、国連協力の立場から、国連分担率を上廻る 500 万ドルの国連公債を引き受けるとの紹介がある。引受額で日本は第 7 番目であった（45）。主な公債引受け国とその引受け額の一覧の掲載がある。挙げられている国を上位から紹介すれば、米国、英国、西独、イタリア、カナダ、スウェーデン、日本、オーストラリア、デンマーク、オランダ、インド、スイスの順になる（表 2-4）。同号での図表は、「ソ連による漁船のだ捕、帰還の月別統計」（125）、「援助国会議のインドに対する援助」（128-129）、「低開発地域別『民間直接投資残高』および『延払輸出債権残高』」（151）、「わが国の海外技術協力の実績表」（156-159）、「わが国の海外技術協力センター一覧表」（161-163）、「昭和三七年度投資前基礎調査プロジェクト」（164-165）と、海外協力関係の情報が並ぶ。そして米（こめ）の輸入が問題化していることが表として明

表 2-4　国連公債の引受け

国連公債引受け国	国連公債引受け額（ドル）
米国	5967万2840
英国	1200万
西独	1000万
イタリア	896万
カナダ	624万
スウェーデン	580万
日本	500万
オーストラリア	400万
デンマーク	250万
オランダ	202万
インド	200万
スイス	190万

第7号、45-46頁より。

示されている。「1962米穀年度外米成約実績」(193)、「1963米穀年度外米成約実績」(194) は過去の号にない情報である。アメリカへの農業労務者（派米短農）事業についてのデータも新たな掲載である (280)。またさらに海外移住振興会社の活動の紹介があり、同会社の購入移住地名の一覧と、投融資実績がまとめられている (282-283)。

前号までとこの号の違いは他にも、世界の「映画祭及び名称」が会期、日本の参加作品まで付して一覧として示されていることにも表れている (323-329)。第15回カンヌ国際映画祭（フランス）に「キューポラのある街」（日活）が、第11回メルボルン映画祭（豪州）に「裸の島」（近代映画）の参加があった。

前号の第6号同様に、国会における首相、外務大臣の国会演説、大平外務大臣の国連総会演説、各国との共同コミュニケが掲載されている。内容的に特筆すべきは「米国の核兵器実験に関するケネディ米国大統領あて返簡」（資料18-19）、「核兵器実験停止問題に関するフルシチョフ・ソ連首相あて書簡」（資料19-20）、「核兵器実験問題に関するフルシチョフ・ソ

連首相あて書簡」(資料 20-21) が収められたことである。人類が直面した核戦争の危機のなかで、被爆国として日本が果たそうとする使命を感じ取ることができる資料である。

　この後掲載される表は、「わが国が締結した主な条約」(付表 1-2 頁)、「わが国在外公館の新設、昇格状況」(付表 3 頁)、「わが国在外公館およびわが国に置かれている外国公館一覧表」(付表 4-10 頁)となり、これでこの号は締めくくられている。なお新しい情報が多岐にわたって付け加えられたこの第 7 号であるが、第 5 号、第 6 号にあった姉妹都市関係の情報は姿を消している。

　第 8 号 (1964) では図表が極端に減る。「DAC 加盟諸国から低開発国に対する長期資金の流れ」(124) が巻も中程に第一表として登場する。「わが国の海外技術協力の実績表」(145-148)、「わが国の海外技術協力センター一覧表」(150-152)、「昭和三八年度投資前基礎調査プロジェクト」(153-154) がそれに続く。

　ランキングは、国別渡航状況のセクションに登場する (255-256)。1 位がアメリカで、香港、ドイツ、英国、フランスと続く。「旅券発行状況」(256) の掲載は過去の号と共通する。続いて日本政府の外国人留学生招致のセクションで地域ごとの受け入れ留学生のデータが並ぶ (278-280)。これは過去の号には掲載のない新しい情報である。映画祭の開催については前号同様に掲載がある (286-290)。「最近わが国が締結した主な条約」(付表 1-4 頁)、「わが国在外公館の新設、昇格状況」(付表 5 頁)、「わが国在外公館およびわが国に置かれている外国公館一覧表」(付表 6-12 頁) となってこの号は締めくくられている。

　この第 8 号で国際文化交流についての理論武装的見解が登場することは特筆に値する。国内広報の現状を説明する箇所は情報量も少なく、刊行物の名称とその対象が明示されているものを含めて全体で 11 行にとどまる。それに対して国際文化交流はその意義を文章化して次のようにある。「国際文化交流の目的は、文化を通じて各国民相互の理解と親善を深め、もって世界の平和と文化の向上に貢献することにある。第二次世界大戦

後、各国政府は、文化外交を重視し、強力な機構・スタッフと厖大な予算をもって、文化交流事業を活発に展開しているが、これは世界諸国民が戦争の惨禍を再びくりかえさないためには、諸国民間の相互理解がいかに重要であるかを痛感したためであろう。……中略……かような文化交流事業には、政府によるものと、民間によるものとがあるが、元来、文化交流は、その性質上、まず、広く民間の自主と創意によって行われるべきであり、したがって政府としては第一に、民間の創意によるこれら事業を奨励し、できるかぎりこれに便宜を与えてその拡大をはかることを方針としている」(265)。これは第7号が「わが国と諸外国との間の文化交流は、民間の創意によって最近とみに活発になってきている」(7号:294) と事実を述べるにとどまっていることと対照的である。そしてこの国際文化交流重視の姿勢は、次の第9号の図表にも表れることになる。

　第9号 (1965) も8号同様に、「DAC加盟諸国の低開発国に対する長期資金の流れ」(138-139) が巻の最初の図表である。「わが国の地域別対外投融資実績」(157) はこの号での新規の登場である。また「わが国海外移住行政及び実務機構一覧表」(285) も新たに加わるが、これはこの当時の移住行政に対する力の入れようを具体的に示している。本号に関して特筆すべきは、文化交流事業実績一覧の充実ぶりである。美術関係その他展覧会が加わる。映画に関連しても「日本大使館主催による海外での日本映画上映（一九六四年一月から一九六五年三月まで）」(334-336) が登場し、「図書の交流」(336-341)、「音楽の交流」(341-342) もこの号ではじめてお目見えする。音楽の交流をよく見ると、1963年5月にヴァイオリニストの黒沼ユリ子の演奏会がメキシコで開催されたことがわかる。スポーツ交流も一覧になっている。「海外への日本選手派遣」(352-354) はこれまでの号にはなかった。第9号では、文化交流重視の姿勢が一層強まっている。なおこの号に明示的なランキングはない。

　第10号 (1966) において最初に登場する図表はやはり開発援助関係である。「1964年の国連貿易開発会議において、先進国はおのおのその援助努力を国民所得の1％とすべき旨の勧告が全参加国一致して採択され」

(161) たことの説明を受けて、「DAC諸国の援助総額およびその国民所得に占める割合」(163) が掲載されている。ポルトガル、フランスは国民所得比2％を超え、ベルギー、英国は1％を超えるが、日本の場合0.48％にとどまっている。7号から掲載されている地域別対外投融資実績に関連した「投融資残高」(172)、「投資前基礎調査」(179-180) の一覧と、アジア諸国からの米の輸入問題に関連した外国米の輸入量も図表としてまとめられている。第9号でその充実度が目立った文化交流に関してその流れに変化はない。

第11号（1967）では、前号にあったDAC諸国の援助総額はない。『我が外交の近況』も10年の歴史を重ねたことから、この号と第1号を比べておきたい。第1号が総頁数、217であったのに対して、第11号では、本体368頁、資料29頁、付表10頁、総頁数400に及ぶ。図表に関しては近年の53号では膨大に掲載されていることから明らかなように、基本的に増加の一途をたどる。もちろん、姉妹都市に関する一覧のように、4号から6号まで掲載されたものが、それ以降登場することがないというものもある。当初、最重要課題のひとつであった拿捕に関連する図表も第7号が最後の掲載になる。拿捕に関しては小見出しを付しての本文説明自体も第8号を最後とする。外交の懸案の移行が如実に示されている。

以下では、順位が明確にわかる形で表されたランキングを伴う図表に焦点を当てて紹介していきたい。

11号では、新たに長期渡航を目的とする旅券の項目に、主な渡航先国をランキングにして掲載している（313）。これを下に転載する（表2-4参照）が、この箇所には渡航目的別のランキングもある。

第12号（1968）では、11号の渡航先国のデータを米国、ブラジル、スペイン、カナダの順で紹介するものの、ランキング化はしておらず、明白な形でのランキングは存在していない。

第13号（1969）は、はじめて横書きの版となる。地域ごとに「要人訪問一覧表」を付したことも新しい。資料に「わが国の地域別各国別貿易実績」も加わっている。この号にもランキングはない。ランキングを注視す

表 2-4　主な渡航先国

順位	国名	人数
1	米国	10,879
2	ブラジル	1,976
3	カナダ	1,102
4	スペイン	994
5	ドイツ	851

原典注：スペインは、カナリー群島を根拠地とする漁業従事者を主とする。

ることから脱線するが、「海外における対日世論の動向を迅速かつ的確に把握するため」(201-202) として、米国と英国における世論調査の結果が掲載されたことは新しい。従来から毎年1回実施していると記すが、結果をこのように『わが外交の状況』に示したのはこの号が最初である。

1970年代最初の第14号 (1970) についても、図表に関する内容としては前号から大きな変化はない。前号に続いて対日世論の掲載がある (305-306)。ここでその一部紹介しておく。

質問 (1) A「日本は米国の信頼し得る友邦であると考えるか」(米国のみ)

(答)	1969年	(1968年)
信頼し得る	43%	(40%)
信頼し得ない	37%	(34%)
わからない	20%	(26%)

質問 (3)「日本からの輸入商品の品質をどう思うか」(米英両国共通設問)

(答)	米国 (同1968年)	英国 (同1968年)
優秀である	7%　(6%)	6%　(4%)
良い	34% (33%)	29% (26%)
普通である	37% (38%)	33% (32%)

| 良くない | 17%（17%） | | 21%（23%） |
| わからない | 5%（ 6%） | | 12%（15%） |

　第15号（1971）も前号と大きな変わりはない。上述の世論調査は、「海外における対日世論の動向を迅速かつ的確に把握するため」(358) として、さらにドイツを加えた結果を掲載している。日本からの輸入商品の評価について、わずかながら肯定的評価が増加している。

　第16号（1972）では、金・ドル交換停止措置、いわゆるニクソン・ショックを受けての主要国通貨新レート一覧が新掲載である（271）。対ドル調整率の高い順番から、次のように9か国が比較されている。

表2-5　主要国通貨対ドル調整率

	対ドル調整率
日本	16.88%
ドイツ	13.57%
オランダ	11.57%
ベルギー	11.57%
フランス	8.57%
イギリス	8.57%
イタリア	7.48%
スエーデン（原文ママ）	7.49%
スイス	6.36%

第16号、271頁より。

　イタリアとスウェーデンの順番に乱れがあるが、調整率の大きい方から並べて、日本にとっての影響の大きさを表そうとする意図がうかがえる。またこの号にはランキングではないが、「毛および化合繊輸出規制取極の主要点」(188) が表としてまとめられている。なお13号、14号、15号にあった世論調査結果はなくなる。代わって1972年10月に設立された国際交流基金についての説明がある（386-387）。

　第17号（1973）では、諸外国における対日世論調査の結果が30頁を

超える分量で紹介されている。付表に「世界の国一覧表」も載る。明確なランキングは「1972 年度国連及び国連ファミリー諸機関に対する分担金一覧表（上位 20 ヶ国）」（715-720）と「1972 年国連及び国連ファミリー諸機関に対する主要拠出金一覧表（上位 20 ヵ国＊、成約額も含む）」（＊20 ヶ国と 20 ヵ国の表記のズレは原文のママ）（721-726）が、国際連合から世界食糧計画まで、明確に額と順位を示している。アジア経済開発研修所に対する拠出額は日本が 1 位となっている（722）。続いて「国際連合事務局職員（地理的配分に従う職員）の各国別構成」（727）があって、望ましい範囲の人数も併記した表を載せている。

表 2-6　国連事務局職員数

国名	順位	人
米国	1	440
フランス	2	135
ソ連	3	117
英国	4	61
日本	5	59

（727 頁の表から抜粋）

「主要物資生産量」（737-744）は、米、小麦から、ラジオ、テレビジョンまで、それぞれの品目の上位 10 か国を並べている。一例としてラジオを挙げれば、1970 年の時点で、日本は世界のシェア 4 割を超えて 1 位の生産量となっている。

「わが国の主要貿易相手国（上位 20 位まで）」（746-747）とわが国の資源輸入のセクションにある「資源輸入額順位（1969 年）」（760）は明確なランキングである。さらに数量の多い方から並べた実質的なランキングデータとなっている表として、「わが国の地域別原油輸入」（767）、「主な国の防衛費総額、対 GNP 比および 1 人当たり防衛費」（777）が並ぶ。このようにデータをふんだんに盛り込んだ『わが外交の近況』は 886 頁の大部となったため、この翌年からは 2 巻に分かれることになる。

上巻、下巻と別れた第 18 号（1974）では、紙幅の余裕ができたことに

起因しようが、グラフを含めて図表がまた格段に増す。ランキングの明示は、前号同様、「74年度国連及び専門機関（含国際原子力機関）に対する主要国の分担金一覧表（分担率上位20位）」（下巻243-248）、「73年度国連及び国連ファミリー諸機関に対する主要国の拠出金一覧表（上位20カ国）」（下巻249-254）、そして「国際連合事務局職員（地理的配分に従う職員）の各国別構成」（下巻255）にある。「主要物資生産量」（下巻266-273）、「1973年の世界原油生産量（15位まで）」（下巻292）も順位が明確なランキングとなっている。

　第19号（1975）も18号と同じ上下巻2冊の体裁である。ここでは経済関係を重視する姿勢が前面に出る。「国民総生産及び一人当り国民所得の国際比較」（下巻191）が明確なランキングである。国民総生産（1973）では2位の日本も、1人当り国民所得（1973）ではトップ10に入らない。「主要物資生産量」（下巻196-204）は前号と同様に掲載されているが、国連関係の分担金、拠出金、事務職員数の一覧はこの号では姿を消す。

　第20号（1976）も前号を踏襲し上下の2巻である。経済状況の現況という大きな括りのなかで、「第1表　DAC加盟諸国の経済技術協力の実績比較（支出ベース）（1974年）」（上巻211）が金額ベースでみた技術協力費と政府開発援助に占める技術協力費の割合について順位を明示する。「国民総生産及び1人当り国民所得の国際比較（自由圏のみ）」（下巻198）は額を明示するが、ランキングの形はとっていない。さらに前号まであった主要物資生産量のランキングも姿を消している。全般的に20号はランキング化に消極的である。

　第21号（1977）でも「第1表　DAC加盟諸国の経済技術協力の実績比較（支出ベース）（1975年）」（上巻221）は順位が明示されている。「国民総生産及び1人当り国民所得の国際比較（自由圏のみ）」（下巻151）も第20号と同じ表記である。「わが国の主要貿易相手国（1976年）（上位20位まで）」（下巻157）がこの号で新たに登場したランキングである。一部割愛して、輸出入それぞれ上位5位までを下に示す。輸出入における米

表2-7　わが国の主要貿易相手国

	輸出	％（全輸出額に対する割合）	輸入	％（全輸入額に対する割合）
1位	米国	23.3	米国	18.2
2位	韓国	4.2	サウディ・アラビア（ママ）	12.1
3位	リベリア	4.2	オーストラリア	8.3
4位	オーストラリア	3.4	イラン	6.9
5位	〔台湾〕	3.4	インドネシア	6.3

21号（下巻157）に基づき、筆者作成。

国への圧倒的な依存状況がよくわかる。

4年間の上下2巻の発行を経て、第22号（1978）から再び1冊の体裁にもどる。「わが国の主要貿易相手先（1977年）」（479）は、前年同様、貿易相手国のランキングを明示する。そして「DAC加盟諸国の経済技術協力の実績比較（支出ベース）1976年）」（525）も順位を掲載する。それによると金額ベースで日本は7位、政府開発援助に占める技術協力費の割合については13位となっている。

第23号（1979）もランキングの掲載に関しては前年とほとんど変わらない。「わが国の主要貿易相手先（1978年）」（479）があり、また「DAC加盟諸国の経済技術協力の実績比較（支出ベース）1977年」（529）もある。

ランキングを通して日本外交の70年代の特徴をまとめれば、貿易立国としての日本の姿が第一にある。それと併せて、開発援助の実態の図表が格段に増え、DAC諸国の動向を踏まえつつもこの分野における力の入り様が浮かび上がっている。

国際政治学理論において影響力を持つ一潮流、コンストラクティヴィズムによれば、国家アイデンティティは自己認識と他者からの認識が一致してはじめて安定したアイデンティティとなる（大庭2000）。民主主義国家におけるその方途は、こうした外交指針を示す公文書で、自国の外交政策

の力点を内外に明示し、それを自他ともに認める過程が肝要になる。70年代の日本のそれは、貿易立国であり、また援助を通して国際社会からの承認を得ようとしている。

4　1980年代と1990年代

　続く第24号（1980）も前号と全く変わらない。「わが国の主要貿易相手先（1979年）」（495）と「DAC加盟諸国の経済技術協力の実績比較（支出ベース）1978年」（549）がランキングを示す。25号から27号も同様である。

　第28号（1984）は1982年11月に登場した中曽根首相、安倍外相の態勢で展開する外交を反映した最初の号となる。そのためか総説のセクションが異彩を放つ。これまで総説ではほとんど見かけなかった地図による図解が多い。たとえば「我が国総理・外務大臣のアジア歴訪」（26）、「日欧対話のチャネル」（39）、「北方領土」（42）などは地図を付した説明である。また第18号以来登場しなかった、「国連機関に対する財政的寄与（1980～82支払実績）」（319）が順位を付したランキングとして復活する。前号から踏襲されているランキングは、「我が国の主要貿易相手先（1983年）」（581）と「DAC加盟諸国の経済技術協力の実績（支出ベース）比較（1982年）」（633）である。

　第29号は（1985）は戦後40年を節目とした記述が目立つ。総説の冒頭から日本、米国、西ドイツ、英国、フランスという主要国を棒グラフを用いて比較している。はじめに登場するのが「主要国の国民総生産」（3）、次いで「主要国の一人あたりのGNP」（7）、「主要国の失業率」（13）、「主要国の貿易収支」（13）、「主要国の政府開発援助（ODA）（1984）」（15）、「ODA対GNP比率（1984）」（16）、「ODAの質──贈与比率（1983）」（16）と並ぶ。そして「DAC加盟諸国の経済技術協力の実績（支出ベース）比較（1983年）」（597）が明示的なランキングである。この号の顕著な特徴は、日本が主要国の一員であるとする強い自負の表れと、

それら主要国との徹底した比較にある。

　第30号（1986）の『わが外交の近況』はカバー全体が青色になって、「外交青書」という言葉がはじめて登場する。主要国間の比較はほぼ前号を踏襲するが、一部の図表は棒グラフから、パイチャート、あるいは帯グラフとなって、主要国間での割合を示す形に変化する。また前号にはなかった「主要国の対外純資産残高」（2）が登場し、ここだけフランスに代わってサウディ・アラビア（原文ママ）が掲載されている。また、29号には存在せず、28号では巻も終わりの方に登場した「国連機関に対する財政的寄与（1983～1984年支払い実績）」（73）が、図4として巻もはじめに近い総説のセクションに登場する。分担金、自発的拠出金ともに、米国に次いで2位であることが強調された図表である。そして末尾近くに「DAC加盟諸国の経済技術協力の実績（支出ベース）比較（1984年）」（583）が順位を付して示される。

　第30号で『わが外交の近況　外交青書』となっていたタイトルは、第31号（1987）では『外交青書　我が外交の近況』と前後が入れ替わる。はじめに登場する主要国間比較は、第29号の形に戻っている。1976年以来、10年を超えて掲載されてきた「DAC加盟諸国の経済技術協力の実績（支出ベース）比較」は、この号で消えている。代わって「1985年経済協力実績（主要先進国との比較一覧）」（466）が登場して、日英仏独英との比較を前面に出したODAの状況を図示するが、順位は明示していない。

　第32号（1988）は冒頭に「世界のGNPシェア図（86年）」（2）を掲げて、上位15か国のランキングを載せる。1位米国、2位ソ連、3位日本、4位西独、5位仏と続き、地図はGNPのシェアを反映した面積となっている。その地図では、巨大な日本列島が中心に位置する。続く3頁に、外交青書では初めて写真が登場する。「トロント・サミットでの竹下総理大臣（88年6月）」（3）があり、さらに「中距離核戦力（INF）全廃条約に署名し、条約書を交換するゴルバチョフ書記長（左）とレーガン大統領（87年12月）」（13）、「イラン・イラク紛争（バスラシュラトン前のシャトル・アラブ河）（88年5月）」（54）、「国連安全保障理事会」（78）、「ガッ

ト40周年記念ラウンド・テーブルでの宇野外務大臣」(94)、「活躍する青年海外協力隊（スリランカ）」(119)、「活躍する青年海外協力隊（マラウィ）」(120)、「科学技術の発達（超伝導現象）」(148)、「若者たちの交流」(158)、「北方領土（国後島）」(256)、「在米日本国大使館（ワシントン）」(285)、と盛りだくさんである。外交青書の写真が語る日本外交の特徴も興味深く、焦点を当てたいテーマの一つである。社会学者の後藤範章は、調査対象としての写真に注目する（2013）。そうした研究は別の機会に譲ることとして、ランキングに戻れば「主要貿易相手国」(409) が輸出と輸入に分けて、上位10か国を順位と共に明示する。またこの号ではじめて「出身国（地域）別留学生数〔87年5月1日現在〕」(436) のランキングが登場する。1．中国、2．台湾、3．韓国と多数の国から順番に10．ブラジルまで続く。ふんだんに用いられた写真、図表が目立つ32号だが、ランキングに絞ってまとめておけば、2頁にGNP上位15か国、409頁に主要貿易相手先、そして436頁の出身国（地域）別留学生数の情報に留まる。

　前号に引き続き、第33号（1989）ではまず「世界のGNPシェア図（87年）」(2) が登場する。「DAC主要国の政府開発援助の質（約束額ベース　単位：%）」(97) は英国、米国、フランス、西独、日本を例示する。そのなかで日本は贈与比率、グラント・エレメントが共に最下位であることがわかるが、そのことを図のなかであえて順位を付して明示しているわけではない。本文に「援助の質を示す指標として用いられている贈与比率及びグラント・エレメントでは、わが国はDAC 18か国中最下位になっている」(96) との言及がある。「主要貿易を相手先」(368) が輸出と輸入に分けて、上位10か国を順位と共に示すのは前号と変わらない。同様に「出身国（地域）別留学生数〔88年5月1日現在〕」(399) も掲載されている。

　第34号（1990）はベルリンの壁の崩壊を受けての号になる。最初に登場する写真「崩壊直後のベルリンの壁を視察する海部総理大臣と中山外務大臣（90年1月）」(2) がそのことを象徴する。同時に「DAC主要国のODA実績の推移（支出ベース）」(86) のグラフは1989年に「わが国は米

国を抜いて初めて世界第 1 位の援助国となった」（85）ことが強調され、日本外交における一つの画期をなしていることがわかる。ODA に関して「DAC 主要国の政府開発援助の質」（90）は、贈与比率、グラント・エレメントにおいては、英国、米国、フランス、西独に日本が劣ることを明らかにしている。

　付表にある「主要貿易相手先」（384）は輸出と輸入に分けて、上位 10 か国を順位と共に示す。同じく付表の「わが国経済協力実績の主要先進国との比較一覧（1988 年）」（396-397）の備考欄には、ODA の量、質の面からより細かな範疇での順位を明記している。また前号に引き続き、「出身国（地域）別留学生数〔89 年 5 月 1 日現在〕」（417）もランキングとなっている。あらためて言えば、この号の特筆すべき特徴は ODA の供与額 1 位になった興奮が前面に出ていることである。

　ソ連の民族問題に焦点を当てるのが第 35 号（1991）である。「ソ連の民族構成」（171）と「ソ連各共和国の民族構成」（172）が人口の大きい民族順に並べる。続く「ユーゴスラヴィアの民族構成」（175）と「ユーゴスラヴィア各共和国の民族構成」（175）も同じ形式でユーゴスラヴィアの民族構成を示す。冷戦構造の崩壊による民族間紛争惹起に対する警戒感がにじみ出ている。国際文化交流重視を謳う姿勢は「英国及びドイツの文化交流機関と国際交流基金の規模比較（90 年度）」（197）がこの分野の日英独の総予算、職員総数、海外事務所の 3 分野を比較し、いずれにおいても日本が 3 番目であることを示す。こうした情報は、たとえば前号などは巻の付表に国際交流基金の予算として登場するのみであった（第 34 号:419 頁）。第 35 号のように巻も中ごろに登場すること自体、これまでと力の入り方が違うことを端的に示すが、より説得力を持たせるためには、3 か国に限定せず、OECD 諸国すべてを並べるぐらいの姿勢があって良い。付表には前号と同様に「主要貿易相手先」（494）について輸出と輸入に分けて、上位 10 か国を順位と共に掲載する。また「わが国経済協力実績の主要先進国との比較一覧（1989 年）」（506-507）の備考欄と「出身国（地域）別留学生数〔90 年 5 月 1 日現在〕」（527）にランキングがあ

ることも前号を踏襲する。

　第 36 号（1992）は初めて冒頭に外務大臣の顔写真が入る。また青書のタイトルから「わが外交の近況」という言葉が消えた号でもある。代わる副題として「転換期の世界と日本」と表紙に刻まれる。写真に注目しておけば、冒頭は渡辺美智雄外相である。そして 2 枚目に登場するのは「ソマリアの統一タスクフォースに参加する米軍海兵隊（92 年 12 月）（AP）」(7) である。本文にブトロス＝ガーリ国連事務総長の「平和のための課題」と題する報告書についての言及がある（7）ように、冷戦構造崩壊後、国連の役割への期待が高まった気運を象徴している。

　ランキング的な情報に戻ると、前号と変わらず「英国及びドイツの文化交流機関と国際交流基金の規模比較」(165) が 3 国の総予算、職員総数、海外事務所の 3 分野を比較する。この号の「我が国経済協力実績の主要先進国との比較一覧」(494-495) の備考欄は掲載するほぼすべての項目をランキングとして明示する。援助の量的な面である供与額では日本は DAC 諸国中 1 位だが、質的な面に関するデータでは二けたの順位となることも多い。「主要貿易相手先」(483) は輸出、輸入のトップ 10 を掲げる。「出身国（地域）別留学生数（91 年 5 月 1 日現在）」(515) のランキングはその数が着実に増えていることを示す。

　第 37 号（1993）の『外交青書』は「より安全で人間的な世界を求めて」との副題を掲げ、再び 2 分冊になる。冒頭に柿澤弘治外務大臣の顔写真が載る。ランキングに関連しては、「DAC 主要国の ODA 実績の推移（支出純額ベース）」（Ⅰ 91）の折れ線グラフが 34 号以来再び登場する。ODA 実績で 1 位であることが一目でわかる。「主要貿易相手先」（Ⅰ 256）は輸出と輸入に分けて、上位 10 か国を順位と共に示すことに変化はない。「我が国経済協力実績の主要先進国との比較一覧」（Ⅰ 268）の備考欄も同様である。「出身国（地域）別留学生数（92 年 5 月 1 日現在）」（Ⅰ 285）のランキングは相変わらず、中国、韓国、台湾の順で留学生が多いことを明らかにする。

　第 38 号（1995）[2]の副題には「日本外交への期待――新たな時代の創

造に向けて」とある。写真がふんだんに掲載されている。ランキングとしては前号を踏襲して、「日本の経済協力実績の主要先進国との比較一覧」（Ⅰ 256）が載る。「主要国の通常分担率の推移」（Ⅰ 271）のグラフは、過去の号にもあったグラフであるが、明確に率の大きい順から積み上げ式に主要国を並べて、ランキング的な性格が濃くなっている。「出身国（地域）別留学生数（93年5月1日現在）」（Ⅰ 274）については通常通りの掲載である。

第39号（1996）の副題は「新たな国際秩序の萌芽と日本外交の進路——重層的な枠組みの構築」を掲げる。ランキングとして取り上げられた新しい情報は、「国連分担金の未払状況（上位5ヵ国及び日本）」(37) である。付表にある「主要国の国連分担金滞納状況（滞納額上位15ヵ国）」（Ⅰ 279）と「主要国の国連分担金未払状況（未払額上位15ヵ国）」（Ⅰ 280）とを併せて、米国、ロシア等の滞納が際立って大きいことを浮き彫りにしつつ、きちんと支払っている日本の姿を印象付けようとしている。その他恒常的に示すランキングは「日本の経済協力実績の主要先進国との比較一覧」（Ⅰ 267）と「出身国（地域）別留学生数（94年5月1日現在）」（Ⅰ 284）である。「JETプログラム（語学指導等を行う外国青年招致事業）国別招致数」（Ⅰ 285）はこれまでも表にして掲載されたことはあるが、本号では95年度実績として、米国＝2406、英国＝825、カナダ＝720とよりわかり易く人数の多い順に並べている。

第40号（1997）で副題は「相互依存の深まる世界における日本の外交」となる。前号にあった国連分担金のランキングは本文からは消えて、付表の「現行の国連通常予算分担率（Ⅰ 371）」で米国、日本、ドイツと続く順位を明記する。「日本の経済協力実績の主要先進国との比較一覧」（Ⅰ 355）は前号と変わらない。さらにこれに続くグラフが「DAC諸国におけるODA実績の対GNP比（1995年）」（Ⅰ 356）と「DAC諸国におけ

---

[2] 前号までは記述内容の年を明記してきたが、本号より、発行年を表紙に掲げることとしたため、38号は1995となる、との説明がある。その結果、年数の数字上、1994は飛ばされたことになる。

るODA実績の国民1人当たりの負担額（1994年）」（Ⅰ356）が純粋に上位から並べた棒グラフである。「JETプログラム国別招致数」（Ⅰ374）は順位が一目瞭然とはならない前々号までの旧来の形に戻っている。また「出身国（地域）別留学生数（95年5月1日現在）」（Ⅰ376）は人数順に多い方から並べるが、前号まであった順位は消えている。ランキング化に対する消極的な姿勢がこの号の特徴である。なおこの号から、UNHCRの資料を出典とする「世界の難民数の推移」（79）が棒グラフの図として登場する。因みに緒方貞子は1990年から2000年まで国連難民高等弁務官を務めている。

　第41号（1998）は「21世紀に向けた日本外交——国際社会の新たな動きと新たな課題」という副題を掲げる。ランキング的な情報は前号同様、「日本の経済協力実績の主要先進国との比較一覧」（Ⅰ392）があり、続くグラフ「DAC諸国におけるODA実績の対GNP比（1996年）」（Ⅰ393）と「DAC諸国におけるODA実績の国民1人当たりの負担額（1996年）」（Ⅰ393）が上位から各国を順に並べている。「現行の国連通常予算分担率（1998-2000）」（Ⅰ409）は率の高い順に、「JETプログラム国別招致数」（Ⅰ413）と「出身国（地域）別留学生数（96年5月1日現在）」（Ⅰ415）は40号と同じスタイルを取っている。この号のデータとして注目すべきは、1978年以来、一貫して右肩上がりで来た留学生総数がこの1996年にはじめて減少に転じた事実である。バブル崩壊後の日本経済の低迷の始まりを冷徹に表すグラフである。

　第42号（1999）は「新たな世紀に向けたリーダーシップのある外交の展開」が副題である。「日本の経済協力実績の主要先進国との比較一覧」（Ⅰ393）の備考に14の項目に及ぶランキング情報が載る。政府開発援助の量と質に関するDAC諸国内での日本の順位と1位の国名がわかる。供与額で日本は1位である。「DAC諸国におけるODA実績の対GNP比（1997年）」（Ⅰ394）は各国を上位から並べるグラフであることに前号からの変化はない。ただ日本の実績は、21か国中19位にまで下がっている。「DAC諸国におけるODA実績の国民1人当たりの負担額（1997年）」

（Ⅰ394）では21か国中9位の実績である。「国連分担率（上位20ヵ国）」（Ⅰ410）では明確な順位付けが復活して、日本は2位である。

「JETプログラム国別招致数」（Ⅰ414）は前号から表記の仕方を一変させている。過去の招致数も示すものの、国別の多寡はむしろわかりづらい表となった。ここでの1位はプログラム開始以来、一貫して圧倒的多数でアメリカである。「出身国別留学生数（平成9年5月1日現在）」（Ⅰ416）は40号、41号と変わらず、順位はないが、多い順からの掲載である。

5　2000年代

第43号（2000）の副題は「21世紀に向けて――より良き未来のための外交」である。この号から付表が別冊に移る。「日本の経済協力実績の主要先進国との比較一覧」（別389）の備考にDAC諸国中のランキングを示す情報があって前号と大きな差はない。この段階でも供与額の支出総額ベースでは1位を維持している。続く図表「DAC諸国におけるODA実績の対GNP比（1997年）」（別390）のランキングでは前年の21か国中19位から12位に、「DAC諸国におけるODA実績の国民1人当たりの負担額」（Ⅰ391）は前年同様の21か国中9位の実績であることが示される。また「DAC主要国のODA実績の推移」（別392）はG7諸国のなかでの支出総額の比較を折れ線グラフにして表す。1998年の実績額が1997年よりも増額に転じて、これらのなかで最多の実績額であることをよりわかりやすく示している。2000年代に入った外交政策においても、ODAが変わらず重要な柱となっていることが一目瞭然である。

次に登場するランキングは「国連通常予算分担率（上位20か国）」（407）で、日本が1位アメリカの25パーセントに次いで、20パーセントを超える分担率で2位となっている。「出身国別留学生数」（別412）は前号と同じく順位のない多い順からの列挙にとどまる。

蛇足だが、外交青書の文化関係の図表は国ごとの比較とならないことが

多い。この留学生数は例外的に国ごとのデータである。「国際交流基金事業の地域別・事業別実績額」（別 409）の図表は東アジア、東南アジア、南アジア、大洋州、北米、中南米、西欧、東欧、中近東、アフリカ、その他などと地域別に表す。外務省の機構からそうしたデータの提示になるのかと推察もしたが、本冊末尾にある外務省機構図によればアジア局、北米局、中南米局、欧亜局、中近東・アフリカ局が地域的な並びで、必ずしも一致していない。その下のより細分化された組織も、たとえばアジア局には地域政策課、北東アジア課、中国課、南東アジア第一課、南東アジア第二課、南西アジア課と並び、上の国際交流基金事業の図表との整合性はない。国際交流基金に関連するデータはより詳細に国ごとに明示する方が、情報としての活用可能性は拡がるだろう。

　これに関連した図表を過去にまでたどると、1978 年の第 22 号が「国際交流基金人物招へい・派遣数」（549）の図表でアジア、大洋州、北米、中南米、欧州、中近東、アフリカの分類で掲載している。同号のその次のページにある「国際交流基金日本研究関係客員教授等派遣状況」（550）は、地域は上と同じだが、たとえばアジアの内訳としてタイ 4、フィリピン 2、マレイシア（ママ）3、インドネシア 4、インド 2、シンガポール 1、香港 3、そして大洋州としてオーストラリア 3 などと、国ごとのデータを示す。さらに次表、「新規採用国費外国人留学生数国別実績（1977 年度）」（551）も地域としてアジア、大洋州などと示すものの、その下位範疇としてインド、インドネシア等と、国ごとに詳細に列記する。またこの後の項目はこれまで述べてきたように、留学生については国費、私費に関わらず、国ごとの総数を示している。この第 22 号の後の号から、国際交流基金に関する記載として、紙幅の都合もあったのか、国名はなく、地域だけの表示に留まる例が散見されるようになる。

　JET プログラムによる外国人青年招致人数の推移は国ごとの単位でランキング的に表示されることがしばしばある。前述した第 35 号では、巻末ではなく本文に英国、フランス、ドイツの文化交流関係機関との予算、人員の比較を行っていた。しかしながら第 43 号では図示の仕方一つを取っ

てみても、文化交流関係軽視を感じざるを得ない。文化交流部が外務省のなかでも格付けからいうと、最底辺であるとの猪口孝の指摘が思い起こされる（猪口 2005:218）。

21世紀の最初の外交青書第44号（2001）からは副題が消えている。Ａ4版となった大きな号だが、情報量が増えたというよりはページの余白に余裕が出来たといった感の方が強い。さてこの号のランキング情報に変化は見当たらない。「日本の経済協力実績の主要先進国との比較一覧」（別383）がいつもの通り掲載される。続いて「DAC諸国におけるODA実績の対GNP比（1999年）」（別394）と「DAC諸国におけるODA実績の国民1人当たりの負担額（1999年）」（別395）が22か国中の順位を明示する。日本は前者で7位、後者も7位で、これはこれまでにない高順位である。

第45号（2002）は2分冊のスタイルから1冊に戻る。この号はアメリカ9.11同時多発テロ後の初の青書である。ランキングの形で登場するのは「国連通常予算分担率──2001年〜2003年分担率（上位20か国）」（393）である。日本は約19.5パーセントの分担を担っていて、これは世界第2位である。「日本への留学生──出身国（地域）別留学生数」（別397）は順位を示さないが多い順からの国別の列挙となっている。1997年、1998年と日本への留学生は落ち込んでいたが、1999年から持ち直し、2000年は過去最大を記録している。

図表として「世界の難民の数の推移」（100）は1981年以降の難民数の推移を棒グラフで示す。これは外交青書第40号（1997年）以来続いている。第45号では本文に「日本は、人間の安全保障の観点から、難民・避難民等に対する人道支援を国際貢献の重要な柱の一つと位置付けており」（100）と特記している。また「国民人口1万人当たりに占める外務省職員数」（196）が米国、ドイツ、フランス、英国、日本の外務省職員数を比較するグラフとなっている。ランキング的に並べてはいるわけではないが、主要国のなかでも顕著に少ないことを示そうとする意図は明白である。ランキングとしては「日本の経済協力実績の主要先進国との比較一

覧」(315) がいつも通りに掲載される。続いて「DAC 諸国における ODA 実績の対 GNI 比（2000 年）」(316)[3] と「DAC 諸国における ODA 実績の国民 1 人当たりの負担額」(316) が 22 か国中の順位を明示する。前者は 12 位に後退し、後者は 7 位のままである。「日本への留学生──出身国（地域）別留学生数」(326) も前年と同様に掲載されている。

　第 46 号（2003）はこれまでの外交青書編集の方針を大きく変えた号である。冒頭の「本書の構成と特徴」には、これまであった主要演説、コミュニケ、統計資料についてはホームページ上に掲載しているとの理由で、外交青書には掲載しないことにしたとする。そのため、いくつか図表はあるが、ランキングとして示してきた情報の多くはなくなった。DAC 諸国と比較してきた ODA の実績の順位も、出身国別留学生数も消える。ホームページによるより充実した情報公開が求められる時代を反映している。

　第 47 号（2004）も前号同様に、それ以前には紹介してきたランキングのある統計資料を割愛している。順序がわかる形で示された図表は、「2002 年の海外邦人援護件数の事件別・地域別内訳」(243) で、窃盗が 37.9％、遺失が 15.1％、強盗が 7.1％、以下比率の大きい項目からパイチャートで表す。国民の安全を守る視点から、この情報が大事でないとは言えない。しかし外交青書から日本外交の指針を読み解こうとする読者の期待に沿ったランキングではない。46 号、47 号は川口順子が外相を務めた期間である。国民に開かれた外交が喫緊の課題となっていた時期でもあることを勘案すると、外交青書はむしろ情報提供の面で過去の号から後退した印象を与える。

　第 48 号（2005）も編集の方針は前号、前々号と変わらず、統計資料は掲載していない。ここでも資料、付表などとして巻末にまとめて示すことはないが、実は多くのランキングが復活している。まず「主要ドナーの対パレスチナ自治区 UNRWA 経由支援概要」(129) がある。米国、EU、ス

---

[3] 前年まで対 GNP であったものが、この年から対 GNI に代わる。

ウェーデン、日本、ノルウェーと拠出額の大きい順にパイチャートで並べられている。この号では、しばらく掲載のなかった資源に関するランキングも載る。「世界の原油埋蔵量・生産量・石油消費量の上位10か国」(212)と「世界の天然ガスの埋蔵量・生産量・消費量上位10か国」(212)がそれである。1973年の第16号には主要物資生産量のランキングが、そして石油ショックの翌年1974年の第17号には原油生産量のランキングが掲載された。経済のみならず、社会全体に大きな混乱をもたらした石油ショックの衝撃を想起すれば、原油生産量への高い関心には合点がゆく。なお、この情報は経済安全保障の強化に関するセクションにあった。本文では「国民の安定的な経済・社会生活を維持し、生命・財産に対する脅威を取り除くためには、これらの資源の安定供給を確保することが不可欠である。そのために必要な国際協力を強化することは、日本の外交政策上、重要な課題である」(210)と説明する。

46号で消えた、DAC諸国のODAに関するランキングは、「DAC諸国の政府開発援助実績(2003年暦年、支出純額ベース)」(240)として、形を変えてパイチャートでの掲載がある。図表の形態からシェアが強調されることになるが、1位米国23.5％、2位日本12.9％、3位フランス10.5％、そして22位のニュージーランド0.2％までの順位が明記されている。また「出身国(地域)別留学生」(249)が最多の中国から20番目のインドまで、久々に数値入りで列挙されている。この出身国別留学生の情報は、1988年の第32号に登場して以来、数値を付したランキングであった。しかし、1997年の40号から、上位から並べはしても、数値は付していなかった。前年登場したデータである「2003年の海外邦人援護件数の事件別・地域別内訳」(275)も引き続き掲載がある。また「主要国における海外日系人数(推定)」(284)は最多のブラジルから順に、米国、ペルー、カナダ、アルゼンチン、オーストラリア、メキシコ、ボリビアまで棒グラフで並べている。48号からは、これまでに見られないほどにランキング化に積極的な号となった印象を受ける。

第49号(2006)版は図表や写真がどのページを開いても掲載されてい

ると思えるほどにふんだんにある。順位が明示されたランキングとしては、「非常任理事国選出回数の上位国（2006年3月現在）」(147)がここで初めてお目見えする。ブラジルと日本が9回選出されていて同率の第1位となっている。この号の「主要国の国連分担率」(149)はこれまで折れ線グラフで推移を示すのみに終わっていた図表に、現時点での分担率を強調して表すことで、米国、日本、ドイツ、英国、フランス、中国、ロシアと並ぶ主要国間の序列が明白に示されている。前号から詳細な情報を掲げる資源については、「世界の原油埋蔵量・生産量・石油消費量の上位10か国」(177)と「世界の天然ガスの埋蔵量・生産量・消費量上位10か国」(177)がこの号でも並ぶ。

　ここで順位が消えた図表として、「DAC主要国のODA実績の推移」(197)がある。この折れ線グラフは、順位の明示はなくとも2000年まで日本が1位で、2001年からアメリカがそれに代わり首位を保っていることを示す。さらに折れ線の形状からは日本だけが右肩下がりで、他の主要国にも近く抜かれることであろうことが予測できる。今後2位からさらに後退することが趨勢として明らかである。また48号では、「出身国（地域）別留学生」(205)が人数を上位から示すものの、1～20まで掲げた数値はなくなる。他方「2004年の海外邦人援護件数の事件別・地域別内訳」(236)は前号と同じように、件数の大きい方から並べている。「主な国籍（出身地）別外国人登録者数の推移」(245)は、韓国・朝鮮、中国、ブラジル、フィリピン、ペルーの順で登録者数が多いことを示す図表となっている。逆に順位通りとなっていない「主要国の外務省職員数」(254)は、米国、フランス、英国、ドイツ、カナダと人数の大きい方から並べ、日本より少ないイタリアを置いて、日本を別枠にするような棒グラフで表す。繰り返すが、特筆すべきは、この号では膨大に図表と写真を掲載していることである。

　第50号（2007）は「ASEANから見た日本」(38)が双方の貿易関係、投資関係、経済協力、旅行者数の範疇で、それぞれのパイチャートを掲載している。順位は明記していないが、貿易関係ではアメリカと並んで最

大、投資は3番目、ODA供与国としては首位、旅行者数も最多で、日本とASEANのつながりの強さがわかる。この号は、こうした各地域の経済的関係を示すパイチャートを多用している。「中南米の地域別貿易相手」（70）は日本が3パーセントの比率に留まることを示す。またこれまでの号になかった情報として「ブラジルとバイオエタノール」（72）がお目見えする。これは生産量のシェアを表し、米国が最多、それよりごくわずかに少ないのがブラジル、次いで中国、インド、フランス、ロシアと並ぶ。バイオエタノールのインパクトに注目する姿勢が見て取れる。前号と同様に、「非常任理事国選出回数の上位国（2007年3月現在）」（127）は順位を掲載し、ブラジルと日本が9回選出の同率第1位である。「主要国の国連分担率」（128）も前号と変わらず、米国、日本、ドイツ、英国、フランス、中国、ロシアと並ぶ主要国間の分担率順位を明示する。他方、前号では上位10か国との表現で図示していた天然資源の生産量は、「主要国の天然資源（石油、天然ガス等）の輸出量、消費量、埋蔵量など」（167）に変わり、さらにここにCO_2排出量（2005年）のパイチャートが加わったことは新しい。ここではエネルギー問題に環境問題の視点が加味されている。また留学生数についてこの号は、「留学生数の推移」（173）というパイチャートに変えている。63パーセントを占めるのが中国、次いで13パーセントの韓国、3.6パーセントの台湾である。総数は117,927人と10万人をこえているが、前年までの増加から転じて、2006年に減少に転じたことも明記する。「2005年の海外邦人援護件数の事件別・地域別内訳」（192）も前号、前々号と同じに件数の大きい方から並べたパイチャートである。「主要国の外務省職員数」（206）の表記の仕方も前号と変わらない。

　大きな変化としてはこれまであったDAC主要国のODA実績の推移が消えたことである。日本外交におけるODAの位置づけに変化が生じたと捉えられる。

　第51号（2008）では、前号から掲載された「ASEANから見た日本」（36）が引き続き登場する。さらに「日本から見たASEAN」（36）もパイ

チャート化されてすべて比率の大きい順から厳密に並べる形式となった。「国連関連機関に対する主要国の任意拠出金と分担金等の比較（2005年）」（124）はこれまでにない表示の仕方で、拠出金総額、分担金総額、さらにそれらを併せた額をも示して、日本が米国に次いで多くを負担している状況を明らかにする。明確に順位が表れるランキングは「国連PKO等への派遣状況」（126）で、1位パキスタン、2位バングラデシュ、3位インドとアジアの国が上位を占める。G8諸国はイタリア9位、フランス10位、ドイツ19位、英国37位、米国42位、ロシア44位、カナダ56位、そして日本が82位である。「世界の原油、天然ガスの生産量、消費量」（167）は前号よりもむしろ第49号の表現形式に近く、生産量、消費量をパイチャートで比率の大きい順から並置する。前号にあったCO_2排出量はこの号にはない。「留学生数の推移」（176）は前号と同じにパイチャートで比率、即ち人数の大きい順から並べる。「2006年の海外邦人援護件数の事件別内訳」（190）も前号と変わらないが、その下に新たに「援護件数の多い在外公館上位20公館（2006年）」（190）が加わっている。これはランキングとなっていて、在タイ日本国大使館、在フィリピン大使館、在上海日本国総領事館、在ロサンゼルス日本国総領事館、在英国日本国大使館の順に多い。

　第52号（2009）における図表で、各国比較の意味合いを顕著に示すのは、「日本とASEAN（貿易・投資及び経済協力・旅行者数）」（40）である。前号同様、双方の結びつきの強さが明示されている。この号で新たに加わった順位に「米国の輸出入・上位5か国（出典：米国商務省）」（62）と「日本の輸出入・上位5か国（出典：JETRO、2008年11月累計）」（62）がある。米国にとって日本は輸出入ともに4番目の相手であり、日本にとって米国は輸出先としては1位、輸入先として2位の貿易相手であることがこれでわかる。「国連関連機関に対する主要国の任意拠出金の分担金の比較（2006年）」（128）は表中の［拠出金＋分担金合計額（シェア）］の順では日本が米国に次いで2位であることが読み取れる。「国連PKO等への派遣状況」ははっきりとしたランキングで、日本は80位になっている。

この号では「日本の石油輸入」(166) のパイチャートが加わる。この図は、サウジアラビア、アラブ首長国連邦、イラン、カタール、クウェート、インドネシア、ロシア、スーダンと続く輸入国を上位から表す。「留学生数の推移」(176) は前号と掲載のページまで同じで、パイチャートで人数の大きい順から並べる。同様のパイチャートで日本語学習者数の「国・地域別学習者数」(177) はこれまでになかった新しい情報である。人数として韓国が第1位、それに中国、オーストラリア、インド、台湾、米国がこの順で続く。オーストラリアの学習者数が3位であるにも拘わらず、留学生数には個別に名が上がらないほどに少ない。これは何らかの対策を講じるべき一つの課題であろう。「2007年の海外邦人援護件数の事件別内訳」(191) の明示も前号と変わらない。「援護件数の多い在外公館上位20公館（2007年）」(192) も同様に掲載があるが、順位は、フィリピンが第2位から4位に下がり、そのため上海、ロサンゼルスが繰り上がっている。

　2000年代の青書は、日本経済の低迷を反映するかのように、掲載するランキングも迷走気味である。2000年代も初期ではODA実績を紹介し、課題となる1人当たりのODAをDAC諸国と比較する図表を載せていたが、早くも2003年には消えてしまう。2003年、2004年はホームページに掲載したとの理由から、青書の中のデータは大幅に減る。人間の安全保障に関連した情報も決して多いとは言えない。2000年からの10年、この時期全体を通して掲載され続けたのは国連通常予算であった。後半からは、ASEANとの結びつきを示す図表、原油、天然ガスに関する情報、2008年からはPKO派遣の実績がランキングとして示される。また主要国における外務省職員数の比較は毎号載っている。要約的には、柱であったODAが順位を下げると同時に、日本外交を特徴づける項目が消えた時期と言える。

6　2010年代

　第53号（2010）は民主党政権下初の外交青書である。大きな変化は、脚注が従来に増して多くなったことである。巻頭に「日本外交について国民の皆様に分かりやすくお伝えする」との記述に意欲がにじむ。ランキング的な情報に絞れば、最初に登場するのはASEANとの関係でそこに変化はない。ASEANから見た相手国として、貿易関係、旅行者数（42）では中国に1位を譲るものの、日本の存在感はなおも大きく、裏返せば日本にとってもASEANとの関係の重要性が明示される。「主要国の国連通常予算分担率」（123）はこれまで通り、明確に順位を示す。12.5パーセントまで比率が低下しているが、米国に次いで2位であることは変わらない。「国連ミッションへの派遣状況（上位5か国、G8諸国及び近隣アジア諸国）」（134）は、PKOへの派遣人数を表すが、日本は85位で、G8のなかでも最下位である。

　「日本のODA実績」（150）は米国、ドイツ、英国、フランス、イタリア、オランダ、カナダの実績を折れ線グラフを用いて表している。かつて1位であった日本が順位を落としていることは明らかであるが、それを明確に示す表記とはなっていない。エネルギーに関連して「日本の原油輸入（2008年）」（171）は前号と同じ様式である。「GDPあたりのエネルギー消費量の各国比較（2007年）」（171）は、国別の配置だけに注目するなら多い順に並べた棒グラフである。ロシア、インド、中国、南アフリカ、韓国の順に消費量が多い。日本は図表で取り上げられているOECD諸国のなかでは最小の消費量1.0トンで、10位となっている。世界平均が3.0トン、OECD諸国の平均で1.9トンなので、省エネに関しては日本の優れた実績を示す図表となっている。こうしたデータは日本の強みをアピールする格好の素材のはずだが、必ずしもそれが前面に出た記述ではない。

　「留学生数の推移及び出身国・地域別留学生数」（179）はこれまでと変わらない。中国人留学生が全体のほぼ6割である。前号から掲載が始まっ

た「海外における日本語学習者及び国・地域別学習者数」(181)では、全体の総数も着実に右肩上がりであると共に、内訳は韓国、中国、オーストラリアの順に学習者数が多い。「海外邦人援護件数の事件別内容」(196)は相変わらずパイチャートで窃盗、遺失、疾病とデータを件数の多い順から示す。

　第54号（2011）においてもASEANとの関係が最初のランキング的図表である。「日本とASEAN（貿易・投資及び経済協力・旅行者数）」(46)がそれで、貿易関係を示すパイチャートのキャプションは、「ASEANにとり日本は主要な貿易パートナー」(46)と示す。しかし割合としては日本はEUにも抜かれて、3番目となることが読み取れる。「日米投資関係」(71)のパイチャートはこの号から新たに加わった。米国は日本にとって最大の投資関係をもつ国であることがわかる。同時に、米国にとって対外直接投資残高に占める日本はわずかに3.0パーセントにとどまっている。この促進を課題とするための図表でもあろう。また「日本のサブサハラ・アフリカの貿易関係」(118)は、日本からの輸出先として南アフリカ、リベリア、ナイジェリアの順に大きいこと、輸入は南アフリカ、スーダン、赤道ギニアの順であることがわかる。同じ表題の図が前号では、輸出のパイチャートとして輸送機械、一般機械、その他という範疇で、輸入の方は鉱物性燃料、金属品、原材料と並べていた（53号:105）。JETROの貿易統計データベースに基づいてこれを作成していることがわかるが、外交的にこのランキングの意図をくみ取ることは難しかった。この54号のように、国ごとの比較の方がわかりやすい。外交青書の図表として改善された例である。

　「国連ミッションへの派遣状況（上位5か国、G8諸国及び近隣アジア諸国）」(134)は、前号からPKOの文言が標題から消えた図表であり、本号もそれを踏襲している。日本は前年の85位からここで一気に47位に駆け上っている。これは2010年2月から国連ハイチ安定化ミッションに約350名の自衛隊施設部隊を派遣したことによる。「2010年国連通常予算分担率」(158)と「2010年PKO予算分担率」(158)では、共に米国

に次いで 2 位の分担率を維持している。この号の「日本の ODA 実績」(169) もここ数年の示し方である折れ線グラフを用いるが、日本を赤で示すことで順位がわかりやすくなった。日本は米国、フランス、ドイツ、英国、に次いで 5 位である。「日本の原油輸入（2008 年）」(199) は、サウジアラビア、アラブ首長国連合、カタールと比率の大きい順から並べる。日本が中東に原油輸入の 89.9% も依存していることがわかる。経済安全保障の問題意識から登場する図である。「GDP 当たりのエネルギー消費量の各国比較（2007 年）」(201) のデータは前号と同じである。ただここでは前号からの改善が見られて、図中に「日本のエネルギー効率は世界一」との特記がある。「留学生数の推移及ぶ出身国・地域別留学生数」(218) の掲載はこれまでの情報掲載の様式を踏襲する。第 53 号から掲載された「海外における日本語学習者及び国・地域別学習者数」(221) では、内訳に変動があって、韓国、中国に次いで、インドネシアが入っている。オーストラリアは 4 番目になり、台湾、アメリカがそれに続く。

　第 50 号まで掲載があって、51、52、53 号にはなかった「主要国外務省との職員数比較」(228) がこの 54 号で復活し、米国は日本の約 4 倍、中国は約 1.5 倍との文言も挿入して、日本の職員数の少なさを強調する。こうした明記は、図表の意図を明確に伝えることに役立っている。「海外邦人援護件数の事件別内容」(238) はパイチャートによる図示で、窃盗、遺失、所在調査、疾病の順に多い。

　第 55 号（2012）は 2011 年 3 月 11 日の東日本大震災後の外交青書である。ここでも「日本と ASEAN（貿易・投資及び経済協力）」(77) がはじめに登場するランキング的な図表である。ただし前年この箇所にあった旅行者数は削除されている。「中南米と世界の金属鉱物鉱石資源（2010、推定値）」(95) は鉄鉱石、鉛鉱石、ボーキサイトなど、金属鉱物鉱石の産出資源を国あるいは地域ごとに比率の大きい順から並べる。また前号に続き、「日本のサブサハラ・アフリカの貿易関係」(136) は、日本からの輸出先と日本への輸入を並べる。「国連ミッションへの軍事・警察要員の派遣状況（上位 5 か国、G8 諸国及び近隣アジア諸国）」(156) において日本は

前年と比べて一つ順位を落とし48位となっている。「2011年国連通常予算分担率」(180)と「2011年PKO予算分担率」(180)では順位としての変化はなく、日本は2位である。「日本のODA実績」(196)からは前号同様、日本がODAで5位であることがわかる。「日本の原油輸入元(2011年)」(220)も前号と変わらず、サウジアラビア、アラブ首長国連合、カタールと並べる。「GDP当たりのエネルギー消費量の各国比較(2009年)」(222)は日本のエネルギー効率は世界一であることを強調する。「留学生数の推移及ぶ出身国・地域別留学生数」(239)においては中国の比率が圧倒的であることに変化はない。ただ留学生数の総数が前年を下回っている。「海外における日本語学習者及び国・地域別学習者数」(242)の順位も韓国、中国、インドネシア、オーストラリアと前号と同じである。「海外邦人援護件数の事件別内容」(238)はこの号でもこれを掲載することに変化はない。「援護件数の多い在外公館上位20公館(2010年)」(263)は、53号、54号にはなかった情報であり、52号以来の復活となっている。ここでは多い順にフィリピン、上海、タイ、フランス、ロサンゼルスと並ぶ。「主要国との在外公館数比較」(280)は多い順にフランス、米国、ロシア、中国、英国、ドイツと並べる。これを掲載する意図は、日本の公館数の少なさを示すことにある。「主要国外務省との職員数比較」(280)は前号から引き続きの掲載で、やはり日本が少ないことを強調する。

7　ランキング的分析

上記、第1号から近時の号まで、『外交青書』が何を図表で表そうとしてきたのか、またランキング的に紹介してきたことは何なのかを述べてきた。ここで年代ごとのそれらの特徴を表2-8にまとめておく。第1号は1957年の発行なので、50年代末からのまとめとなる。

この表に示した内容が外交青書のランキングを読み解くなかで浮かび上がった日本外交の重要課題である。他方、日本外交の代表的教科書は、戦

表 2-8　外交青書の年代毎の特徴

50 年代（末）	戦後賠償関係、漁船拿捕、移住民
60 年代	研修生受入、日米姉妹都市提携（前半）、開発援助
70 年代	貿易相手国、開発援助
80 年代	開発援助、主要国間の比較、GNP（末）
90 年代	ODA、貿易相手国（前半）、JET プログラム（後半）
00 年代	ODA（前半）、1 人当たりなどの比較をやめた ODA（後半）、ASEAN（後半）、原油・天然ガス（後半）、外務省職員数（後半）
10 年代	ASEAN、国連ミッション、国連通常予算分担率

後日本外交を、同じく 10 年単位でまとめて次のように分析している（五百旗頭編 2014）。戦後間もなくは、講和と安全保障が懸案となる吉田路線が支配的であったが、50 年代になるとそれへの反発とも言える反吉田路線となる。ソ連、中国との関係を回復する「自主外交」が追求された（五百旗頭編 2014:15）。1960 年代は「所得倍増」を掲げた池田内閣により経済国家としての開花を目指す路線となる。自由主義経済の一員としての側面を重視する米欧日三極主義とされる（五百旗頭編 2014:16）。70 年代は自立的軍事大国への道を歩んでも不思議ではなかったなかで、世界の主要国として国際協調の一翼を担う地位を占めるようになった（五百旗頭編 2014:184）。80 年代は日米同盟の実質化が図られると同時並行的に、日米摩擦が先鋭化した時代との評価である（五百旗頭編 2014:189）。そして 90 年代からを「危機の 20 年」として描き出す。

さらに五百旗頭真が指摘する興味深い日本外交の見方は、奇数の年代がシステム変動に見舞われた急流の時代、偶数の年代が相対的に安定した発展期が交互に現れる、との分析である（五百旗頭編 2014:14）。ただし 90 年代は 21 世紀はじめの 10 年の動乱に引き継がれているとする（五百旗頭編 2014:14）。外交青書のランキングを辿る本章において、そうした大きな潮流を掌握することはできなかった。それは実務的な外交を記述する外交青書と、日本外交を俯瞰する視座の違いから生じていよう。毎年刊行される外交青書が、こまかなルーティン的な懸案に追われ、骨太の分析に

まで至っていないがための差異でもある。

　本章の分析が明らかにしているのは、50年代は戦後処理が懸案であり、60年代以降は一貫して政府開発援助を柱に展開した外交である。五百旗頭編（2014）が命名する「危機の20年」は、上述の分析に依拠するなら、経済的な成長がかなわないなかで、唯一の武器であったODAの減額を迫られて、素手で外交の戦場を駆け回らなければならなくなった状況に呼応する。その苦しさゆえに、外務省は、再びODAの重要性を高らかに歌い上げて、何とか戦える武器を手にしたいと奮闘している様である。

　ナイの指摘に従えば軍事力と経済力はハードパワーである（ナイ2004）。軍事力を外交の柱にはできない日本にとって、残る経済力を武器にしたい気持ちは十分に理解できる。他方、現実の国際政治が軍事的パワーの偏在によって大きく変動することに注意を払うのなら、外交青書も世界の軍事力の動向を的確に示すランキング、あるいは図表の提示があって良い。在外公館数や海外における邦人の保護件数が重要でないとは言わない。しかし、軍事的な動向は何よりも外交の基盤的規定要因として存在する。その状況を国民に正しく知らせようとする努力が見られない。そうした分析が欠如しているために、五百旗頭の分析に比して、外交青書は大きな骨組みを欠く事実の羅列に終始した感を拭えない。

　現実の日本外交の課題を挙げれば、財政的制約が大きいなかで、ソフトパワーをより有効に使う外交こそが求められよう。そうした点からは、外交青書にソフトパワー関連の図表がさらに数多く掲載される状況が望ましい。2014年第57号において、冒頭部分に「安倍総理大臣の外国訪問実績等」と「岸田外務大臣の外国訪問実績等」の世界地図が現れることはこの号の特筆すべき特徴である。地球儀を俯瞰する外交と銘打ち、「積極的平和主義」の展開を示そうとしている。積極的平和という概念は、平和学における泰斗、ヨハン・ガルトゥングが提唱した積極的平和と重なって、平和学者にとっては違和感を拭えない呼称である。それでも、安倍外交において積極的に海外を飛び回っていることは事実であり、世界平和に対する日本の貢献をアピールするならば、日本外交を表象する語として意味を

持とう。

　第57号（2014）ではランキング的な図表がまずアメリカとの関係を説明するなかで登場する。「日本の地域別対内直接投資残高」、「日本の地域別対外直接投資残高」、「米国の地域別対外直接投資残高」の三つがそれである(62)。これらはパイチャートで、それぞれ投資残高で大きな割合を示す諸国が明示されている。直接投資の大小で、経済的関係の重要相手国が浮かび上がっている（71）。同様に、中南米諸国の資源生産量もパイチャートで表されている。これはレア・メタルで、中国一辺倒の資源依存から受けた打撃が教訓となった資源重視の表れであろう。「国連ミッションへの軍事要員・警察要員の派遣状況〜上位5か国、G8諸国及び近隣アジア諸国〜」(125)は、ランキングが明示された図表である。外務省として、要員を増やしたい意図が明白に表れている。こうした貢献で国連外交を少しでも有利に展開する思惑もあろう。

　「国連ミッションへの軍事要員・警察要員の派遣状況〜上位5か国、G8諸国及び近隣アジア諸国〜」(125)が各国のランキングを示す。日本は48位で、15位中国の9分の1強に過ぎない。34位の韓国と比べても半分にも及ばない。国連との関わり方は、米国一辺倒との批判を受けがちな日本外交にとって、そのイメージを緩和する役割も果たしうる。国際的な貢献をアピールする意味で、外務省として特に強調したいランキングであろう。「世界の核弾頭数の状況（2013年）」(134)は核保有国を世界地図上に示してそれぞれの保有数を明示する図である。これを単純に表にすれば容易にランキングとなるデータが掲載されている。

　「主要援助国のODA援助実績（支出純額ベース）」(162)はイタリア、カナダ、ドイツ、フランス、英国、日本、米国の推移を折れ線グラフで図示する。上で述べてきたとおり、57号の外交青書においても、ODAを重視する姿勢に変化はない。

　経済的な貿易関係は「日本の経済連携（EPA）の取組」の図にグラフで描かれる（178）。パイチャートで、主要貿易相手国の比率が示され、日本にとっても重要な貿易相手国が並ぶ。しかしこれは大小の順位で示され

た図ではない。地域的な並べ方を用いているが、ここは明確にランキングで重要性を列挙する方が現状の把握とそれに伴う外交関係の評価には有益なデータとなろう。「主要各国におけるエネルギー輸入依存度（2011年）」（187）で日本は88.8％となっており、ここで挙がった国のなかでは最も高い依存度となっている。日本に次ぐのは韓国の82.0％、それに次いでイタリアの81.1％、ドイツの60.2％となっており、これらが50％を超えている。エネルギーの輸入依存度については、2013年版の第56号でも紹介があるが、そこではイタリア、韓国に次いで3番目の依存度であった。この57号が実質、福島原発事故後のエネルギー状況が反映された最初の青書である。世界最大のエネルギー輸入依存国のままで良いのかどうか。原発再稼働の問題、太陽光などの代替可能エネルギーの推進などと関連する問題意識を背景としていよう。

　またこのセクションにおいては、「GDP当たりのエネルギー消費量の各国比較（2009）」（222）があって、「日本のエネルギー効率は世界一」であることを55号が高らかに謳っていたが、56号そしてこの57号とその記述がない。ここにも原発停止の影響が表れている。留学生の受け入れ状況は継続的に掲載されていて、57号でもそれは変わらない。この「留学生の推移及び出身国・地域別留学生数」（203）のパイチャートによれば、中国、韓国、ベトナム、台湾、ネパールの順に多いことがわかる。「海外における日本語学習者及び国・地域別学習者数の割合」（209）では、中国、インドネシア、韓国、オーストラリア、台湾、米国、タイ、ベトナム、マレーシア、フィリピンの順に多い。ポップカルチャーへの影響から日本語学習者が増大していると説明している（209）。この日本語学習について、56号で1位であった韓国が3位に後退していることは注意しておきたい。このことについて本文での言及や解説は一切ない。全体の学習者数が伸びているなかで、これも日韓関係の冷え込みが現出した一つの事例である。

　この57号においても「邦人援護件数の事件別・地域別内訳（2012年）」（226）はパイチャートで多い順から並ぶ。またランキングとして明示さ

れているのは「援護件数の多い在外公館上位 20 公館（2012 年）」である。後者についてそのトップ 5 は、1 位＝在上海日本国総領事館（中国）、2 位＝在タイ日本国大使館、3 位＝在フランス日本国大使館、4 位＝在英国日本国大使館、5 位＝在ロサンゼルス日本国総領事館（米国）の順である。国民に安全に関する情報を周知する目的で掲載されていると理解できるものの、やはり違和感をぬぐえないランキングである。このランキングは、いかなる価値を伝えようとしているのだろうか。上海は 1 番危ないので、気をつけなければならないというメッセージなのだろうか。このランキングは近時の外交青書においては、第 4 章「国民と共にある外交」の第 2 節「海外における日本人への支援」の定番となっている。国民と共にある外交の真髄はこのようなことではないだろう。かつて『わが外交の近況』は映画作品のリストを掲げ、情報発信に工夫を凝らして果敢に世界の中の日本文化に関わるデータを示そうとしていた。ここにも創造性を加味した国民と共にある外交のデータ提示があって良いだろう。一例を示せば、たとえば寄せられたパブリック・コメントの争点のトップ 10 を示す。訪日観光客数を増やすためのプレゼンテーションのコンペティションを行い、その上位者を掲載するなど、日ごろのルーティンを超えた創造性を、この日本のソフトパワーに関わるセクションにおいて発揮するよう期待したい。

　外交青書の全体を概観して、この外交を国民に知らしめる重要な政府公文書の内容が言わばルーティン化した情報提供の域を出ていないことがわかった。外交の転換点で、真摯にそれを国民に説明しようとする姿勢に欠く。国民に納得してもらえる政策の展開でなくして、諸外国がそれを理解するはずもない。ODA が世界 1 位に躍り出た時期はその事実を強調するランキングが数多く掲載された。留学生の受入れ国のデータも多い。中国、韓国からの留学生の多さもわかる。このことを踏まえれば、アメリカに中国からの留学生が数多くいることを理由に、米中関係の厚みを強調することの根拠が盤石とは言えないことがわかる。榊原英資は、留学生の交流をもって米中交流の厚みを主張する（対談＝榊原英資×瀬口清之 2015）。

しかし、外交青書が明らかにしているように、中国から日本への留学生の数のボリュームは相当数に上る。しかし、それがどれだけ尖閣をはじめとする問題の解決に資するか、期待をかけることはできない。

　外交に関しては、2015年4月29日の朝日新聞がその社説で、フランスに本部を置く「国境なき記者団」が2015年2月に発表した報道の自由度ランキングで、日本が順位を二つ下げて61位になったことを紹介している（朝日新聞2015）。その要因は2014年12月施行の特定秘密保護法にある。これによって、取材の仕方によっては記者が懲役刑を受ける可能性が生じた。同社説は、アメリカの非営利団体フリーダムハウスが日本の報道の自由度が下がったとする判断についても言及する。これらは外務省が米仏からの東京特派員に圧力をかけた事例で、それを反映してのランキングであることを紹介している。社説は広報文化外交を重視する外務省自らが、自国の印象を損なっていないかと問うている。民主主義を看板に掲げた外交を展開するために、日本外交そのものを分析する視座は厳しさを増す。

第3章

民主主義を測るランキング

1 民主主義のランキング化

　世界各国の民主主義の程度を測ることなどできるのだろうか。ここではエコノミスト・インテリジェンス・ユニット（Economist Intelligence Unit：以下 EIU）の index を俎上に載せて検討する。この民主主義指数は、2006年9月の測定結果をエコノミスト誌の The World in 2007 で初めて発表して以来、第2回目は2008年末までの状況、第3回目に2010年11月までの状況、第4回目は2011年末、第5回目は2012年末までの状況を発表してきた（EIU 2013: 1）。2013年版は2013年末までの状況を反映している（EIU 2013: 1）。同様に2014年末までの状況を反映させた（EIU 2014:1）2014年版、2015年の状況について第8版となる2015年版（EIU 2015:1）が本書執筆の時点で既に発表されている。

　デモクラシーの各国比較はこれに限らず数多く発表されている[1]。著名な指標としては、フリーダム・ハウス（Freedom House）や Polity IV がある。フリーダム・ハウスは、1941年にエレノア・ルーズヴェルト等によって平和や民主主義への脅威が増しているとの危機感の高まりから設立された。1972年から Freedom in the World として各国の政治的権利と市民的自由の評価が発表されている（Freedom House 2007:1020）。ただ、

---

[1] さまざまに存在する指標について、研究者の目的、対象に応じて適宜選択して活用することを是認する主張として鎌田（2011）がある。また EIU 登場前の民主主義指標の分析としては鎌田（2011）と Munck and Verkuilen（2002）が参考になる。

こうした民主主義を測るという試みが、欧米を中心に行われていることの意味を考えておく必要はある。そこには民主主義の充実を期そうとする欧米諸国の市民社会の意気込みが映る。他方、管見の限り日本から発信する民主主義ランキングはない。日本に限らず、経済発展著しいアジアからもこれに関する発信はできていない。今後の課題は、既に世界で普遍的価値として定着した民主主義についてその充実を図るランキング化をアジア各国からも発信することである。いかなる民主主義的価値が大事であるかも深く考える好機になる。他のランキングにない尺度の提起があっても、それは民主主義について熟慮する良いきっかけとなる。朝鮮民主主義人民共

表 3-1　OECD 諸国の民主主義指数（EIU 2013）

OECD 諸国	民主主義指数	*OECD 諸国*	民主主義指数
オーストラリア	9.13		
オーストリア	8.48	ニュージーランド	9.26
ベルギー	8.05	ノルウェー	9.93
カナダ	9.08	ポーランド	7.12
チリ	7.80	ポルトガル	7.65
チェコ	8.06	スロバキア	7.35
デンマーク	9.38	スロベニア	7.88
エストニア	7.61	スペイン	8.02
フィンランド	9.03	スウェーデン	9.73
フランス	7.92	スイス	9.09
ドイツ	8.31	トルコ	5.63
ギリシア	7.65	英国	8.31
ハンガリー	6.96	米国	8.11
アイスランド	9.65	*以下は新興国*	
イタリア	7.85	ブラジル	7.12
日本	8.08	中国	3.00
韓国	8.06	インド	7.69
ルクセンブルグ	8.88	インドネシア	6.82
メキシコ	6.91	ロシア	3.59
オランダ	8.84	南ア	7.90

和国とあるように、民主主義を国名に掲げる国があるにも拘わらず、民主主義がなんであるかを精査する尺度をめぐる建設的議論が展開できていないとするなら、民主主義的価値において東アジアの後進性はいやおうなく引き立ってしまう。上は EIU の 2013 年版が示した OECD 諸国の民主主義指数である。こうした評価の根拠を確認しておきたい。

　自由で公正な競争に基づく選挙を実施できる条件と、それに関わる政治的自由の諸側面は必須である。市民的自由に関しては、国連憲章をはじめとして広く受け入れられている基本的人権を守ることが基本原則となる。基本的人権は、言論、表現、報道の自由、信教の自由、集会結社の自由、適正な法的手続きの権利が含まれる。あらゆる民主主義は多数決原理によるが、それだけで十分というわけではなく、個々の人権、マイノリティの権利も保障されていなければならない。

　指標は政府の機能の最低限の資質も含む。民主的になされた決定も、それを実行に移せなければ意味がない。民主主義は諸機関・組織の集合体以上のものである。民主的な政治文化も、その正統性、また円滑に機能して、究極的に持続可能な民主主義とするためにも欠かせない。受け身で無気力な政治文化、従順な市民は民主主義と相いれない。選挙は定期的に人々を勝者と敗者に分ける仕組みである。選挙民の決定を受け入れ、平和裏に権力の移転がなされる政治文化が重要である。参加もまた欠かせない構成要素である。政治的無関心、棄権は民主主義の敵である。民主主義は開かれた討論に加わり、代表を選び、政党に積極的に関与しようとするときに花開く。

2　民主主義指数の方法論

　Democracy Index の各年版は、巻末に評価の方法について説明している。2013 年版に基づいてそれを紹介しておく。この民主主義指数は、5つのカテゴリー（選挙過程と多元主義、市民的自由、政府の機能、政治参加、そして政治文化）に渡る 60 の評価項目に基づいている。5つのカテゴリー

は細分化された下位カテゴリーを合計して、さらに0～10になるように換算されている。全体の評価はこの5つの単純な平均である。ただし0～10になる換算方法は明記されていない。もっとも単純な方法を推測すれば次のようになる。たとえば第1の選挙過程と多元主義の要素は、12の質問項目をもっているため、そのすべての項目で1の時は12点となる。しかし実際のスコアでは、最高点が10点である。同様に第2要素の政府の機能は、14項目、第3要素の政治的参加は9項目、第4要素の民主的政治文化は8項目、そして第5要素の市民的自由が17項目となっているが、これらも最高点は10点である。第1の項目の0～12点の場合であれば、素点に12分の10をかけることで0～10のスコアに換算はできる。第2項目には14分の10をかける。第3項目には9分の10を、第4項目には8分の10を、そして第5項目には17分の10をかけることで0～10のスコアへの転換は可能である。

ただし次の4つは民主主義にとって欠かせない領域（表3-2参照）とみなされていて、ポイントが1となっていない場合、調整がなされている。

表3-2 民主主義にとって欠かせない領域

1	国の選挙は自由かつ公正か
2	投票者の安全
3	政府に対する外国の影響
4	政策を実行する市民サービスの能力

もし1～3の項目で、ポイント0（あるいは0.5）の場合は、関連するカテゴリー（つまり、選挙過程と多元主義、政府の機能）から1ポイント（あるいは0.5ポイント）減じる。もし4の項目がポイント0の場合は、政府の機能の項目から1ポイント減じる。

指数は、最終的に国家を次の4つのタイプに位置づける（表3-3）。境界線上にある国家は、少数点以下2桁を四捨五入した全体的評点に依拠して分類する。

評点のシステムは60の指標について、二項対立的にイエスが1、ノー

表3-3　4つのタイプの国家

1	完全な民主主義	8-10
2	不完全な民主主義	6-7.9
3	混合民主主義	4-5.9
4	権威主義体制	4 未満

が0のポイントとなるが、はっきりとしない曖昧な状況については、明確なガイドラインの下、0.5ポイントも用いられる。こうした方式に問題がないわけではないが、より精緻とされる1-5のスケール、あるいは1-7のスケールと比して、優位性があるとする（EIU 2013:29）。EIUの特徴として挙げられるのは、専門家の評価に加えて、世界価値観調査などの世論調査も加味していることである。

　　＜モデル＞
　Ⅰ．選挙過程と多元主義
　（1）国の立法府と政府の長の選挙は自由か？
　　ポイント1＝本質として候補者のプレゼンテーションに何らの制限がない（たとえば主要諸政党に対していかなる制限もない）。
　　ポイント0.5＝選挙制度に何らかの制限がある。
　　ポイント0＝一党システムか、あるいは大きな障害がある（たとえば主要政党や候補者に対する禁止事項がある）。
　（2）国の立法府と政府の長の選挙は公正か？
　　ポイント1＝投票過程において顕著な不法行為はない。
　　ポイント0.5＝顕著な不法行為がある（脅しや詐欺など）が、全体的な結果に顕著な影響はない。
　　ポイント0＝顕著な不法行為があって、結果に影響を与えている。
　（3）自治体の選挙は自由かつ公正か。
　　ポイント1＝自由かつ公正である。
　　ポイント0.5＝自由だが公正ではない。
　　ポイント0＝自由でも公正でもない。
　（4）成人全てに普通選挙権はあるか。
　　ポイント1＝イエス

ポイント 0 ＝ノー

（5）市民は政府や非政府の集団から自分の安全に対する重大な脅威を感じることなく自由に一票を投じることができるか。

ポイント 1 ＝イエス

ポイント 0 ＝ノー

（6）法は広く選挙運動の機会を提供しているか。

ポイント 1 ＝イエス

ポイント 0.5 ＝形式的にはイエスだが、実際には運動が制限されている候補者もいる。

ポイント 0 ＝ノー

（7）政党交付金の過程は透明で一般に受け入れられているか。

ポイント 1 ＝イエス

ポイント 0.5 ＝完全に透明というわけではない。

ポイント 0 ＝ノー

（8）選挙の後の憲法上の権力の移管の仕組みは明確で、確立されていて、かつ受け入れられているか。

ポイント 1 ＝すべて実行されている。

ポイント 0.5 ＝3つの内、2つは実行されている。

ポイント 0 ＝1つのみか、あるいはどの基準も満足に実行されていない。

（9）市民は政府から独立した政党を自由に形成できるか。

ポイント 1 ＝イエス

ポイント 0.5 ＝制限がある

ポイント 0 ＝ノー

（10）野党は政権を獲得する現実的な見込みはあるか。

ポイント 1 ＝イエス

ポイント 0.5 ＝支配的な二大政党制があるものの、一方は国政レベルに実効的に参画する機会を全くもたない。

ポイント 0 ＝ノー

（11）公職に就く機会はすべての市民に開かれているか。

ポイント 1 ＝イエス

ポイント 0.5 ＝形式的には制限がないが、実際にはあるグループ、あるいはある地域の市民に限定されている。

ポイント 0 ＝ノー

（12）市民は政府からの妨害や監視なしに、自由に政治的あるいは市民的

組織を形成できるか。

ポイント1＝イエス

ポイント0.5＝公的にはイエスだが、何らかの制限あるいは妨害を受けている。

ポイント0＝ノー

Ⅱ．政府の機能

（13）自由に選出された立法府議員が政府の政策を決定しているか。

ポイント1＝イエス

ポイント0.5＝一定程度意味のある影響力を行使している。

ポイント0＝ノー

（14）立法府が、他の政府部門に対する明白な優越がある政治の最高機関か。

ポイント1＝イエス

ポイント0＝ノー

（15）政府の権限の行使に関して効果的な抑制と均衡があるか。

ポイント1＝イエス

ポイント0.5＝イエスだが、一部深刻な欠陥がある。

ポイント0＝ノー

（16）政府は軍部や治安安全部門による不法な影響から自由か。

ポイント1＝イエス

ポイント0.5＝影響は小さいが、防衛大臣が文民でない。仮に軍事クーデターの現在の危険性は非常に低いとしても、その国の最近の歴史として軍部による支配やクーデターを経験している。

ポイント0＝ノー

（17）外国の権力が重要な政府機能や政策を決定していない。

ポイント1＝イエス（していない）

ポイント0.5＝部分的に保護関係の側面がある

ポイント0＝ノー（外国駐留軍の顕著な存在、外国の権力による重要な決定、保護国の状態にある）

（18）特別な経済的、宗教的あるいは他の権力をもつ国内団体が、民主的機関と匹敵するほどの重要な政治的権力を行使していない。

ポイント1＝イエス

ポイント0.5＝何らかの意味ある影響力を行使している。

ポイント 0 ＝ノー
(19) 選挙の際に選挙民に対する政府からの説明責任を保証するための十分な機構と制度が用意されている。
　ポイント 1 ＝イエス
　ポイント 0.5 ＝イエスだが、深刻な欠陥が存在する。
　ポイント 0 ＝ノー
(20) 政府の権限は国の領域すべてに及んでいるか。
　ポイント 1 ＝イエス
　ポイント 0 ＝ノー
(21) 政府の機能は、市民の情報に対する十分なアクセスを備えつつ、開かれ、また透明か。
　ポイント 1 ＝イエス
　ポイント 0.5 ＝イエスだが、深刻な欠陥が存在する。
　ポイント 0 ＝ノー
(22) 腐敗はどの程度蔓延しているか。
　ポイント 1 ＝腐敗は主要な問題ではない。
　ポイント 0.5 ＝腐敗は重要な問題である。
　ポイント 0 ＝腐敗が蔓延している。
(23) 公務員は政府の政策を実行することに意欲と能力があるか。
　ポイント 1 ＝イエス
　ポイント 0.5 ＝イエスだが深刻な欠陥が存在する。
　ポイント 0 ＝ノー
(24) 国民はどの程度、選択の自由があり、自らの人生をコントロールしていると認識しているか。
　ポイント 1 ＝高い
　ポイント 0.5 ＝中ぐらい
　ポイント 0 ＝低い
　もし世界価値観調査からデータが得られるなら、そこで大いに選択、管理が可能であると考える人の割合が
　ポイント 1 ＝ 70％を超える
　ポイント 0.5 ＝ 50 〜 70％
　ポイント 0 ＝ 50％未満
(25) 政府に対する一般の信用
　ポイント 1 ＝高い

ポイント 0.5 ＝中ぐらい

ポイント 0 ＝低い

もし世界価値観調査、ギャロップ世論調査、ユーロバロメーター、ラティーノバロメーターからデータが得られるなら、そこで政府を「大いに」「非常に」信用している人の割合が

ポイント 1 ＝ 40％を超える

ポイント 0.5 ＝ 25％から 40％

ポイント 0 ＝ 25％未満

(26) 政党への一般の信用

ポイント 1 ＝高い

ポイント 0.5 ＝中ぐらい

ポイント 0 ＝低い

もし世界価値観調査からデータが得られるなら、そこで「大いに」「非常に」信用している人の割合が

ポイント 1 ＝ 40％を超える

ポイント 0.5 ＝ 25％から 40％

ポイント 0 ＝ 25％未満

III．政治参加

(27) 投票参加／国政選挙における投票率（2000 年以来の国政選挙の平均投票率。投票年齢の人口比による投票率。）

ポイント 1 ＝常に 70％を超えているとき

ポイント 0.5 ＝ 50％から 70％の間

ポイント 0 ＝ 50％未満

投票が義務の時は 0 ポイントとする。(1) と (2) の問についてのポイントが 0 の時は、ここも 0 とする。

(28) 民族、宗教上などのマイノリティが政治過程において妥当な程度の自治と発言権をもっているか。

ポイント 1 ＝イエス

ポイント 0.5 ＝イエスだが、深刻な欠陥が存在している。

ポイント 0 ＝ノー

(29) 議会の女性女性議員の割合が

ポイント 1 ＝ 20％を超えるとき

ポイント 0.5 ＝ 10％から 20％のとき

ポイント 0 ＝ 10％未満のとき
（30）政治参加の程度。政党あるいは政治的 NGO の会員について
　ポイント 1 ＝どちらかが人口比 7％を超えるとき
　ポイント 0.5 ＝ 4％から 7％のとき
　ポイント 0＝4％未満のとき
　仮に参加が強制されているときは、0 ポイント
（31）政治に対する市民の関与
　ポイント 1 ＝高い
　ポイント 0.5 ＝中ぐらい
　ポイント 0 ＝低い
　もし世界価値観調査のデータが得られるなら、そこで政治に非常に、あるいはある程度関心がある人の割合が
　ポイント 1 ＝ 60％を超えるとき
　ポイント 0.5 ＝ 40％から 60％
　ポイント 0 ＝ 40％未満のとき
（32）合法的デモンストレーションに参加する意欲
　ポイント 1 ＝高い
　ポイント 0.5 ＝中ぐらい
　ポイント 0 ＝低い
　もし世界価値観調査のデータが得られるなら、そこで合法的デモンストレーションに参加したあるいは参加しようかと考えた人の割合が
　ポイント 1 ＝ 40％を超えるとき
　ポイント 0.5 ＝ 30％から 40％のとき
　ポイント 0 ＝ 30％未満のとき
（33）成人識字率
　ポイント 1 ＝ 90％を超えるとき
　ポイント 0.5 ＝ 70％から 90％
　ポイント 0 ＝ 70％未満のとき
（34）どの程度成人した国民が政治のニュースに関心を示しているか
　ポイント 1 ＝高い
　ポイント 0.5 ＝中ぐらい
　ポイント 0 ＝低い
　もし世界価値観調査のデータが得られるなら、そこで国民の内、毎日（新聞、テレビ、あるいはラジオの）ニュースメディアで政治をフォロー

している人の割合が
　　ポイント 1 ＝ 50％を超えるとき
　　ポイント 0.5 ＝ 30％から 50％のとき
　　ポイント 0 ＝ 30％未満のとき
（35）権力を持つ側が政治参加を真剣に促している
　　ポイント 1 ＝イエス
　　ポイント 0.5 ＝一定の試みはある
　　ポイント 0 ＝ノー
　　　教育システムや他での促進の努力を勘案する。またディアスポラ（離散民）の投票を促す施策を考えている。もし、参加が強制である時、0 ポイント。

Ⅳ．民主的な政治文化

（36）安定して機能する民主主義を重視する社会的な同意と一致が十分に存在するか？
　　ポイント 1 ＝イエス
　　ポイント 0.5 ＝イエスだが、ある深刻な疑念と危機も一部ある
　　ポイント 0 ＝ノー
（37）リーダーシップの認識；議会や選挙に左右されない強いリーダーを望む国民の割合
　　ポイント 1 ＝低い
　　ポイント 0.5 ＝中ぐらい
　　ポイント 0 ＝高い
　　　もし世界価値観調査のデータが得られるなら、そこで議会や選挙に悩まされない強いリーダーを持つことは良い、あるいは良い方だ、と答える国民の割合が
　　ポイント 1 ＝ 30％未満のとき
　　ポイント 0.5 ＝ 30％から 50％のとき
　　ポイント 0 ＝ 50％を超えるとき
（38）軍部支配に対する認識；軍隊を好む人の割合が
　　ポイント 1 ＝低い
　　ポイント 0.5 ＝中ぐらい
　　ポイント 0 ＝高い
　　　もし世界価値観調査のデータが得られるなら、そこで軍部に支配させる

ことが非常に、あるいはかなり良いと考える人の割合が

ポイント 1 ＝ 10％未満なら

ポイント 0.5 ＝ 10％から 30％なら

ポイント 0 ＝ 30％を超えるなら

(39) 専門家あるいは技術官僚の政府の支配についての認識；専門家あるいは技術官僚による支配をより好む人の割合が

ポイント 1 ＝低い

ポイント 0.5 ＝中ぐらい

ポイント 0 ＝高い

もし世界価値観調査のデータが得られるなら、そこで政府よりも専門家に決定を行ってもらうのが非常にあるいはかなり良いと思う人の割合が

ポイント 1 ＝ 50％未満なら

ポイント 0.5 ＝ 50％から 70％なら

ポイント 0 ＝ 70％を超えるなら

(40) 民主主義と公的秩序についての認識；民主主義は公的秩序を維持することに長けていないと考える人の割合が

ポイント 1 ＝低い

ポイント 0.5 ＝中ぐらい

ポイント 0 ＝高い

もし世界価値観調査のデータが得られるなら、そこで民主主義は公的秩序を維持することに長けていない、とする見方に同意しない人の割合が

ポイント 1 ＝ 70％を超えるなら

ポイント 0.5 ＝ 50％から 70％なら

ポイント 0 ＝ 50％未満なら

あるいは、犯罪者を罰することは民主主義にとって欠かせない特質であると考える人の割合が

ポイント 1 ＝ 80％を超えるなら

ポイント 0.5 ＝ 60％から 80％なら

ポイント 0 ＝ 60％未満なら

(41) 民主主義と経済システムについての認識；民主主義が経済にプラスになると信じる人の割合が

もし世界価値観調査のデータが得られるなら、そこで民主主義において

は経済システムはうまく働かないとする見方に反対する人の割合が
　ポイント 1 ＝ 80％を超えるなら
　ポイント 0.5 ＝ 60％から 80％なら
　ポイント 0 ＝ 60％未満なら
（42）民主主義に対する一般の人々の支持が
　ポイント 1 ＝高い
　ポイント 0.5 ＝中ぐらい
　ポイント 0 ＝低い
　もし世界価値観調査のデータが得られるなら、そこで民主主義が政府の他のいかなる形態よりも良いとの考えに同意する、あるいは強く同意するとする人々の割合が
　ポイント 1 ＝ 90％を超えるなら
　ポイント 0.5 ＝ 75％から 90％なら
　ポイント 0 ＝ 75％未満なら
（43）政教分離の強い伝統が存在する
　ポイント 1 ＝イエス
　ポイント 0.5 ＝宗教の政府に対する影響が残存する
　ポイント 0 ＝ノー

V．市民の自由

（44）自由な電子メディアはあるか
　ポイント 1 ＝イエス
　ポイント 0.5 ＝多元的だが、政府所有のメディアが偏重されている。一人か二人の個人オーナーがメディアを支配している。
　ポイント 0 ＝ノー
（45）自由な活字メディアはあるか
　ポイント 1 ＝イエス
　ポイント 0.5 ＝多元的だが、政府所有のメディアが偏重されている。全国紙において個人所有の集中度が高い。
　ポイント 0 ＝ノー
（46）表現と抗議の自由はあるか（制限は暴力の唱道を禁ずるなど、一般に受け入れられている制限のみである）
　ポイント 1 ＝イエス
　ポイント 0.5 ＝マイノリティの視点は時に公的な嫌がらせを受ける。文

書誹毀罪が自由な表現の範囲を著しく制限している。
　ポイント0＝ノー
(47) メディアの報道は頑強か。公的な争点に関して開かれた自由な議論が、意見の相当な多様性と共に存在するか
　ポイント1＝イエス
　ポイント0.5＝形式的な自由はあるが、かなりの程度の意見の一致があり、自己抑制、マイノリティあるいは周辺者の視点を歓迎しないことがある。
　ポイント0＝ノー
(48) インターネットへのアクセスに政治的な規制があるか
　ポイント1＝ノー
　ポイント0.5＝穏やかな規制がある
　ポイント0＝イエス
(49) 市民には職業的な組織また労働組合を組織する自由があるか
　ポイント1＝イエス
　ポイント0.5＝公的には自由だが、何らかの制限を受ける
　ポイント0＝ノー
(50) 市民が不満を軽減するために政府に対して行う請願の機会を制度として準備しているか
　ポイント1＝イエス
　ポイント0.5＝何らかの機会はある
　ポイント0＝ノー
(51) 国家による拷問の利用
　ポイント1＝拷問は用いられていない
　ポイント0＝拷問が用いられている
(52) 司法は政府の影響からどの程度独立しているか。国際的な立法司法の監視機関の見解に対する考慮。裁判所はこれまでに政府や高級官吏の利益に抗う重要な判決を出したか。
　ポイント1＝高度に
　ポイント0.5＝中ぐらい
　ポイント0＝低い
(53) 宗教的寛容と宗教的表現の自由。すべての宗教が自由な活動を認められているか。尊崇の権利は公的にも個人的にも認められているか。仮に法が平等と保護を定めていても、他から脅威を感じている宗教団

体はないか。

　ポイント 1 ＝高度に
　ポイント 0.5 ＝中ぐらい
　ポイント 0 ＝低い

（54）法の下に市民が平等に扱われている程度。厚遇されたグループのメンバーが法の下に訴追を免れていないかどうか。

　ポイント 1 ＝高度に
　ポイント 0.5 ＝中ぐらい
　ポイント 0 ＝低い

（55）市民は基本的な安全を享受しているか

　ポイント 1 ＝イエス
　ポイント 0.5 ＝犯罪が蔓延していて、かなりの領域で安全が危機に瀕している
　ポイント 0 ＝ノー

（56）個人の所有権が守られ、民間のビジネスが政府の影響の下から自由である程度

　ポイント 1 ＝高度に
　ポイント 0.5 ＝中ぐらい
　ポイント 0 ＝低い

（57）市民が個人的自由を享受している程度。ジェンダーの平等、移動の権利、仕事と学問の選択を考慮に入れて

　ポイント 1 ＝高度に
　ポイント 0.5 ＝中ぐらい
　ポイント 0 ＝低い

（58）人権保護に関する一般の認識；基本的人権がよく守られていると考える人の割合

　ポイント 1 ＝高い
　ポイント 0.5 ＝中ぐらい
　ポイント 0 ＝低い

　もし世界価値観調査のデータが得られるなら、そこでその国の人権が尊重されていると考える人の割合が

　ポイント 1 ＝ 70％を超えていたら
　ポイント 0.5 ＝ 50％から 70％なら
　ポイント 0 ＝ 50％未満なら

(59) 人種、肌の色、あるいは信条による重大な差別はない
　ポイント 1 ＝イエス
　ポイント 0.5 ＝イエスだが、重大な例外がある。
　ポイント 0 ＝ノー
(60) 政府が市民的自由を抑えるために新たな危機や脅威を呼び起こす程度
　ポイント 1 ＝低い
　ポイント 0.5 ＝中ぐらい
　ポイント 0 ＝高い

3　日本の評価

　はじめて登場したこのランキングにおいて日本は 20 位であった。全体のスコアは 8.15 で、完全な民主主義の範疇に入っている。ただしその範疇のなかで日本は下位の方である。

表 3-4　Democracy Index 2006 （The World in 2007 より）

	全体	I	II	III	IV	V
日本	8.15 (20)	9.17	7.86	5.56	8.75	9.41

　特に低いのは、第 3 要素の政治参加である。確かに女性議員の比率は低く、国政選挙の投票率も最低を記録したことが時にニュースになる。他方、市民の自由は 9.41 とかなり高いポイントをあげている。

表 3-5　日本の Democracy Index 2008, 2010, 2011, 2012, 2013 のスコア

	全体	I	II	III	IV	V
2008	8.25 (17)	8.75	8.21	6.11	8.75	9.41
2010	8.08 (20)	9.17	8.21	6.11	7.50	9.41
2011	8.08 (21)	9.17	8.21	6.11	7.50	9.41
2012	8.08 (23)	9.17	8.21	6.11	7.50	9.41
2013	8.08 (20)	9.17	8.21	6.11	7.50	9.41

5年後の2011年のインデックスでは総合順位は一つ落として21位となっている。ポイントも8.08とわずかながらではあるが下がっている。続く2012年も日本のスコアは各要素を含めて全く変わらない。しかし、全体のなかの総体的な順位は2つ下がり、23位に後退している。

　掲載されているのは167の国と地域に上る。したがって数多くの国と日本を比較することが可能である。ここでは、韓国、中国を並べておこう。

表3-6　Democracy Indexの日中韓比較

	全体	I	II	III	IV	V
日本2011	8.08（21）	9.17	8.21	6.11	7.50	9.41
日本2012	8.08（23）	9.17	8.21	6.11	7.50	9.41
日本2013	8.08（20）	9.17	8.21	6.11	7.50	9.41
韓国2011	8.06（22）	9.17	7.86	7.22	7.50	8.53
韓国2012	8.13（20）	9.17	8.21	7.22	7.50	8.53
韓国2013	8.06（21）	9.17	7.86	7.22	7.50	8.53
中国2011	3.14（141）	0.00	5.00	3.89	5.63	1.18
中国2012	3.00（142）	0.00	4.64	3.89	5.00	1.47
中国2013	3.00（143）	0.00	4.64	3.89	5.00	1.47

　2011年の総合点においては、日韓はほとんど差がない。しかし具体的な要素を見ていくと、政府の機能の面で日本が高く、逆に政治参加は韓国の方が高い。また市民の自由において、日本が高くなっている。それが2012年においては、政府の機能の評価で韓国が日本と同スコアとなり、その押し上げの結果として総合点で日本を上回る。

　韓国との比較からも日本の課題ははっきりと浮かびあがる。政治参加のスコアをいかに上げていくかがそれである。27番目の項目「投票参加／国政選挙における投票率」を上げることは特に大きな課題である。衆参の投票率の推移は趨勢として下降線を辿っていることがわかる。近時の衆参それぞれ5回分の投票率について取り出してみても（表3-7参照）、70パーセントを超えた選挙は一度もない。

表3-7 投票率の推移

衆議院	（%）	参議院	（%）
平成12	62.49	平成13	56.44
平成15	59.86	平成16	56.57
平成17	67.51	平成19	58.64
平成21	69.28	平成22	57.92
平成24	59.32	平成25	52.61
平成26	52.66	平成28	──

　この指数の評価では、70パーセント以上ではじめて1点、50パーセントから70パーセント未満は0.5のポイントである。50パーセント未満だと0ポイントなので、何としても50パーセントを死守することが一つの課題と言える。どうすれば投票率を上げることができるのだろうか。特に若者の投票率が低いことが問題である。総務省のホームページにある「衆議院議員総選挙における年代別投票率（抽出）の推移」からも20歳代が最も低いことがわかる（総務省2016b）。その低さは深刻で、たとえば平成24年の選挙においては、最も高い60歳代が74.93パーセントであったのに対して、最も低い20歳代は37.89パーセントにすぎなかった。
　女性議員に関するポイントもあらためて確認しておきたい。

　＜女性議員＞
　女性議員の割合が
　ポイント1 ＝ 20%を超えるとき
　ポイント0.5 ＝ 10%から20%のとき
　ポイント0 ＝ 10%未満のとき

　2014年に発足した第2次安倍政権の改造内閣は、当初5人の閣僚を登用して話題になった。すぐに政治とカネの問題で2人が辞任して、女性重用を勢いづかせようとする意欲の表れに水を差す形となってしまった。内閣に限らず、国会議員のなかに女性が占める割合は諸外国と比して圧倒的

に少ない。本書では独立した検討項目とはしていないが、男女平等のランキングにおいても、日本が著しく低評価なのは周知のことである。2014年10月28日の朝日新聞は、世界経済フォーラムが男女平等ランキングの2014年版を同日発表したことを報じ、その内容についても紹介している。以下これに基づき、いくつかデータを見ておきたい（朝日新聞2014）。

報告書が対象とした国は142か国のなかで日本は104位であった。評価は「職場への進出」「教育」「健康度合」「政治への参加」の4分野について指数化し、その平均点を総合順位としている。日本が104位と低い評価となっている原因は、129位の「政治への参加」と102位の「職場への進出」にある。前者については「議会における女性比率」が137か国中126位で、しかも主要20か国・地域（G20）のなかで最下位であった。

記事はクオータ制についても紹介している。フランスは2013年が45位であったものが2014年は16位と跳ね上がっている。それはオランド大統領が「男女同数内閣」を実現させていることに起因し、その背景に2000年に成立した「候補者男女同数法」があることを示唆する（朝日新聞2014）。

フランスのように、候補者に多くの女性を入れることは日本の政党にもすぐにできることである。一気に同数は難しいとしても、最低3割から開始するなど、実際に政党の一部にそうした割当制を試みる動きが出てきている。女性議員20パーセントは何としてもクリアすべき数値である。

さて、投票率に顕著に表れているように、特に若者の間の政治的無関心は恒常的な問題である。鈴木（2012）が紹介する世界価値観調査の政治への関心の世界ランキングによれば、日本は57の国・地域のなかで8位の結果となっている。調査時期は2004-2008年となっている。投票率でも上下するように、この結果は日本において政治的関心が相対的に高い時期であったかもしれない。しかしながら、若者に限った調査になるとやはり低いと言わざるをえない。若者の政治に対する関心は、内閣府

(2014)の「平成25年度我が国と諸外国の若者の意識に関する調査」によれば、調査対象7か国中、2番目に低い数値である。7か国は日本、韓国、アメリカ、英国、ドイツ、フランス、スウェーデンで、これらで関心がある、関心がない、の割合を示したのが下の表3-8である。数値が100パーセントにならないのは、「わからない」を除外しているためである。

表3-8　若者の政治への関心

	関心がある（％）	関心がない（％）
日本	50.1	42.6
韓国	61.5	34.3
アメリカ	59.4	35.8
英国	55.8	39.1
ドイツ	69.0	29.6
フランス	51.8	45.4
スウェーデン	46.4	50.4

　この民主主義を測る指標のなかで「合法的デモンストレーションに参加する意欲」の有無によってポイントを加算していることはどう見るべきだろうか。日本においても、国会前の原発への抗議行動、安全保障関連法案への反対運動を取り上げて、民主主義的動きとして称賛する言論は存在した。ダールの枠組みにおいては、公的異議申し立ての一つの形態としてこれを捉えることもできる。ただ、それが単純にシュプレヒコールの連呼に終わってしまっているのであれば、社会的問題を喚起しているヘイト・スピーチとこの違いはあいまいになってしまう。指標がデモンストレーションの内容を問うていないために湧出するひっかかりである。明らかに人種差別的な内容を声高に叫ぶデモンストレーションをも民主主義の肯定的尺度として加味されるのであれば首肯できる指標ではない。そうした区別を質的に踏み込んだ測定が、価値を伴うがゆえに困難であるなら、この「合法的デモンストレーションに参加する意欲」は適切さに欠くと判断して、除外する方が良い。

4　諸外国の評価

　中国はⅠの選挙制度と多元主義の要素で2年続けて0であり、市民の自由に関してもきわめて厳しい評価を受けている。政府の機能と政治文化についても2012年はさらに評価が下がって、全体でも142位と順位を一つ落としている。現在の中国政府は、およそ民主主義国家を支える基本的な理念をことごとく否定しているとみなされている。言論の自由の存在も認知されていない。

　それでも日本をはじめ、世界の多くの諸国家が巨大な市場の魅力に惹き寄せられて、直接投資、貿易を中国と行っている。自由主義経済のなかで当然の動きでもあろう。しかしながらそれと同時に、国民の声を圧殺し、強権的に国のかじ取りを行う政府がいつまでも安定的に続くと見るのは楽観的に過ぎることを認識する必要がある。

　民主主義的政治政体の充実は現代社会において一つの重要なソフトパワーである。現在の日本人は自国が民主主義であることを当然のこととして受け止めている。もちろん歴史を学べば、軍国主義が社会を色濃く染めて、戦争を遂行した時代があった。それは大正デモクラシーと呼ばれるやはり民主主義的政治制度を持った後に出現した非民主主義的政治の結末でもあった[2]。

　したがって、現在が民主主義的であるからといって、将来も民主主義的であるとは限らない。そして、現在の日本の民主主義も世界の相対的な位置づけからは、上位入賞にも届かない。世界に民主主義であることを誇りうる水準は、20位前後の状況ではないだろう。少なくともトップ10、できればオリンピックならメダルに届く、3位までに入ることを目標としたい。世界大学ランキングのトップ100を目標とすることよりもむしろ、

---

[2] 民主主義の途上にある国家は好戦的であるとするマンスフィールドとスナイダーの論考も参照されたい（Mansfield and Snyder 1995）。

目標として日本を世界に誇るべき民主主義的政治の国としたい。

ただ、その目標設定の妥当性は、この民主主義ランキング自体の正当性が担保されていなければならない。多くのメディアが紹介、民主主義度を測るために依拠するデータではあるものの、あらためて内容を吟味して、日本の政治が目指すべき民主主義の目標として妥当かどうか、常に検討は欠かせない。

他に各国が民主主義か独裁制かを評価するデータベースとして、Polity IVも著名である（東郷 2008:38）。東郷はこの Polity IVにしても、評価のいくつかについては恣意的な判断を免れておらず、軽々に鵜呑みにすることは危険であると指摘している（東郷 2008:54）。

Polity IVは元々は 1970 年代の初めに、Ted Robert Gurr が考案した。1998 年からは Center for Systemic Peace の Monty G. Marshall が率いて極小国家を除くすべての独立国家の政治体制を評価している（Marshall & Cole 2014: 20）。対象とする期間は 1800 年から 2010 年に及び毎年更新している（同上）。この長期間に及ぶデータの提供は、他の指標と異なる大きな強みである。政治体制の変化を従属変数にするにしろ、あるいはこれを独立変数にして分析を加えても、長期的な趨勢を掌握することができる。その分析はまた次の機会に譲る。

さて最後に Democracy Index における、調査対象のトップ 10 とワース

表 3-9　トップ 10 とワースト 10

		Overall score			
1	Norway	9.93	158	Syria	1.86
2	Sweden	9.73	159	DR of Congo	1.83
3	Iceland	9.65	160	Saudi Arabia	1.82
4	Denmark	9.38	161	Eq Guinea	1.77
5	New Zealand	9.26	162	Uzbekistan	1.72
6	Australia	9.13	162	Turkmenistan	1.72
7	Switzerland	9.09	164	Chad	1.50
8	Canada	9.08	165	Central African R	1.49
9	Finland	9.03	166	Guinea-Bissau	1.26
10	Luxembourg	8.88	167	North Korea	1.08

ト10を見ておきたい（表3-9参照）。

　北朝鮮は選挙、市民的自由に関する項目で0.00が並ぶ。ギニアビサウ、中央アフリカ共和国、チャドは政府の機能の項目が0.00となっている。逆に最上位のノルウェーは、政府の機能が9.64であることを除き、他はすべて10.00をつけている。日本自体の民主主義をより高いレベルに引き上げることと共に、国際社会として北朝鮮をはじめとした、こうしたワーストに並ぶ国々の民主化をいかに進めるかが課題である。

　Democracy IndexのOECD諸国と新興国を加えて対象とした場合の、日本の位置づけにも触れておこう。G7サミットで、自由と民主主義、法の支配を共有すると謳う日本ではあるが、第二次世界大戦後、重要な価値として育んできたはずの民主主義は、国際的なスタンダードからは必ずしも高い評価を得ていない。もっとも全体の評価において、イギリスやアメリカもトップ10に含まれていない事実を鑑みれば、人口の多い大国と言われる諸国家にとって、民主主義的ガバナンスを徹底することはそう容易なことではないことがわかる。それでも日本のアイデンティティとして、中国のような一党独裁的な体制と異なること、韓国よりもはるかに長い民主主義政体の歴史を持つことを斟酌すれば、このDemocracy Indexにおける低い評価は甘受しておくわけにはいかない。投票率の低下、女性の政治参加の不十分性、政治的プロセスの不透明性、アカウンタビリティの不足を徹底して是正しなければならない。

　民主主義的な政治体制はソフトパワーを考える上でも大きな意味を持つ。シャンボー（2015）は、中国が莫大な資金を投じてそのソフトパワー強化のための外交を展開している事実を紹介している。その額は1兆4100億ドルにものぼる。マーシャルプランに投じられた資金を現在の価値に換算すると1030億ドル規模なので、いかに大規模かがわかる。しかし抑圧的な政治体制が一因で、中国に対する評判はむしろ悪化している。対外的なプロパガンダや、札束にものを言わせて自国の魅力をアピールしようとしても、民主主義的で自由な政治体制を確立していなければ、現在の国際社会において高い評価は得られない。

中国の台頭のなかで世界のなかの立ち位置を定めきれずにいる日本にとっては中国の政治体制の状況を反面教師として捉えるべきだろう。世界の中で日本は、誇るべき民主主義国家として存在感を高めたい。

第4章

幸福度ランキング

1　社会のなかの幸福

　人間が社会的動物であるならば、他者を認めずして幸福感を味わうことはできないだろう。認めない他者との協働作業は困難であり、協働作業のない活動の社会的成功の範囲はおのずと狭くならざるを得ない。社会的影響も限定的であることが多いために、仮に成功があったとしても、社会的動物としての幸福感は大きくはならない。他者との協働作業のなかで得られる一致団結も紛れもない個人の幸福の一要素である。あるスポーツチームを皆で一体となって応援することの楽しさは、野球スタジアムに多くのファンの足を運ばせる。ただ一人黙々と応援することを全面的に否定するわけではない。自由気ままに応援することもそれはそれで楽しい充実した過ごし方になることもある。それでも、多くの仲間と感情を共有できる満足感は一人の時と比べ、大人数である分だけ倍増して高まる。

　ODAに関して、スポーツ応援と同じように満足感や幸福感とつながる要素はあるのだろうか。一般的に隣人を助けることによる充実した気持ちは、幸福感を高めることにつながる。特に隣人を助けることで、世間からの承認と尊敬を集められるのであればその利他的行為は自身の幸福と切り離せない。この論理を国際社会にあてはめるならば、ODAこそはおろそかにできない大事な国家政策となる。

　そうした問題意識から、OECD諸国について1人当たりODA額と幸福度ランキングの相関関係を調べてみた。その結果は1％水準で有意であった（表4-1参照）。このことはしかし、幸福度ランキングがそもそも何に基

表 4-1　幸福度と他の指標の相関分析

		幸福度	ジニ係数	ODApc	HDI	GPI	腐敗認識指数
幸福度	Pearson の相関係数	1	-.320*	.536**	.687**	-.438**	.715**
	有意確率（両側）		.044	.003	.000	.006	.000
	度数	40	40	29	40	38	40
ジニ係数	Pearson の相関係数	-.320*	1	-.325	-.638**	.601**	-.489**
	有意確率（両側）	.044		.085	.000	.000	.001
	度数	40	40	29	40	38	40
ODApc	Pearson の相関係数	.536**	-.325	1	.429*	-.270	.598**
	有意確率（両側）	.003	.085		.020	.172	.001
	度数	29	29	29	29	27	29
HDI	Pearson の相関係数	.687**	-.638**	.429*	1	-.609**	.736**
	有意確率（両側）	.000	.000	.020		.000	.000
	度数	40	40	29	40	38	40
GPI	Pearson の相関係数	-.438**	.601**	-.270	-.609**	1	-.746**
	有意確率（両側）	.006	.000	.172	.000		.000
	度数	38	38	27	38	38	38
腐敗認識指数	Pearson の相関係数	.715**	-.489**	.598**	.736**	-.746**	1
	有意確率（両側）	.000	.001	.001	.000	.000	
	度数	40	40	29	40	38	40

*. 相関係数は 5% 水準で有意（両側）です。
**. 相関係数は 1% 水準で有意（両側）です。

づいて測られているのかを議論せずに説得力のある知見とはならない。そもそも1人当たりのODA額が大きいということは、経済的に余裕があり、1人当たりGNIが大きいことからもたらされている可能性が大きい。そうだとするなら、経済的な豊かさこそが幸福度の決め手となる。この点を含めて以下に掘り下げて検討しておきたい。

2　情けは人のためならず

　ODAと幸福はみかけの関係に過ぎないのだろうか。近藤（2014）『世のなかを良くして自分も幸福になれる「寄付」のすすめ』は、寄付は自らのこころを満たす行為であり、それが自らの幸福につながること示している。あるいは後述のTIME誌の記事は、寄付をする人と、幸福感に関係があることを示す。また鈴木・阿久津・フローリアン（2014）「東日本大震災による日本人の寄付意識の変化と幸福感についての研究」においても、寄付をするという行為と幸福感が関係することを明確に指摘し、その高い相関関係の存在を明示している。日本経済新聞のコラムも大竹文雄阪大教授の妙案として、幸せになるためには寄付をすることが効果的であることを紹介する（日本経済新聞 2015b）。
　寄付と幸福感の関連性への注目は、2008年の『Science』誌で発表されたAkin他の研究に端を発している。鈴木他（2014）は、日本人においても関係があるかを探り、文化を超えてこれが非常に頑強であることを明らかにした。ただ、「寄付を行うことで幸福感を得られることを、人々は気付いていないようである」（鈴木他 2014: 57）として、この関係性が広く共有された認識ではないことも認めている。
　TIME誌の2013年10月23日号でジャーナリストのSzalavitz（2013）は、最近の研究の成果として、人々はそうすることで気分が良くなるだろうと感じるときにより寄付をする傾向にあるとする知見を紹介している。寄付の背後に気分が良くなるという誘因が左右している。今後の課題として、なぜ寄付する人はその気持ちを上向かせるのか、換言するなら、そうすることで自分が寛大な人間であるとみなすことができて、それによる自尊感情の向上が気分を良くしているのか、という問いにこうした研究は取り組むことになろう、と指摘する。
　このように個人の寄付行為に関する心理学的な研究が散見されるようになっている。他方、ODAと幸福度ランキングの関係性を探求する研究は、

管見の限り本書執筆の時点でみあたらない。筆者が担当する国際政治学の講義を履修する 200 名に ODA を増額することの賛否を聴いてみた（2015 年 5 月 22 日の広島修道大学「国際政治学Ⅰ」の講義）。すると、80％以上が反対と答えた。また幸福度と ODA の関係についてもほぼ同数関係ないと答えている。そのことは、ODA が途上国の人々の生活改善に役立っていると認識されていないことと無関係ではない。我々のお金が目に見える形で途上国の人々に有益に使われているとは言えないのである。途上国支援の NGO の一つは、個々の寄付者が誰を助けているか、具体的に子供たちの写真を寄付者に届けている。ODA の類に関しても、そうした目に見える形の支援となるような工夫が必要であることの一例である。

これは、復興支援に関しても言えることであろう。税金が、具体的にどのような形で人々に役立ったのか、常に透明性を高める必要がある。それは上のデータで言えば、腐敗に関する項目と幸福が最も高い相関を示していることからもうかがえる。政策が、賄賂などで歪められているとき、税金を納める国民の多くは幸福感を感じない。いかに腐敗を払しょくした政治が必要であるかの証左である。

3 幸福度ランキングについて

幸福度ランキングの内容そのものの精査も必要である。一定の妥当性を確認できるのなら、このランキングを有効利用するとよい。一例として、幸福度ランキングと関係の強いランキングをいくつか探し出すことで、何と幸福度の関係が強いのかを検討する材料となる。OECD 諸国に限定せず、世界の諸国家で、データが提示されている国に関して関係性をあらためて探ることも課題となる。設定可能な仮説としては、腐敗認識指数が低い国ほど幸福である。自由度の高い国ほど幸福である。民主主義度の高い国ほど幸福である。ジニ係数の小さい国ほど幸福である。あるいは一億総中流と言われた日本が、その当時の幸福度は高かったのではないか。データの分析から、格差解消の必要性の認識が高まるかもしれない。

本章ではまず、取り上げた幸福度ランキングそのものの内容を精査する。そのレポート冒頭の説明によれば、2011年7月の国連総会における決議がこのレポート創出の契機となっている。そこで加盟国が当該国民の幸福を測り、それを各国の公共政策の指針策定に活用することにしたからである。この動きは、2012年4月の、ブータン首相を議長とする幸福と福利に関する初の国連ハイレベル会合の開催へと続いていく。

　どのように幸福を測るかが鍵となる。このレポートが対象とする検討課題には次のものが含まれる。まず伝統あるギャラップ社の世界世論調査を主要な情報源として用いる。それにこれまでほとんど注目されてこなかった精神疾患を主要な不幸の原因として捉えて検討する。また古代の思想、仏教やアリストテレスの洞察も加味される。さらにOECDの主観的福利測定の指針を考慮の上、国連の人間開発指数も探求対象となっている。また人生に対する評価の違いを説明する鍵となる要素としてレポートは次の6つをあげる。1人当たりGDP、健康寿命、困難時に頼ることのできる人の存在、腐敗認識、寛大さ、人生における選択の自由、である（Helliwell, et al. 2013: 9）。

　現時点で、ギャラップ社の世論調査は世界を比較できる規模で行われているが、そこでのインタビューはおおまかに言えば、それぞれの国で1000人程度の数にとどまっている。将来的にはより大きなサンプルによる比較が視野に入っている。個々人の主観的な幸福感の測定は、最善の人生を10、最悪を0とした回答の分析によっている。これは「キャントリルの階梯」と呼ばれる測定方法である（Helliwell, et al. 2013: 9）。

　Sustainable Development Solutions Networkが2013年版として世に問うたこの幸福ランキングに基づいて、主要8か国と中国、韓国を加えた評価は下の通りである（表4-2参照）。幸福度ランキングは、様々に存在しているものの、本レポートは国連が深く関与したランキングである。このことは特筆すべき特徴で、国際社会における国連の信頼度の高さを考慮するなら、ここでの評価の影響力も小さくないと言える。このランキングにおける下位3か国を紹介すれば、最下位156位がトーゴ、155位がベニン、

表4-2　Sustainable Development Solutions Networkの幸福度

国名	ポイント	156か国中の順位
日本	6.064	43
ドイツ	6.672	26
英国	6.883	22
米国	7.082	17
フランス	6.764	25
ロシア	5.464	68
中国	4.978	93
韓国	6.267	41
イタリア	6.021	45
カナダ	7.477	6

そして154位が中央アフリカ共和国と、中央アフリカの国々が並んでいる。

　参考のためにもう一つ別の幸福度の調査も掲載しておきたい。ピュー・リサーチ・センターが2014年の世界43か国の「幸福度」を調べたところ、イスラエルが75点、アメリカ65点、ドイツ60点、イギリス58点であった。数値は高得点であればあるほど幸福を意味する。日本は43点で、先進国のなかではギリシャに次いで低い数値であった（Pew Research

表4-3　ピュー・リサーチ・センターの幸福度

国名	幸福度
アメリカ	65
ドイツ	60
中国	59
イギリス	58
フランス	51
イタリア	48
韓国	47
日本	43
ロシア	43
カナダ	データなし

第4章　幸福度ランキング

Center 2014)。上に倣って、主要 8 か国と中国、韓国を加えて表で示す（表 4-3 参照）。

やはり日本人の幸福度の低さが目立つ。この調査の対象国全体は 43 か国で、最下位はエジプト、次いで下からケニア、タンザニアと続いている。

4　日本国内の幸福度ランキング

日本国内においても、都道府県別に幸福度を測定する試みが存在する。寺島実郎監修、日本総合研究所編『日本でいちばんいい県　都道府県別幸福度ランキング』（2013 年版）がそれである。これは幸福を測るための指標の基準そのものを比較するために有用である。実は、寺島は 2014 年版を発行するにあたり、前年版に改良を加えて、55 の指標に新たに 5 つを加えて、すべてで 60 となる指標によって都道府県の幸福度を測定している。大きな枠組みとして設定されているのは、基本指標、健康、文化、仕事、生活、教育、それに 2014 年版に加わった追加指標である。また上の健康、文化、仕事、生活、教育はそれぞれ二つに分けられている。健康は「医療・福祉」と「運動・体力」、文化は「余暇・娯楽」と「国際」、仕事は「雇用」と「企業」、生活は「個人」と「地域」、教育は「学校」と「社会」となっている。以下では 2014 年版では 60 個となった指標を上の枠組みごとに（　）のなかに示す。

基本指標として 5 つ（人口増加率、一人当たり県民所得、選挙投票率、食料自給率、財政健全度）、健康―「医療・福祉」に次の 5 つ（生活習慣病受療者数、気分障害受療者数、参加・婦人科医師数、ホームヘルパー数、高齢者ボランティア活動者比率）、また健康―「運動・体力」に（健康寿命、平均歩数、健康診査受診率、体育・スポーツ施設数、スポーツ活動時間）の 5 つである。文化―「余暇・娯楽」（教養・娯楽支出額、余暇時間、常設映画館数、書籍購入額、NPO 認証数）、文化―「国際」（外国人宿泊者数、姉妹都市提携数、語学教室にかける金額、留学生数）、仕事―「雇用」（若者完全失業率、正規雇

用者比率、インターンシップ実施率、大卒者進路未定者率）、仕事—「企業」（障碍者雇用率、製造業労働生産性、事業所新設率、特許等出願件数、本社機能流出・流入数）が挙がる。

　生活に関連しては、主に社会インフラの項目が並ぶ。生活—「個人」（持家比率、生活保護受給率、待機児童率、一人暮らし高齢者率、インターネット人口普及率）、生活—「地域」（汚水処理人口普及率、道路整備率、一般廃棄物リサイクル率、エネルギー消費率、地縁団体数）の10項目である。教育—「学校」（学力、不登校児童生徒率、司書教諭発令率、大学進学率、教員一人あたり児童生徒数）と教育—「社会」（社会教育費、社会教育学級・講座数、学童保育設置率、余裕教室活用率、悩みやストレスのある者の率）の10項目、そして最後に追加指標（信用金庫貸出平均利回り、平均寿命、女性の労働力人口比率、自殺死亡率、子どもの運動能力）となる。

　この幸福度の指標は、気持ちの部分は考慮されていない。主観的な感慨は一切排除して、客観的データでの判定を目指す姿勢が顕著である。精神的な部分は、気分［感情］障害（鬱等）受療者数、悩みやストレスのある者の率に見て取ることができる。しかし重みづけを排除した指標なので、これはたとえば他の、姉妹都市提携数、留学生数などと同等の重みで幸福が測定されている。

　厳しい言い方をすれば、外国人宿泊者数、姉妹都市提携数、留学生数等は幸福とは無関係ではないだろうか。同様に、インターネット人口普及率、エネルギー消費量と幸福はどう関係しているのだろうか。インターネットに関しては、「ITが個人・家族の新たなつながりを生み出す」との解説がある（寺島2014:87）が、たとえばインターネットが普及している地域ほど生活満足感が高い、などという明確な相関関係を付記しなければ、この項目を幸福測定の指標にすることには無理がある。

　このランキング本の冒頭に、「地域の幸福に関して可能な限り主観的な要因を除外し、統計データ等をもとに客観的なランキングを作成してみようという趣旨のもと、地域に生きる人々の幸福を考える基盤となる基本要素を踏み固めることを目的とする」（寺島2014:2）と明記している。また

「吟味すればそれぞれの指標が常に多義的な側面を備えている」(寺島 2014: 3) との認識もある。例として「余暇時間」と「海外渡航者率」を挙げているのは、働くことを幸せとする人も少なくないなかで、余暇が多ければ幸せとは限らない状況を挙げる。それでも、余暇というものを楽しみ、海外との交流を深める機会があることは、次世代の社会に向けて重要視すべき価値の一つだと考えていると説明する。本書もランキングは価値の表出であり、その拡散、普遍化の試みであるとの見方を取る。それと軌を一にする寺島らの試みである。それでも、恣意性があまりに顕著であれば、そのランキング自体の信頼性が揺らぐ。

5　第2回目の発表

　Sustainable Development Solutions Network の第2回目の発表となったレポートの2015年版は、2015年4月下旬に発表された。日本経済新聞のコラム「春秋」もこれを取り上げ、日本が順位を下げて、158か国中46位になったことを記す（日本経済新聞 2015a）。上位には欧州の中小国が目立つことを指摘する。また幸福度の要素とされている「人生の選択肢の多さ」が影響しているであろうことを挙げている。レポートを確認すると、2015年版の幸福度ランキング（2012-2014）で、1位スイス、2位アイスランド、3位デンマーク、4位ノルウェー、5位カナダ、6位フィンランド、7位オランダ、8位スウェーデン、9位ニュージーランド、10位オーストラリアとなっている。カナダ、ニュージーランド、オーストラリアをのぞいて、欧州の中小国であるとの指摘は当たっている。またこれら3か国にしても、広い枠組みでとらえれば、西欧の中小国に入れて何ら違和感はない。因みに、アメリカは15位、韓国は日本に次いで47位、中国は84位の評価である。

　この報告書において、幸福を測るための独立変数として並ぶのは、「1人当たりGDP」「社会支援」「健康寿命」「人生における自由な選択」「寛大さ」「腐敗認識」「肯定的感情」「否定的感情」の8つである（John

Helliwell, et al 2015: 22-23)。新しい 2015 年版に基づいてより詳しく内容を見ておきたい。

「1 人当たり GDP」は、世界銀行、OECD から発表されるデータを用いて、購買力平価での調整を施し、通常の 1 人当たり GDP の自然対数を用いたデータである。「社会支援」は、何か困りごとが発生した際に、助けてくれる人がいるかどうかを尋ねたギャラップ世界世論調査の結果である。「健康寿命」は WHO が発表しているデータに基づいている。「人生における自由な選択」は人生でやりたいことを選択する自由に満足しているか否かの調査に基づく。「寛大さ」は先月、慈善としてお金の寄付を行ったかどうかの結果である。「腐敗認識」は政府に腐敗が蔓延しているか否かの問いに対する答えである。「肯定的感情」はギャラップ世界世論調査による笑いや楽しいという感情の回数、「否定的感情」は前日の心配事、悲しみ、怒りの感情の回数の平均によって算出されている。

国連の幸福度ランキングにおいては、平等な社会の安定感によってもたらされる満足感を評価する指標が組み込まれていない。それゆえ、表 4-1 であげたジニ係数との相関が有意ではあるものの係数として低いのだろうと解釈できる。しかし日本人のメンタリティは、集団主義的な志向が強く、個人主義が重視されるアメリカ等とは異なっている。どちらかというと横並び志向が強い。そうした国民性を尺度に入れなければ、この幸福感に対する違和感は拭えない。

ODA の充実、NGO 活動、NPO 活動の重要性が謳われている背景には、豊かなものが貧しい人を助けることを善とする認識が世界で広く共有されているからであろう。しかし、そもそも ODA を必要としないより格差の少ない世界、より平等な世界を好み、そのなかでの集団主義的幸福感を加味できる尺度があっても良い。少なくとも、国家単位で幸福度を議論するのであれば、ジニ係数を斟酌する尺度とすべきである。

経験的かつ歴史的に、分厚い中間層を持つ社会は安定している。それだけそれがもたらす安心感は幸福感を得やすい環境を生む。高度経済成長期の日本は、一億総中流の命名が当を得ていて、かなり一体感の強い社会を

作り出していた。少子化のなかで、経済成長に多くを期待できない環境のなかで、いかにして分厚い中間層を再構築するか。これは地域の創造と共に大きな懸案となっている。

6　OECD による幸福度調査

　OECD による「より良い暮らし指標（BLI：Better Life Index）」は、OECD 加盟国にブラジルとロシアを加えた 36 か国を評価する。GDP に変わる国民の豊かさを測る指標として 2011 年から公表されている。2013 年 5 月の日本経済新聞の記事によると、日本の総合的な幸福度は 2012 年同様 21 位であった（日本経済新聞 2013）。トップは 3 年連続オーストラリアで、スウェーデン、カナダが続いている。

　ただし、こうした全体的な順位付けは、2015 年の 7 月の時点で OECD のウェブでは確認できない。近時はそれぞれの項目について、ウェブ閲覧者が各自の判断に従って重みづけできる。そのため閲覧者が重きを置く幸福の根拠の違いによって順位が変わるように工夫されている。幸福の主観性を捨象して、世界の国々の幸福度を順位付けすることへの疑問、抵抗感がこうした手法を取らせているのであろう。しかし、そのためにこのランキングの説得力は一段低下する。メディアの取り上げ方の変化はその証左である。読売新聞のデータベースによる検索では、2011 年 5 月 25 日に幸福度日本は 19 位との見出しで紹介があった。2012 年 5 月 23 日にも、幸福度低下、日本 21 位との記事があった。また 2013 年 5 月 29 日は 21 位変わらずとの紹介が続いた。しかし 2014 年、2015 年にはこれに関連した記事はない。2014 年の総合順位は、毎日新聞が 2014 年 5 月 6 日に発表して、日本がわずかに上昇して 20 位になったとある。11 項目ごとにはランキングがあるので、これらの重みづけを行わず、単純に順位の平均を出せば 20 になるので、その計算式から 20 位という結論を得たのだろうが、OECD による公的な順位ではない。

　OECD 東京センターがインターネット上で掲載した、2014 年の日本の

幸福度（How's Life in Japan? 日本の幸福度）では、「政治制度と民主主義に対する人々の信頼も、経済危機の最中に落ち込んだ。政府を信頼していると答えた日本人の割合は、2007年の24％から2012年には17％に下落しており、OECD諸国中でも最も低い割合である」（OECD 2014）と記す。しかしながら、この説明が幸福の指標にどの程度直接的に影響を及ぼしているかは不明である。幸福の指標の11項目には「市民の関与」が入っている。それを政策決定への関与と投票率の2つの項目によって数値化する。日本の投票率は確かに低い。しかし政策決定への関与そのものは他のOECD諸国と比して、特に低いわけではない。

　OECDはデータとしてはBLIが、また刊行物としてはGovernment at a Glance 2015が、政府に対する信頼度を取り上げている。その後者に掲載がある Trust in government は、ギャラップ世界世論調査を出典とする政府に対する信頼度判定である。2014年の日本は、2007年からは信頼度を上げている。

7　より良い社会とするために

　幸福を測ることは、平和と同様、概念自体が多義的であるために簡単な作業とはならない。しかし幸福の国家間比較が数多く登場することの意味を捉えようとする努力は必要である。幸福を測ろうとする背景に、より良い社会、より良い国家、より良い政府の政策を目指そうとする動機が存在している。GDPにだけ依存していては見えない社会が抱える病理にも迫ることができる。

　アメリカは1％と99％という数値が象徴的に示すように、分断が厳しい[1]。富裕層がその富にものを言わせて独立した自治体を生み出すことに成功している。税金を払った分だけの行政サービスを受けるのが当たり前

---

[1] エンカーナシオン（2016）は、アメリカにおいてトップ1％の所得が国民所得に占める割合が1928年以降もっとも大きくなっているとする研究の結果を紹介している。

のことであり、そうでなければ税金を払う必要もないという、リバタリアン的な発想が具現化されている。しかし富裕層が独立を果たす背後に、税金を納める裕福な人々が街を去って、治安維持のためにさえ十分な予算を割けない地域が湧出している[2]。

　国連をはじめとした幸福ランキングにおいて日本は上位に位置していない。主観的な認識と外からの比較の目に違いもあるかもしれない。そうであったとしても、より良い社会とするための課題を掌握するために引き続きこれに注目していくべきである。また幸福に関しては、ブータンがGNHという概念を提起し、西欧的な幸福度調査と一線を画したランキングも作成している[3]。そうした努力は、世界の中のブータンの存在感を高め、そのソフトパワーとも結びついている。これは自らが重きを置く価値を世界にアピールする手段としてのランキングの発信力を示す好例である。

---

[2] NHKクローズアップ現代2014年4月22日放送の「"独立"する富裕層～アメリカ深まる社会の分断～」がこの問題を取り上げた。
[3] 幸福度指標の概説的な検討として、岡部（2013）がある。

第5章
国際観光に関するランキング

1 ソフトパワーとしての観光

　観光は平和のパスポートと高らかに謳われたのは1968年であった。しかし観光と平和を結びつける捉え方は今もって必ずしも一般的ではない。管見の限りでは、日本平和学会の学会誌が観光をテーマとする論稿を掲載したことはない。しかし世界経済フォーラムが発表する観光競争力ランキングと、本書でも取り上げている GPI（Global Peace Index）との結びつきを示す相関係数は極めて高い。国内の安定と良好な隣国関係が平和的状況を生み出す重要な要素であることを想起すれば、これが即ち海外から安心して多くの観光客を受け入れる要素であることは容易に首肯される。

　観光のブランド的魅力には世界遺産の存在も入る。本章で取り上げる世界経済フォーラムの観光競争力ランキングの評価対象にも世界遺産数が含まれている。その他にもこのランキングは多岐にわたる項目を評価する。それだけ他の領域のランキングと重複する評価対象も出る。本書で取り上げている民主主義ランキングと観光競争力ランキングの相関関係も高い。ランキング間の相関については第4章を参照されたい。

　2015年5月7日の読売新聞は2015年版の旅行・観光競争力ランキングを報道した（読売新聞2015）。以下その内容を紹介する。スイスの民間研究機関「世界経済フォーラム」が5月6日に発表し、日本は前回13年の14位から順位を五つ上げて9位に入った。世界141か国・地域について、安全や衛生、労働者の質、交通網、事業のしやすさなど90項目以上を点数化して比較する。首位はスペインで、トップ3はヨーロッパ勢が

独占し、4位にアメリカが入った。日本は「客の扱い」部門でトップ、従業員の訓練が2位となるなど顧客本位のおもてなしを重視する社会的特性が認められた。安全な飲料水の確保のしやすさ、鉄道の発達でも高得点を挙げたが、燃料費が高額で価格競争力が弱い面などがマイナス材料になった。

　他方テレビでは2015年5月7日のNHKニュース7が、この世界経済フォーラムのランキングを取り上げた。また同日夜9時のNHKニュースウォッチ9は外国人旅行者にインタビューを行い、改善すべき点について尋ねている。東京での観光で、旅行者に配布された英語表記の地図が、必ずしもわかりやすい表記になっていないこと、東京の通りが複雑で、旅行者にとってわかりづらい点などが指摘されていた。良い点として、カナダからきた旅行者は、電車の利便性を語っていた。

　観光競争力は真正面から国家の魅力を取り上げている点で、典型的なソフトパワーの一つである。その国際政治的な意味合いについて、各国はどのように認識しているのだろうか。ソフトパワー概念の誕生の地、アメリカにおいては、観光政策の注目の度合いは必ずしも高いとは言えない。隣国カナダはどうだろうか。ヨーロッパに比べると世界遺産の数が少ないこともあってか、観光政策の展開に目を見張るものがあるわけではない。

　そうしたアメリカ、カナダへ旅行者として訪問することに特別な意味はあるだろうか。あえて国際政治的な意味合いを述べておけば、日本は自由と平等、法の支配など、両国と根本的な価値を共有している。そうした地域との盤石な関係を堅持するために、できるだけ相互尊重の機会を保っておきたい。そう考えるならば、日本人観光客が北米を訪問する機会を数多く持つことには意味があり、両国政府がそれを促すような施策を展開しても国際政治的にあながち的外れではない。

　観光からそれるが、それは留学生政策においてもあてはまる。国力の増大につれて中国への留学生数は増している。しかし、相互理解、相互尊重を深めるべきアメリカへの日本人留学生数が足踏み状態であることは、国家の総合的な戦略面から、改善しなければならない。

2 観光競争力ランキング

　ここで用いる観光競争力ランキングは、世界経済フォーラムが発表している Travel and Tourism Competitiveness Report（旅行・観光競争力ランキング）と国連世界観光機関の受け入れ観光客数に基づいている。前者のランキングが初めて発表されたのは 2007 年である（World Economic Forum 2015）。また国連世界観光機関も受け入れ観光客数をランキングの形にして発表している。国際観光に関するランキングとしてこの二つを素材に、観光を通して世界の中の日本を考えたい。日本の政策において観光重視が明確に顕在化したのは、小泉政権のビジットジャパンキャンペーンであった。2003 年の観光立国関係閣僚会議は、『観光立国行動計画～「住んでよし、訪れてよしの国づくり」戦略行動計画～』を策定し、観光推進の方策を明記している。

　ビジットジャパンキャンペーンの開始は、筆者が拙稿「観光の国際関係論──そのプロレゴメナとして」で日本の国際観光力の弱さを指摘してから 10 年近く経過した後であった。日本政府は小泉政権になってようやく国として観光強化に舵を切った。その成果は長く続く円高の時代では目に見える形では現れなかった。しかし 2014 年、アベノミクスを後押しする、日銀の金融緩和政策の下で大きく円安が進み、インバウンドの観光客は飛躍的に増大して、観光がもたらすさまざまな効果についても注目が集まるようになった。

　ダボスの世界経済フォーラムには世界各国から首脳、経済界の有力者が年に 1 回集まる。そこで世界経済に関わる多岐に渡る項目が議論される。その討議の基礎的な情報として世界経済フォーラムは数多くのランキングを発表している。ランキングとそれに基づく議論を通じて、ダボスの世界における存在感は大いに高まっている。

　まず 2013 年 3 月に世界経済フォーラムより発表された観光のランキング（World Economic Forum 2013）を見ておきたい。「世界ランキング統計

局」のウェブページ[1]が要領よくまとめているので、それに依拠して紹介する。これは140の国と地域を対象にしたランキングである。2007年にランキングが発表されて以来、日本はここで最高位の14位になっている。前回の2011年は22位だったので、8つ順位を上げたことになる。この調査は2年に一度発表されており、世界各国の観光地としての魅力や競争力を、「観光の規制の枠組み」「観光ビジネスの環境とインフラ」「観光の人的・文化的・自然資源」の3分野と付随する14項目から評価して、数値化している。日本については、治安やテロの危険性を評価した「安全とセキュリティ」が20位、医療体制や衛生的な飲み水へのアクセスなどの「健康と衛生」が16位、鉄道や道路、港湾の「陸上交通インフラ」が7位、インターネットや電話回線などの「情報通信インフラ」が7位、世界文化遺産の数やスポーツ観戦設備などの「文化的資源」が11位となっていて、これらの項目では比較的高く評価されている。他方、評価が低かったのは、観光地の物価やホテルの料金などの「観光産業における価格競争力」で130位、観光の開放度や外国人訪問者数の対人口比などの「観光との親和性」が77位となっているとの紹介である。日本の治安や交通インフラ、観光資源の豊かさが高く評価されているのに対し、物価の高さが観光競争力を高める上での課題であると指摘する。

　さて、この評価をどう捉えるべきだろうか。比較のために世界のトップ10に関して過去からも含めて下に示す（表5-1）。また2013年のボトム10も併せて掲載しておく（表5-2）。

　観光が政治的安定と密接に関わることは、ハイチが最下位に位置づけられていることからもよくわかる。ハイチは1990年の民主的選挙の後も、軍事クーデターによって安定していない。それに追い打ちをかけるように2010年には地震が発生して、安定した状況からほど遠い。ボトム10は政治情勢の不安定な地域であることがわかる。54か国については調査対象としていない。アフガニスタン、イラク、シリア、ソマリアなどは評価

---

[1] http://10rank.blog.fc2.com/blog-entry-183.html、2015年9月10日閲覧。

表5-1　世界経済フォーラムトップ10

順位	2013	スコア	2011	2009	2008	2007
1	スイス	5.66	スイス	スイス	スイス	スイス
2	ドイツ	5.39	ドイツ	オーストリア	オーストリア	オーストリア
3	オーストリア	5.39	フランス	ドイツ	ドイツ	ドイツ
4	スペイン	5.38	オーストリア	フランス	オーストラリア	アイスランド
5	イギリス	5.38	スウェーデン	カナダ	スペイン	アメリカ
6	アメリカ	5.32	アメリカ	スペイン	イギリス	香港
7	フランス	5.31	イギリス	スウェーデン	アメリカ	カナダ
8	カナダ	5.28	スペイン	アメリカ	スウェーデン	シンガポール
9	スウェーデン	5.24	カナダ	オーストラリア	カナダ	ルクセンブルク
10	シンガポール	5.23	シンガポール	シンガポール	フランス	イギリス

表5-2　世界経済フォーラムボトム10

順位	国名	スコア
131	マダガスカル	3.09
132	アルジェリア	3.07
133	イエメン	2.96
134	モーリタニア	2.91
135	レソト	2.89
136	ギニア	2.88
137	シエラレオネ	2.87
138	ブルンジ	2.82
139	チャド	2.61
140	ハイチ	2.59

対象からはずれている。

　ここで日本の順位の推移を見ておくと、2007＝25位、2008＝23位、2009＝25位、2011＝22位、2013＝14位である。G8に加えて中韓の順位も挙げておく（表5-3）。

　こうした評価について、さらに詳しく見ておく。評価は大きく3つの柱からなされる。それらは第1に「旅行と観光の規制枠組み」、第2に「旅

表5-3 G8と中韓の順位とスコア

2	ドイツ	5.39
5	イギリス	5.38
6	アメリカ	5.32
7	フランス	5.31
8	カナダ	5.28
14	日本	5.13
25	韓国	4.91
26	イタリア	4.90
45	中国	4.45
63	ロシア	4.16

行と観光のビジネス環境と社会基盤」、第3に「旅行と観光の人的、文化的、自然資源」である。これら3つの柱はその下位範疇として、第1の「旅行と観光の規制枠組み」には「政策のルールと規制」など5つ、第2の「旅行と観光のビジネス環境と社会基盤」にも5つの項目、そして第3の「旅行と観光の人的、文化的、自然資源」には4つの項目が並ぶ。

　下位範疇合わせて14がさらに細かく、たとえば最初の「政策のルールと規制」の下に9つあるなど、全体でもっとも下位の評価基準として79の項目が並ぶ。それぞれの項目について1～7の範囲で数値化される次の式に基づいてポイントが与えられる。数値の大きい方が最高点のスコアとなっているとき、〔6×（当該国のスコア－最低スコア）÷（最高スコア－最低スコア）＋1〕の式となる。もし、数値の小さい方が良い状況を示す場合は、正負を反転させるために〔－6×（当該国のスコア－最低スコア）÷（最高スコア－最低スコア）＋7〕が用いられている。79の項目を確認しておきたい。

　　外国所有の普及
　　財産権
　　外国直接投資のルールのビジネスへの影響

２国間の航空協定の開放度
政府の政策形成の透明度
ビジネスをはじめるために要する時間
ビジネスをはじめるためのコスト
GATS 関与の制限指標

環境規制の厳格さ
環境規制の強制力
旅行・観光産業発展の持続可能性
二酸化炭素排出
PM 物質の濃度
絶滅危惧種
環境条約の批准

犯罪と暴力に対するビジネスコスト
警察業務に対する信頼
交通事故
テロに対するビジネスコスト

医者の密度
衛生的な環境へのアクセス
衛生的な飲料水へのアクセス
病院ベッド数

旅行・観光業界に対する政府の優先度
旅行・観光業界への政府支出
観光客を惹きつけるマーケティングとブランディングの効果
テロに対するビジネスコスト
旅行・観光関連データの月毎あるいは４半期ごとの発表

航空輸送インフラの質
国内線の利用可能な座席キロ数
国際線の利用可能な座席キロ数
1000人当たりの出発便利用者
空港の密度
運行航空会社数
国際線航空輸送網

道路の質
鉄道インフラの質
港湾インフラの質
地上輸送網の質
道路の密度

ホテル部屋数
主要レンタカー会社の普及度
VISAカード利用可能なATM

業務取引におけるICT利用
顧客と企業の取引におけるインターネットの利用
個人のインターネット利用
固定電話数
ブロードバンドインターネット加入者
モバイルブロードバンド加入者

航空券税と空港チャージ
購買力平価
課税の程度と影響

燃料価格のレベル
ホテル価格指標

初等教育就学状況
中高等教育の就学状況
教育システムの質
地方における専門的調査と研修サービスの利用可能性
スタッフ研修の程度
雇用解雇の慣行
外国人労働者雇用の容易さ
HIV感染の状況
HIV/AIDSのビジネスへの影響
平均寿命

観光の開放性
外国人訪問者に対する態度
ビジネス旅行推奨の程度
顧客志向の程度

世界自然遺産数
自然環境の質
生物種の数
陸上生物群の保護
海上保護領域

世界文化遺産数
スポーツスタジアム
国際見本市・博覧会の開催数
創造的産業の輸出

多岐にわたる項目を、他の機関の評価を援用しながら、総合的に観光競争力としている。この細分化された項目についての日本に対する評価を取り上げておくと、衛生状態、飲料水が他の多くの国と並んで1位となっており、病院ベッド数、平均寿命、顧客志向の程度、は単独の1位である。これら5項目の内、前二者は基本的なインフラで、先進国のほとんどが1位に位置づけられていることから当然の結果として受け止めて良い。続く病院ベッド数と平均寿命は、観光競争力とは直接的には関係のない項目である。真に観光競争力を検討するために参考になるのは、顧客志向の程度である。古くは「お客様は神様です」という言葉が流行した。そうした姿勢が日本のサービス業界に定着していて、外国人観光客にとっても強く印象付けられている状況は誇って良い。
　このランキングとは別に、宿泊業界の人からの印象を調査したランキングもある。そこでは、日本人が最も高い評価を受けている。これは、お客様志向のサービスとは裏返しに、お客様自体も、ホテル従業員に対して、あるいは部屋の使い方等についても、マナーが守られている具体例である。日本人の世界に誇るべき特質として、またマナーを重視する社会であることを後世にも受け渡してゆくために、より注目してよいランキングでもある。
　他方、100位以下となっている、きわめて評価の低い項目を見ておくと、二酸化炭素排出、絶滅危惧種、航空券税・空港チャージ、購買力平価、課税の範囲と効果、雇用解雇の慣行、外国人労働者雇用の容易さ、観光の開放度、ビジネス旅行推奨の程度と並ぶ。
　世界経済フォーラムの性格を良く反映した項目が並んでいると言えよう。日本の安倍政権において、ホワイトカラー・エグゼンプションの法案が審議にかかり、労働の効率性を高めようとする動きがある。それは国際的に柔軟性に欠く働き方、また非生産的な部門に労働者を抱えていても、簡単にそれを解雇できない硬直的な労使関係を問題視する姿勢と通底する。しかしこれらは直接的には観光競争力と無関係である。

あるいは、主要レンタカー会社とは何をさしているのだろうか。つまり欧米主要企業の浸透度を指標としているのであって、これを観光競争力とする感覚には違和感を覚える。観光がそれぞれの国の文化を重視するならば、その国の企業のサービスを受容する姿勢も大事だろう。ローカルのレンタカー会社を利用できるのであれば、欧米企業にこだわる必要などない。

　観光競争力の指標をつぶさに検討すれば、疑問符のつく箇所は少なくない。それでも、観光業界をはじめとして、メディアにおいても言及される機会が多く、その浸透度は高い。それゆえ、このランキングのなかで上位に位置すること自体がさらに実質的な観光競争力を高める効果も確かに存在している。スイスが一番であれば、世界の多くの海外旅行好きは、是非そこに足を運んでみたいと思うのが普通の反応である。改善できる箇所は着実に改善して、ランキングを上げることには努力したい。ただしこのランキングを絶対視する必要はない。むしろ世界観光機関が発表する観光のインバウンドとアウトバウンドのデータを主には参考にすべきである。この数を増すことに日本の観光政策の比重を置きたい。

3　受け入れ観光客ランキング

　その国の国際関係、隣国関係を反映するのが国際観光の受け入れ客数である。筆者は1995年の論文で国際観光のデータは国際関係の鏡であることを指摘した（三上1995）。その当時の日本の受け入れ観光客数は日本ほどの経済発展を遂げた国としてはきわめて少なかった。中国や韓国の経済発展が現在ほどに進んでおらず、海外旅行に関する制限も存在していた。台湾や東南アジアについても同様である。国際観光における受け入れ客数は、やはりどれだけ近隣から多くの旅行者を受け入れられるかの比重が大きい。その点からは、近隣諸国の経済発展が不十分な段階ではなかなか受け入れ観光客数を伸ばすことは容易ではなかった。あわせて地域間関係の脆弱性も示していると捉えていた。国際観光は世界文化の影響力の縮図で

ある。人々は魅力あると感じる国を訪れ、その国の空気を吸って帰国する。観光客は大なり小なり何らかの文化的影響力を受けて帰国する。文化は、軍事力や経済力と並んで、現在の国際関係を規定する重要な要素となっている。

別言すれば国際観光は国際関係の影響力の縮図でもある。拙稿で例示したのは中国の天安門事件等であった。中国への旅行者はこの事件の直後に急激に落ち込んだ。トルコへの旅行者は湾岸戦争のために1991年に大きく減少したが、1992年には順調に回復した。このように政権転覆の可能性のある事件や、戦争などの大事が国際観光の人の流れに映し出されてきた。

中国の受け入れ観光客に関しては、1992年にはじめて数で日本を逆転する。中国はその存在感の高まりを顕著に示すように、1992年以降、急激に受け入れ観光客を伸ばし、今や世界でも屈指の観光客受け入れ大国に変貌した。他方、日本はキャンペーンを展開するなどの努力は続けているものの、国家自体の影響力の低下を反映してか、一向に伸びず韓国にも及ばない状況であった。

人々がビジネスを離れ、観光客としてどこかへ出かけようとするとき、行き先は興味、畏敬の念、憧れ、期待などに左右されよう。歴史や先進性などを含めて、広義の文化が関わっている。訪問先の文化に魅力を感じるからこそそこに出かけようとする。国際観光における観光客は、誰からの強制もなく、自らの意思で、多くは自らの出費で国外に出かけてゆく。まさにソフトパワーが関係する。

国際観光の受け入れ観光客が示すデータが意味するところについて、少なくとも次の3点に留意したい。第一にそれは、その国が国際社会においてどの程度関心を持たれているかを示すこと。換言すればそれは存在感の指標である。第二に、その国の社会的・政治的・経済的安定度についての国外での認識が表出する。アラブの春の後のエジプトの観光客激減などはその典型的な例である。そのほかにも前述した1989年の天安門事件、タイにおける政情不安、香港における2014年9月から10月にかけての学

生を中心とする抗議活動の激化など、海外からの旅行者減に否応なく結びつく。

　第三に、地域の国家間関係が浮き彫りになる点も挙げておきたい。一般的に国際観光は近隣諸国間において最も盛んに行われている。フランスやスペインが受け入れ観光客ランキングで上位に来るのは、近隣ヨーロッパ諸国から多くの観光客を受け入れているからに他ならない。日中韓の政治的な緊張関係は、これら3か国の相互の受け入れ観光客に映し出される。一昔前と異なり、中国韓国が経済的に発展した今、海外へ足を運ぼうとする人も増えた。そうしたなかで、データ上の増減があれば、それは東アジア地域の国家間のぎくしゃくした関係を映し出している。

　訪日外国人旅行者数は昭59年には211万人であった。それが平成13年には約2倍の477万にまで伸びている。しかし、この伸びは、隣国の中国韓国に比べるといかにも鈍いと言わざるをえない。

　『平成13年度　観光の状況に関する年次報告』にある主要国・地域の外国人旅行者受け入れ数ランキング（1999年）（資料出所：世界観光機関）を掲載しておく（表5-4）。

　近時の数値と比較したい。平成26年版観光白書は、世界の観光の動向について、UNWTO（国連世界観光機関）の資料に基づき紹介している。外国人旅行者受け入れ数ランキング（2012年）のデータは次の通りである（表5-5参照）[2]。上位40か国が挙がる。世界経済フォーラムで1位となるスイスが、インバウンドの観光客数は必ずしも多くなく、日本と大差ない。観光競争力が必ずしも受け入れ観光客に結びついていない典型的な例となる。その点から言えば、世界経済フォーラムの評価にあまり拘泥せず、いかに受け入れ観光客を増やしていけるか、実効性のある施策が必要である。インバウンドの観光がもたらしうる安全保障上の意味については、かつて拙稿で論じたことがある（三上1995）。あらためてここでその主張を繰り返しておきたい。

---

[2] 暫定値と注記するが、丸カッコの意味についての説明はない。

表5-4 平成13年度の受け入れ数ランキング

順位	国名	(万人)
1	フランス	7304
2	米国	4849
3	スペイン	4678
4	イタリア	3652
5	中国	2705
6	イギリス	2540
7	カナダ	1941
8	メキシコ	1904
9	ロシア	1850
10	ポーランド	1795
11	オーストリア	1747
12	ドイツ	1712
13	ハンガリー	1293
14	ギリシャ	1216
15	ポルトガル	1163
16	香港	1133
17	スイス	1070
18	オランダ	988
19	タイ	865
20	マレーシア	793
21	トルコ	689
22	アイスランド	640
23	ベルギー	637
24	シンガポール	626
25	南アフリカ	625
26	チェコ	561
27	ブラジル	511
28	マカオ	505
29	チュニジア	483
30	インドネシア	473
31	韓国	466
32	エジプト	449
33	ノルウェー	448
34	オーストラリア	446
35	日本	444
36	ウクライナ	423
37	モロッコ	382
38	クロアチア	344
39	ルーマニア	321
40	プエルトリコ	302

表5-5 外国人旅行者受け入れ数ランキング（2012）

順位	国名	（万人）	順位	国名	（万人）
1	フランス	8302	21	オランダ	1168
2	米国	6697	22	エジプト	1120
3	中国	5773	23	韓国	1114
4	スペイン	5770	24	スウェーデン	(1078)
5	イタリア	4636	25	シンガポール	(1039)
6	トルコ	3570	26	クロアチア	1037
7	ドイツ	3041	27	ハンガリー	1035
8	英国	2928	28	モロッコ	938
9	ロシア	2574	29	南アフリカ共和国	919
10	マレーシア	2503	30	アラブ首長国連邦	898
11	オーストリア	2415	31	チェコ	891
12	香港	2377	32	スイス	857
13	メキシコ	2311	33	日本	836
14	ウクライナ	2301	34	インドネシア	804
15	タイ	2235	35	ポルトガル	770
16	カナダ	1631	36	アイルランド	(763)
17	ギリシャ	1552	37	ベルギー	751
18	ポーランド	1484	38	デンマーク	(736)
19	サウジアラビア	1366	39	台湾	731
20	マカオ	1358	40	ベトナム	685

4　観光と安全保障

　観光と安全保障との関係を論ずる理由は、来日観光客が日本への軍事的攻撃を思いとどまらせる抑止力と結びつくことに起因する。人はその空気を吸ったことがある場所が爆撃の対象となり、破壊されることを望まない。ましてその地が、高い文化水準を誇り、人類の歴史遺産としてふさわしければなおさらである。風光明媚な場所への憧れ、歴史的関心などという理由から、自ら選んで訪れたその地を、どうして廃墟に化すよう望むだ

ろうか。歓待された地に住む人々が、惨たらしく戦火の犠牲になることを望む人がいるだろうか。

　五百旗頭（1985）によれば第二次世界大戦中の対日政策に影響力があったアメリカのスティムソン（Henry L. Stimson）陸軍長官は、1920年代に訪れたことのある京都を原爆投下から救った。京都は84パーセントを山に囲まれ、軍事的には原爆投下の最も効果的かつ理想的な実験地とされていた。京都を爆撃から除外するようにとの大統領への直訴が認められ、投下目標は「広島、小倉、新潟」の序列になったという。京都は彼のお気に入りの都市だったのである。訪問したことがあり、ましてそこを高く評価している場合、人の心情としてその地の爆撃を勧めることは困難だろう。

　訪れたことがない場所は、大抵は地図の点とその間近に書かれている名前以外の意味を持ち難い。無論そこに知り合いが住んでいるとか、学校で習ったことがある、テレビで頻繁に取り上げられている、などということで多少は違いがあるだろう。それでも、その地を実際に訪れた経験とは異なる。間接的に詳しい情報が集められたとしても、山に囲まれているとか、軍事工場があるなどという文化や人の温かみと無縁のものであるなら、軍事目標とすることに何のためらいも生じないだろう。

　観光により外国から多くの人がその国を訪れるということは、その国を攻撃することにためらいを感じる多くの人を生むということである。それゆえ国際観光の振興は、安全保障と無縁ではない。しかしながら、日本の外交政策はそれをほぼ無視してきた。『外交青書』の目次に観光という語句はない。日本は1978年から、世界観光機関の加盟国である。『外交青書』には、この機関名すら登場しない。

　それは、無理もないことだったかもしれない。国際関係論の研究も、外交の研究もまた、ソフトパワーが注目されるようになるまではほぼ観光を無視してきた。日本の縦割り的な官僚機構の役割からすれば、観光は国土交通省、2008年に設置された観光庁の所管であって、外務省がしゃしゃり出る項目ではなかったのかもしれない。外交政策を分析してきた学術的

研究ではその国を訪れたかどうかという要因は、特に重視されていない。スナイダー等の研究によって注目されることになった政策決定論では、政策決定過程を客観的、科学的に分析しようと試みた。それは確かに、国際政治があたかも国家による玉突き状態の権力闘争であるとする見方に風穴を開け、より精細な分析枠組みを提示した（Snyder, Bruck and Sapin 1954）。そしてそれを契機に行政府の組織的力学や、日常の書類の行き来に見られるようなルーティン化された業務の過程を取り上げ、組織過程モデルの提示にもつながった[3]。さらには、大統領や首相のパーソナリティや、かれらを取り巻く人間関係にも光があたるようになった。そうしてブラック・ボックスとされていた政策決定者の認識の問題にまで議論が及んでようやく、過去の経験が一つの要素として組み込まれるようになった。しかしながら、観光はそのなかで、特に項目を起こして議論されているわけではなかった。

　政策決定者の外交政策を左右する当該外国に対して抱くイメージは、そこを訪れたことがあるかどうか、また何回訪れたか、そしてそれは自発的な行為であったか否か、という項目を検証すれば一定程度の数量的な分析は可能だろう。そしてそれと、政策というアウトプットとの関係を探れば、有意な数値を求められるのではないだろうか。その地を訪問したことがあるかないかは、スティムソンの例からもうかがえるように結果として安全保障上の問題とも絡んでいる。

　かつて日本交通公社社長の松橋功は、観光は国事であると語った[4]。観光産業の担い手として民間の役割を強調したうえでの指摘である。国事であるとした真意は、それほど重要であるということと同時に、その当時の観光を重んじない政治に対する警鐘でもあっただろう。国事を対外関係において司るのは外交の仕事である。外交政策上も国際観光の役割が十分に認識されなければならない。

---

[3] アリソン（1977）を参照されたい。
[4] 運輸省・OSAKA ワールド・ツーリズム・フォーラム '94 実行委員会主催（1994）「世界観光セミナー」（1994年11月3日・4日大阪開催）における発言。

アジア諸国の経済発展は目覚ましく、特に中国の GDP は世界第 2 位になった。しかしそれは同時に軍事力の増強をも招き、東アジア、東南アジア地域の不安定な安全保障環境のなかで顕著な脅威を生み出している。ヨーロッパのように EU が統合を進めているわけではない。また CSCE のように安全保障のための常設の機関があるわけでもない。ヨーロッパ諸国の人々は域内を活発に旅行している[5]。この動きに査証免除が大いに貢献していることも疑いないだろう。他方、アジアにおいての相互の行き来は、近時の日本政府のビジットジャパンの推進もあって伸びてはいるもののまだまだ見劣りする。政治の動向に左右される域内観光により強固な基盤を作り出す努力が欠かせない。アジアの経済発展は観光へ振り向ける可処分所得の創出をもたらしている。観光を通して互いの文化や人と直接に触れる機会が民間レベルの信頼醸成に役立つ。

　国際観光振興の様に、国家が他国の民衆に対して広報を行う姿は、トランスナショナルな新たな断面である。特にこのダイナミズムが重要であるのは、外国市民がアクターとして顕在化するからである。国際観光を推進する外交政策においては、外国市民こそが主役となる。外交における観光が重要であればあるほど、国際関係上のアクターとしての市民の重要性が増すのである。つまり、パブリック・ディプロマシーの成果の一面は、この外国人観光客の増減に表れているとみることも可能である。観光客としての市民は自らその評価をそれぞれの国家に下していく。文化的に評価できるところには多くの市民が訪れ、そうでないところには足は向かない。その流れは必然的に地球文化の趨勢を反映する物であり、国際関係の文化的ダイナミズムの縮図となる。

　自らの文化を世界の文化のなかで三流の地位に置いて甘受するならそれは無視できることかもしれない。しかし民主主義国家のなかにあっても、国民の気概こそはなお極めて重要であるとするフクヤマ（1992）の指摘

---

[5] EU の土台は一般市民の国際観光が土台となっているとの主張もある。たとえば Sinclair and Page （1993）を参照されたい。

を待つまでもなく、いかなる国民も自国文化が下等に評価されることを望みはしないだろう。自国文化が高く評価されるということは、気概の問題ばかりではない。安全保障とも関わることは前述の通りである。外交政策においてはまさに、主要な課題となるべき国際観光なのである。日本外交にとっては、特に重要な課題と位置づけられる。

　他方、アウトバウンドについては、筆者の分析によれば、海外旅行する人は、自国である日本に誇りを抱く傾向がある。その点から、日本のソフトパワーの増大のためには、留学生と並んで、海外旅行を推奨することも決しておろそかにすべきことではない。平成25年度観光白書によれば、「海外旅行者数ランキング（2011年（平成23年））」で日本は世界で11位、アジアで2位の旅行者数であった（図5-1）。

　しかしこれを国民1人当たりの回数にすると、17位にまで後退してしまう。「海外旅行者数上位20か国の国民1人当たり海外旅行回数（2011年（平成23年））」から、下に転載する（図5-2）。

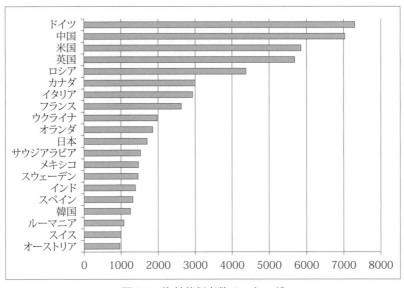

図 5-1　海外旅行者数ランキング

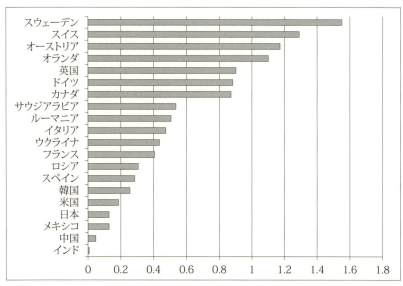

図5-2 国民1人当たりの海外旅行回数

5 日本の観光政策に向けて

　さて、日本の観光政策に関する示唆を得るためには、OECD 諸国に BRICS の新興国を加えたデータが有益である（表5-6参照）。OECD と新興国は世界経済の牽引車であり、生活水準の観点からも参考になる。その比較から明らかになるのは、OECD の欧米諸国との差、他方、韓国との類似である。国際社会の観光を巡る価値の欧米スタンダードの現実をあらためて認識する必要がある。

　2015 年版のランキングで日本が9位であったことは冒頭に記した。141 の国と地域のなかでの一桁代の成績である。トップ10 に入ったのはこのランキングが発表されて以来、初めてのことである。この調査では、「テロの発生率の低さ」、「殺人事件の発生率の低さ」が新たに加わった。また円安の恩恵でホテル料金が71 位から36 位に上昇したことは追い風

となる要因である。他方マイナス面として、観光ビザの自由化が 96 位から 111 位に後退している（高松 2015）。課題を克服し、長所をソフトパワーとして伸ばす施策に知恵を出し合いたい。

表 5-6 世界経済フォーラムのランキングから OECD 諸国と BRICS のスコア

	観光競争力 2013
オーストラリア	5.17
オーストリア	5.39
ベルギー	5.04
カナダ	5.28
チリ	4.29
チェコ	4.78
デンマーク	4.98
エストニア	4.82
フィンランド	5.1
フランス	5.31
ドイツ	5.39
ギリシャ	4.75
ハンガリー	4.51
アイスランド	5.1
イタリア	4.9
日本	5.13
韓国	4.91
ルクセンブルグ	4.93
メキシコ	4.46
オランダ	5.14
ニュージーランド	5.17
ノルウェー	4.95
ポーランド	4.47
ポルトガル	5.01
スロバキア	4.32
スロベニア	4.58
スペイン	5.38
スウェーデン	5.24
スイス	5.66
トルコ	4.44
英国	5.38
米国	5.32
OECD	
ブラジル	4.37
中国	4.45
インド	4.11
インドネシア	4.03
ロシア	4.16
南アフリカ	4.13

第 6 章

腐敗認識指数

1　腐敗認識指数とは

　国連腐敗防止デーは 12 月 9 日である。ドイツに本部を置く国際 NGO のトランスペアレンシー・インターナショナル（TI = Transparency International）は、その日を前に 2014 年 12 月 3 日に 2014 年版の腐敗認識指数（CPI=Corruption Perceptions Index）を発表した（Transparency International 2014）[1]。そこからトップ 10、つまりもっともクリーンであると評価されている国と、ワースト 10 をあげておく（表 6-1 参照）。次いで G20 の評価及び順位を挙げておきたい（表 6-2 参照）。この腐敗認識指数は「1995 年以来毎年発表されており、汚職関連の指標としては最も一般的な指標となっている」（近藤 2003:36）。つまりこれが各国の汚職状況がどうなっているのかを示すスタンダードになっていると言い換えて良い。

　トランスペアレンシー・ジャパンの 2014 年 12 月 4 日のブログによると、今年の特徴として中国の後退が目立つと記す（トランスペアレンシー・ジャパン 2014）。確かに中国は前年 80 位であったものが、100 位にまで大きく後退している。中国国内においても、公務員の腐敗への反発は高まっている。その対策として習近平が強硬な姿勢で腐敗の摘発に臨んでいる。有力者の逮捕が続く背景には、権力闘争の側面のみならず、実際に腐

---

[1] CPI が登場する研究論文は枚挙に暇がないが、「汚職認識指数」との訳語を付している場合も見られる。たとえば高橋百合子編（2015）の第 6 章、第 7 章など。

表6-1 CPIのトップ10とワースト10

順位	国名	スコア	順位	国名	スコア
1	デンマーク	92	166	エリトリア	18
1	ニュージーランド	91	166	リビア	18
3	フィンランド	89	166	ウズベキスタン	18
3	スウェーデン	87	166	トルクメニスタン	18
5	ノルウェー	86	170	イラク	16
5	スイス	86	171	南スーダン	15
7	シンガポール	84	172	アフガニスタン	12
8	オランダ	83	173	スーダン	11
9	ルクセンブルク	82	174	北朝鮮	8
10	カナダ	81	174	ソマリア	8

表6-2 G20（EUを除く）の評価

順位	国名	スコア
10	カナダ	81
11	オーストラリア	80
12	ドイツ	79
14	イギリス	78
15	日本	76
17	アメリカ	74
26	フランス	69
43	韓国	55
55	サウジアラビア	49
64	トルコ	45
67	南アフリカ	44
69	ブラジル	43
69	イタリア	43
85	インド	38
100	中国	36
103	メキシコ	35
107	アルゼンチン	34
107	インドネシア	34
136	ロシア	27

第6章 腐敗認識指数

敗の蔓延があるものと捉えられる。その成果が次回の評価に反映されるかどうか注視したい。

さて、本書の比較の中核をなすOECD諸国との対比もまとめておく（表6-3参照）。公正な選挙、公平な政治の敵が腐敗である。世界の中の日本として、また民主主義国の先輩として中国、韓国の後塵を拝したくない。この腐敗認識指数に関しては、43位の韓国、100位の中国を大きく上回り、日本は15位である。NPO法人トランスペアレンシー・ジャパンのホーム

表6-3　OECD諸国とG20のスコア

OECD	スコア
Australia	80
Austria	72
Belgium	76
Canada	81
Chile	73
Czech Republic	51
Denmark	92
Estonia	69
Finland	89
France	69
Germany	79
Greece	43
Hungary	54
Iceland	79
Ireland	74
Israel	60
Italy	43
Japan	76
Korea	55
Luxembourg	82
Mexico	35
Netherlands	83
New Zealand	91
Norway	86
Poland	61
Portugal	63
Slovak Republic	50
Slovenia	58
Spain	60
Sweden	87
Switzerland	86
Turkey	45
United Kingdom	78
United States	74
Other G20	
Argentina	34
Brazil	43
China	36
India	38
Indonesia	34
Russian Federation	27
Saudi Arabia	49
South Africa	44

ページでは、同組織は「世界の110カ国に拠点を持つ国際NGOトランスペアレンシー・インターナショナルの日本支部で、国内・国外において、汚職・腐敗の防止を促す社会システムを構築、腐敗との戦いをリードする市民社会組織として腐敗のない世界の実現を目指す」(トランスペアレンシー・ジャパン2005a) と謳う。

　TIは、世界銀行のアフリカ担当局長であったピーター・アイゲンが1993年、ドイツのベルリンで、反汚職・腐敗のシンクタンクとして創設した。その基本理念は「汚職・腐敗防止の活動は社会・経済・文化のシステムの違いを超えたグローバルな取り組みとの考えに立ち、各国の主体的な運動を展開しつつ、その国の社会状況に適した各国TIチャプターと連携し、汚職・腐敗の防止を促す社会システムの構築・改革を推進することです」(トランスペアレンシー・ジャパン2005b) となる。「この指数は、腐敗とは『与えられた権限を濫用して私的利益を得ること』というTIの定義に基づき、各国の公務員や政治家などが賄賂などの不正行為に応じるかどうか、つまり公的部門と民間との関係における腐敗度を調査と評価により数値化してランキングしたもの」(トランスペアレンシー・ジャパン2014) とある。

　トランスペアレンシー・ジャパンによると、ジュネーブに本部を置くグローバル・ジャーナルが世界のNGOの評価を行い、第1回の世界NGOトップ100ランキングを2012年に発表した (トランスペアレンシー・ジャパン2012)。そこでTIは12位にランクインした。グローバル・ジャーナルは2010年9月に、グローバル・マインドを醸成するための情報交換の場として作られた英文雑誌で、隔月で年6回発行されているという。

　1995年にTIが公開して以来、CPIは毎年発表されている。公務員と政治家がどの程度腐敗していると認識されているかを10〜0の範囲(10が最も清潔な状態)で、2009年版に関しては、180か国を対象に、10の機関が調査した13種類のアンケート調査の報告書を統計処理して作成されている。それら機関は、アジア開発銀行、アフリカ開発銀行、ベルテルスマン基金、世界銀行、エコノミスト・インテリジェンス・ユニット、フ

リーダム・ハウス、グローバルインサイト、国際経営開発研究所（IMD）、政治経済リスクコンサルタンシー、世界経済フォーラムの10の機関で、対象は世界中のビジネスマンと国の分析専門家などとしている。

2011年のランキングでは、1位ニュージーランド、2位デンマーク、3位フィンランド、4位スウェーデン、5位シンガポール、6位ノルウェー、7位オランダ、8位オーストラリア、同8位スイス、10位カナダ、となっている。なお日本は、ドイツ並んで14位であった。

2　ソフトパワーとしての腐敗認識指数

国際政治におけるソフトパワーの重要性を説いたジョセフ・ナイもこれを取り上げている。国家の正当性がソフトパワーの重要な構成要素となる。腐敗、汚職を免れている状況、つまりクリーンであることは、世界の中での魅力として看過できない。もっともこのランキングは、腐敗の認識について主観的な判断を集計した結果であって、実際、客観的に当該国で腐敗が横行しているのか、あるいはクリーンな行政または政治が実際に行われているのかを示しているわけではない。そしてその認識に関しては、調査が行われる国ごとで、異なっていることを示す研究もある。レオン等は、チリとスペインとで、腐敗に関連する寸劇風の状況を示して、両国民がそれをどの程度、腐敗が行われていると捉えるかを実証的に検証した。具体的には、同じレベルの腐敗的な行いについて、社会経済と関わる国民性が影響して、国によってその腐敗がどの程度の腐敗と認識されるかが統計的に有意に異なることを明らかにした。それゆえ、腐敗認識について、TIが何らの調整を行わずに用いる尺度は、国ごとの比較としては誤った結論を導きかねないと結論付けている（Leon, Arana and de Leon 2013）。

またコウ等も、腐敗を測る指数の信頼性は向上しているものの、なおバイアスの存在、測定の誤り等が散見され、分析結果を左右する影響を無視できないことを指摘する。また研究者としては、複数の出所や方法を援用するデータを参照する必要があるとする。国際的な腐敗指数の有効性と信

頼性を高めるためには、さらに徹底した、かつ体系的な評価が欠かせないことを主張する（Ko and Samajdar 2010）。

レオン等が指摘するように、腐敗のレベルをどのように認識するかは国によって異なるというのは十分にあり得よう。ただ、腐敗認識指数の調査手法を確認するならば、実際にそれぞれの国でビジネスや業務を行う上で、国際的な視野を持つ人々や組織がアンケート調査に答えていることは、そうした違いをも加味した上での回答と見てよい。もちろん、日本的発想でいうならば、1000円程度の菓子折りは挨拶として許容されるかどうか。これが10000円になった場合にどうなるか等、確かに社会経済的慣習によっても違いが生じよう。国際的な比較を行う場合には、こうした差異を捉えきれない場面は常にあると捉えておくべきである。それでも、調査の対象となる諸国家において、たとえば自国においては10000円の菓子折りは不正な慣行に当たらないと認識しても、国際的なスタンダードからそれは、賄賂に相当するとみなされることを知っておくことである。繰り返しになるが、世界ランキングはそれは測ろうとする主体の価値観が如実に反映する。それにより、その価値観を世界大に認知させようとする調査研究であることは常に意識しておく必要がある。

表6-4　トップ10とワースト10（2013年12月発表）

順位	国名	スコア	順位	国名	スコア
1	デンマーク	91	168	シリア	17
1	ニュージーランド	91	168	トルクメニスタン	17
3	フィンランド	89	168	ウズベキスタン	17
3	スウェーデン	89	171	イラク	16
5	ノルウェー	86	172	リビア	15
5	シンガポール	86	173	南スーダン	14
7	スイス	85	174	スーダン	11
8	オランダ	83	175	アフガニスタン	8
9	オーストラリア	81	175	北朝鮮	8
9	カナダ	81	175	ソマリア	8

またコウ等が指摘するように、指数そのものの改善は常に求められることである。それでも腐敗指数ランキングの存在の意義の一つは、腐敗に対する厳しい目が各国に向けられている証左となっていることである。ランキングそのものの精度の向上と、世界における腐敗への関心喚起による腐敗なき世界を目指す動きは尊重すべきである。

　ランキングでは北欧諸国が軒並み上位に顔を出す（表6-4参照）。こうした傾向は、民主主義度や、世界平和ランキングにおいても顕著で、北欧が世界に、模範たりうる存在感を示していることがわかる。高い負担の税率と高福祉の社会を北欧は実現している。家族よりも個人の価値が重視されている（片岡2012）。

　藤原正彦のベストセラーは、西欧的な論理、近代的合理精神を問題視する。核兵器の拡散、環境破壊、犯罪、家庭崩壊、教育崩壊という現在の荒廃の元凶を、西欧的価値観、つまり自由、平等、民主主義を重んじ、論理と合理性を追求したところに求める。そうしたなかで今こそ必要なのは、日本的な価値観であり、それを世界に発信することが日本の神聖な使命であると説く。そこで登場するのが武士道精神である。多くの日本人の行動基準、道徳基準としてこれが機能してきたと記す（藤原2005: 116）。具体的には、慈愛、誠実、忍耐、正義、勇気、惻隠が盛り込まれる。惻隠とは他人の不幸への敏感さだと説明する。こうした武士道精神によって、かつて日本人には「卑怯を憎む心」が育まれていたとの認識である。

　安倍政権が道徳教育の重視を唱えるなかで、具体的に道徳とは何かを考察する際に、傾聴に値する藤原の意見である。誠実さが重んじられ、卑怯を憎む規範が社会を支えるならば、それは確かにを魅力がある。他方、本章で見ている世界的な腐敗認識指数からみるなら、腐敗や汚職という、およそ誠実さや卑怯を嫌う特質とは正反対の行いが日本社会で必ずしも成功裏に抑え込まれてきたわけではない。藤原の説く武士道の復権の影響力というよりも、むしろ西欧的な民主主義的原則の徹底が、わずかながらも日本の順位を押し上げることに効果があるように見受けられる。阿久澤（2013）が指摘する通り、日本は先進国のなかで、近年腐敗の撲滅に最も

成功してきた国の一つなのである。公務員の倫理に関しては、むしろ最近の方がより良い結果が示されている。

　このランキングでシンガポールが登場することにも注目しておきたい。シンガポールは権威主義的な独裁国家として位置付けられる。他方で、大前研一もクオリティ国家として定義するように、経済成長の面で目覚ましい発展を遂げた国である。自由で公正な経済活動を展開できる土壌が世界から資本と人材を集めている。もし公務員や政治家が汚職にまみれていれば、経済活動の拠点としてのシンガポールの魅力は無きに等しいものとなるだろう。そういう面では、腐敗認識指数できわめて高く評価されていることが、この国のソフトパワーとなっていることがわかる。なお、大前が挙げるクオリティ国家はシンガポールのほか、スイス、フィンランド、スウェーデンがその典型である。つまりクオリティ国家は、企業にとってビジネスを行う環境が整っている国家であるとも言える（大前 2013:111）。腐敗認識指数を確認するならば、大前のいうクオリティ国家はいずれも上位に名前が挙がる。大前が紹介する事例のなかには、ニュージーランド、ノルウェー、デンマークも登場することを踏まえれば、腐敗認識指数と驚くほど一致している。

3　日本にとっての課題

　藤原がいう武士道、卑怯を憎む心を強調することを通してであっても構わないだろう。日本の経済的競争力のためにも、世界の中で限りなく腐敗と無縁の国家であることを示す必要はある。その意味では、いわゆるパナマ文書のなかに多数の日本企業が含まれている事実は重く受け止めなければならない（日本経済新聞 2016）。企業として営利を追求するのは当然である。しかしそれはあくまで卑怯な手段とは無縁でなければならない。そうした矜持を日本企業が忘れてしまっているとしたなら、あらためて藤原の指摘する日本的価値観を胸に刻む必要があるだろう。それに関連した具体的目標として、腐敗認識指数のランクアップを目指す方途を探ることも

課題である。

　阿久澤（2013）は腐敗認識指数を用いて、公務員倫理について議論する。クリーンとされる30か国を取り出し、腐敗認識指数を従属変数として、国民一人当たりGDP、発言権と説明責任、政府の有効性、政府の政策形成における透明性を独立変数として、公務員倫理を高める要因を探っている。それによると、倫理における幹部公務員のリーダーシップや、公務員の仕事の満足度、政府の透明性を高める政策が実行可能性を踏まえても有望であることを示唆する（阿久澤 2013:10）。

　日本の腐敗認識指数ランキングは、阿久澤が示す通り、趨勢として順位を上げ、より腐敗の少ない社会へ向けて変化していることがわかる。しかしそれでも最新の順位（表6-5参照）では18位と、腐敗から程遠い社会であると世界に胸を張れる状況にはない。公務員倫理を徹底し、政治の透明性を高めることを課題として改善を図る必要がある。

表6-5　CPI 2015 主要国ランキング

10	ドイツ	81
10	イギリス	81
16	アメリカ	76
18	日本	75
23	フランス	73
37	韓国	56
61	イタリア	44
83	中国	37
119	ロシア	29

http://www.ti-j.org/CPI2015data.pdf(2016年8月30日参照)

　TIの試みは、より良い社会を目指す世界において、確かに影響力ある足跡を残しており、腐敗のない世界の意義と意味を問うて、地球社会の価値を広めることに成功している。日本の国会において、腐敗認識指数は2回言及されている。はじめて登場したのが平成18年4月28日の第164回国会衆議院外務委員会において、民主党・無所属クラブの津村啓介が国

連腐敗防止条約に関連して、日本が腐敗認識指数では 10 点満点で 7.3 点、順位として 21 位との評価を紹介している。2 回目は第 186 回国会、平成 26 年 3 月 28 日の衆議院外務委員会において、日本維新の会の小熊慎司が、インドネシア火力発電事業で商社の丸紅が賄賂を贈っていたことに関連して、ODA のあり方を問うなかで言及している。

また、「トランスペアレンシー・インターナショナル」（TI）という語句になると若干増えて、5 回の登場となる。これがはじめて登場したのが、平成 9 年 10 月 13 日の第 141 回国会の衆議院予算員会において、民主党の鳩山由紀夫が、国別の汚職イメージ調査で、日本は 52 か国中 21 位となっていることに関連して時の首相、橋本龍太郎に認識を問うている。2 回目は平成 10 年 9 月 8 日、第 143 回国会の衆議院商工委員会で、わいろの供与に関連して言及がある。3 回目は平成 12 年 11 月 20 日の第 150 回、参議院政治倫理の確立及び選挙制度に関する特別委員会で、大脇雅子が 2000 年度版の結果として、日本が 90 か国中 23 位、米、英、独、仏、日のなかでは最下位であることを挙げている。4 回目は上にもあった平成 18 年の津村啓介の発言、そして 5 回目は平成 23 年 11 月 22 日に小熊慎司が中国、ロシアが腐敗、賄賂が目立つことに関係させての言及となっている。

世界の中での腐敗認識指数の影響力について、アメリカの外交専門誌フォーリン・アフェアーズにおける言及の状況を示しておきたい。2014 年に限定しても、まずブルックス（2014）が、フィリピンとインドネシアを比較するなかで、その評価の好転と悪化を重要な評価項目としている。国際 NGO の TI の 2012 年度腐敗度認識指数で、フィリピンは 24 ランク上昇して 105 位であった。他方は、インドネシアは 18 ランク落ちて 118 位という結果である。腐敗認識指数に限らず、この論文では、世界銀行の「ビジネスのしやすい国」ランキングも示す。フィリピンは 25 ランク挙げて 108 位になり、これまでの低迷を覆した。他方、インドネシアは 4 ランク落ちて 120 位となっている。この結果、フィリピンはここで、インドネシアよりも上位につけたことになる。

またポンスティラク（2014）は、メコン流域地帯の発展可能性を論じるなかでこの腐敗認識指数について触れている。この地域は人口では3億を超え、所得の水準も向上している。しかし、腐敗認識指数では下位であることを問題と捉えている。大学ランキングにおいても惨憺たる状況であることを踏まえ、是正すべき課題として焦点が当たっている。

　ポーランドの問題点も腐敗認識指数に基づき厳しく指摘されている。オレンシュタイン（2014）は、ポーランドがドイツとの良好な関係のなかでこの4半世紀の間、平和を維持し、さらに経済成長にも成功してきたことを挙げる。EUに加盟して投資がもたらされていることが一因であり、さらにドイツに好ましいビジネス環境、熟練労働力、地理的近隣性が優位をもたらしていると見る。課題はここでも腐敗認識指数である。ポーランドは41位となっている。併せて、世銀のビジネス適性度指数も紹介するが、それは55位となっていて、見劣りする評価であることを問題視する。

　フォーリン・アフェアーズでは頻繁に腐敗認識指数への言及がある。いかにこれが国際社会に大きな影響力を有しているかが理解できる。中国の習近平も汚職腐敗に対して断固たる姿勢を見せている。それは、権力基盤を強固にするための政敵の追放であるとの解釈もなされている。そうした政治目的があるにせよ、腐敗汚職の抑制に役立っていることは疑いない。翻って日本は、小渕優子が辞任に追い込まれた政治資金の使途の不透明性、日歯連の政治資金の問題など、間断なく政治資金をめぐる問題が起きている。政治に自浄作用は期待できないのだろうか。この指数で上位にあることは、それだけクリーンな政治が展開していることの証左である。その国家にとってのソフトパワーたりえる。国の目標として順位を上げていく必要がある。

　日本で腐敗が後を絶たない背景には、日本の意思決定の仕組みに構造的な問題を抱えている側面も無視できない。利益団体が自らの主張を政治に反映させようとするとき、政治家にその理由を説いて廻ること、誠実に陳情して政策実現に漕ぎ着けようとする姿勢が弱い。理由を説明し、議論と対話を通して物事を遂行する文化がまだ十分に根付いていない現実もあ

る。民主主義にはアカウンタビリティが求められる。政治家にはその必要性を粘り強く説明する技量が欠かせない[2]。建設的な議論を通して政策を形成する議会、委員会の機能も有効に働かせなければならない。そうした機関の働きに期待することができない時に、それとは異なったルートで自らが追い求める政策の実現を無理に果たそうとするとき、腐敗が生じる契機となる。

　議員と政策実現を図る主体とのパイプは風通し良く情報交換できる仕組みとなっていなければならない。それが機能しなければ、間接民主主義が国民の意見を汲み取って働くことにならない。日本の腐敗を根絶するためには、民主主義を支える根幹を問うて、それを強固にする努力を欠かせない。

---

[2] リーダーに求められるアカウンタビリティについては、たとえば砂原他（2015）を参照されたい。

第 7 章

平和度ランキング

1 平和は測れるか

　各国の平和度を測ろうとするのは大胆不敵な試みかもしれない。そもそも何をもって平和とするのか、万人が賛成する定義設定は可能なのだろうか。国際政治においては、訴える立場によって平和の意味する内容が異なることも珍しくない。冷戦期などは「アメリカにとっての平和とは、世界中にアメリカのような体制をもつ国が出来ることだったし、ソ連にとっての『平和』とは世界中にソ連のような国ができることだった」(中本 2006: 275-276)。各国の平和度を測る困難性を斟酌すれば、Institute for Economics & Peace による GPI (Global Peace Index)、つまり平和度ランキングの発表は実に勇気ある行動だろう。2007年からこの平和度ランキングが存在している (Coutsoukis 2007)。

　こうした GPI というランキングに日本の平和研究者はもっと注目しても良い[1]。概念として平和の定義が困難だからといって、世界の平和を考察する際に、より平和な国家はどこかを示す基準すらなく議論を繰り広げても、具体的な平和の像を描くことは難しい。GPI もそのランキングが完全無欠とは考えていない。むしろ論争を喚起し、世界平和を真摯に考える契機とすることが狙いの一つでもあろう。ここでは GPI そのものを素材とする。何を評価し、どのように平和を測っているのか、まず理解するこ

---

[1] 筆者はこれまで GPI を素材とした論稿をいくつか発表してきた。三上 (2012) と三上 (2014) を参照されたい。

とから議論が可能になる。以下 GPI の 2013 年版（Institute for Economics & Peace2013）を元にその内容の詳細について検討する。

2 GPI 第 1 部

　GPI 2013 は 3 部構成となっている。1 部はこの冊子が示す文字通り、162 か国を対象とした GPI のランキングを掲載する。第 2 部は、暴力を封じ込めるための地球的支出のセクションとなっている。もし世界が、暴力のために支出している額を半分程にしたなら、途上国の負債を完済し、ヨーロッパ安全メカニズムのための十分な資金を提供し、ミレニアム開発目標を達成するためになお必要とされる資金を提供できるだろう（55）[2]、との問題意識が背景にある。第 3 部は積極的平和指数を提示して、世界の 126 か国をランキング化している。

　第 1 部について詳述する。スナップショット（5-6）は世界地図によって、世界各国を平和の状態によって色分けする。「表 1-1 ヨーロッパランキング」（7）によれば、最も平和なのはアイスランド、最下位はトルコとなっている。

　「表 1-2 北アメリカランキング」（8）はカナダとアメリカのみの比較である。この表は世界全体の順位も示すが、カナダが 8 位であるのに対して、アメリカは 99 位となっていて、好対照である。「表 1-3 アジア太平洋ランキング」（9）において地域の 1 位はニュージーランド、2 位に日本が入る。下から 2 番目にミャンマー、北朝鮮が最下位である。「表 1-4 南米ランキング」（10）ではウルグアイが最上位で、コロンビアが最下位である。「表 1-5 中央アメリカとカリブ海諸国ランキング」（11）ではコスタリカがこの地域の最上位で、メキシコが最下位となっている。「表 1-6 サブサハラアフリカランキング」（12）はモーリシャス、ボツワナ、ナミ

---

[2] 以下、本章において Institute for Economics & Peace 2013 からの引用は、（　）内にページ数のみ記す。

ビアが上位で、ソマリアが最下位である。「表 1-7 ロシアとユーラシア大陸ランキング」ではモルドバが最上位、ロシアが最下位である。「表 1-8 中東と北アフリカランキング」においては、カタール、UAE、クウェートがこの順で上位に並び、下位から順にシリア、イラク、スーダンと並ぶ。地域ごとのランキングはさらに「表 1-9 南アジアランキング」が続き、ここでの1位はブータン、最下位はアフガニスタンである。GPI 2013 は前年度に比べての数値の変動にも注目する。「上昇国と下落国」(25)で、この1年で最も改善させた国はリビアで、次いでスーダン、チャド、カザフスタン、インドが並ぶ。逆に最も悪化したのがシリア、次いでコートジボワール、ブルキナファソ、ペルー、ウクライナとなっている。

　GPI2013 の指標毎の変化については、「表 1-10 GPI スコアに基づく改善と悪化のトップ3指標」(30)が興味深い。改善した3つは、暴力的デモ発生の公算、政治的恐怖の尺度、10万人当たりの兵員の数である。悪化の3つは、殺人犯の数、GDP 比軍事支出、政治的不安定である。なお数値的には改善よりも悪化の指標の方が大きかったことは留意すべきであることを付記している。

　地球全体の動向として「図 1-1 2008 と 2013 の GPI スコア」(32)は、わずかに 2013 年が悪化したことを示す。その原因は「図 1-2 2008 と 2013 の GPI スコアの変化」(32)によれば、国内的要因による。「表 1-11 2008 から 2013 の毎年の GPI スコアの変化と変化の割合」「表 1-12 2008 から 2013 の毎年の GPI の国の動向」「図 1-3 2008 と 2013 を比較した GPI スコアの分布」(33)は 2008 年からの世界各国の全体的な動向について示す。地域ごとの動向は「図 1-4 2008 と 2013 の GPI の地域的傾向」が示し、北米ではほとんど変化がない一方で、特に中東と北アフリカで悪化が目立つ。「図 1-5 2008 と 2013 の政府の形態と GPI」(35)は、欠陥ある民主主義が過去6年の間に平和状況を若干悪化させるなかで、権威主義体制が最も大きく悪化したことを示す。「図 1-6 2008 から 2013 の人口に基づく GPI 比較」(36)によれば、いずれの大きさであっても悪化しているが、特に特大、大の規模の人口を有する国家の方が、中、小の

規模の人口の国家よりも顕著な悪化がみられる。「表 1-13 2008 から 2013 に改善が大きかった上位 10 か国」(36)では、チャド、グルジア、ハイチ、イスラエル、スリランカの順で大きな改善が見られたことを示す。他方、「表 1-14 2008 から 2013 に悪化が大きかった上位 10 か国」(36)は、シリア、リビア、ルワンダ、マダガスカル、オマーンの順で悪化が顕著であったとする。

「図 1-7 2008 から 2013 にかけて最大の改善と悪化があった 10 か国」(37)も上と同様の内容を図で表している。シリアの変化がいかに大きいかがわかる。「図 1-8 2008 から 2013 の GPI における社会的安心と安全に関する傾向」(38)では、過去 6 年間において、国内的要因に関しては政治的恐怖尺度で改善が見られたほかすべてで悪化した。「図 1-9 2008 から 2013 の GPI における継続中の国内また国際紛争に関する傾向」(38)では、この 6 年間にごくわずかな変化しか見られない。「図 1-10 2008 から 2013 の GPI における軍事化指標に関する傾向」(38)では 7 つの指標の内、4 つにおいてわずかに改善が見られた。「図 1-11 2008 から 2013 の 10 万人あたりの警察官の割合についての GPI 対象国の平均」(39)では 2008 年の 350 人から 2013 年には 361 人と改善が見られる。「図 1-12 10 万人あたりの囚人数についての GPI 対象国の平均」(39)では、この 6 年間において投獄の数は増加していることが地球全体の傾向である。

「図 1-13 2002 から 2011 の IEP による地球的テロリズムの全般的傾向」(40)によると、2007 年に発生件数がピークとなり、以後その水準が変わりないことを示す。「図 1-14 2008 から 2013 の 10 万人あたりの殺人発生件数についての GPI 対象国の平均」(40)は 6.7 から 10.9 に増加している。「図 1-15 2008 から 2013 の中米、カリブ海諸国、南米、そしてサブサハラアフリカと他の地域との殺人発生件数の比較」(41)は、これら地域が他の地域に比べて著しく高いことを明らかにする。ホンジュラス、エルサルバドル、ベネズエラなど、ラテンアメリカ各国で殺人発生率が高い。それをさらに明解に示すのが「図 1-16 2008 から 2013 のホ

ンジュラス、エルサルバドル、コートジボワール、ベネズエラ、ジャマイカの殺人発生率」(42)である。「表1-15 2008から2013のGPI対象国全体の内戦による死者総数」(42)は年を追うごとに毎年これが増加していることを示す。また「図1-17 2008から2013の死者総数と内戦による死者数の比較」(42)は、全体の殺人件数が内戦による死者を大きく上回るものの、比率は狭まってきていることを示す。「図1-18 2007から2012の組織的な国内紛争による犠牲者数」(43)を見れば、その総数が大きく増加したことが一目瞭然である。シリア、リビア、メキシコにおける死者数が顕著である。

「図1-19 2008から2013の第一次欧州ソブリン危機債務国家のGPIスコア」(43)はギリシャ、イタリア、スペイン、ポルトガル、アイルランドがスコアを悪化させたことを明らかにする。「図1-20 2008から2013の景気後退に見舞われた国々とその他世界全体とのGPIスコアに基づく比較」(44)では、景気後退した諸国の悪化の比率が大きいことがわかる。「図1-21 2008から2013の景気後退諸国と非景気後退諸国の国連平和維持活動への拠出の比較」(44)によれば、直近で景気後退していない諸国の未払いの比率が62パーセント程度あったのに対して、景気後退諸国は75パーセントが未払いとなっている。「図1-22 2008から2013のGDPに対する軍事費支出のヨーロッパと世界平均の比較」(45)によれば、ヨーロッパ諸国の平均に対して、世界全体の平均が高いことがわかる。「図1-23 2008から2013のアラブの春の諸国と世界の平和状況」(45)が明らかにするのは、過去6年において、アラブの春諸国がより一層の悪い状況に進んだことである。「図1-24 2008から2013の一部アラブの春諸国の政治的恐怖尺度」(45)は、シリア、リビア、イエメン、バーレーン、サウジアラビア、オマーンの諸国で悪化しており、改善したモーリタニア、レバノン、チュニジア、アルジェリアよりも多いことを示す。政治的恐怖尺度は、1がもっとも平和的であることを示す。それは、確かな法の支配のもと、人びとはその思想によって収監されることがなく、拷問は稀か、例外的なことで、政治的殺人がきわめて稀な国家にあて

はまる。逆に5が最も非平和的であることを示す。そこでは、恐怖が国民全体に拡がっており、こうした社会の指導者達は、自分たちが追求する個人的あるいはイデオロギー的な目標のために手段を択ばない。尺度はその間に2・3・4を設定する5段階の評価である。

「図1-25 2008から2013のリビア、シリア、エジプトにおける小火器軽武器の入手のし易さを評価するGPI指標」(46) が示すのは、近年になってそれらが入手しやすくなっている状況である。「図1-26 ギャラップ世界世論調査、エジプトにおいて政府の腐敗が拡がっていると考える人の割合」(46) は、アラブの春と体制変革を経た後、むしろ増大していることを示す。「図1-27 ギャラップ世界世論調査、エジプトとシリアにおいて夜1人で歩いても安全だと感じる人の割合」(46) もこの5年の間に急激に下がったことを示す。「グラフ1-31 GPIスコアのヒストグラム (2008と2013、2.2以上)」(48) は、最も非平和的な国家が、非平和的趨勢にある国家を上回って増加していることを示す。「表1-16 2008から2013の158か国のGPIスコアの変化」は改善の程度の変化率の大きさに基づくランキングである。チャド、グルジア、ハイチ、イスラエル、スリランカがこの順で上位である。つまりこれらは2008年から2013年にかけて平和に関する状況が大きく改善した国々である。逆にシリア、リビア、ルワンダ、マダガスカル、アフガニスタンがこの順で改善度が低く、むしろ大きく悪化した国々である。

3　GPI第2部

第2部の問題意識は、暴力に関連する諸活動を経済的な観点から換算した場合の分析である。「図2-1 他のいくつかの産業の全世界的な規模と比較した暴力封じ込めのための経済的影響」(57) は、航空産業、観光産業、農業と比較した際の、軍事費支出などの暴力封じ込めのための支出の大きさを明らかにする。「図2-2 暴力封じ込めの経済的影響」(57) のパイチャートは、51パーセントが軍事費であることを明示する。それに次

ぐのは殺人の15パーセント、国内的治安の13パーセント、暴力的犯罪の6パーセントなので、いかに軍事費が突出しているかがわかる。「表2-1 GDPに対する暴力封じ込めのための費用、2012」(59)では、上位から北朝鮮、シリア、リベリア、アフガニスタン、リビア、ソマリア、ジンバブエ、ホンジュラス、南スーダン、イラクと並ぶ。北朝鮮は実にGDPの27パーセントを軍事費等に費やしている。逆にGDP比が低く、ランキングにおいて下位は、下から順にアイスランド、スイス、オーストリア、日本、カナダ、ノルウェー、デンマーク、マレーシア、モザンビーク、ルーマニアが並ぶ。「表2-2 地球的な暴力封じ込めの内訳」(62)は上の図2-2をあらためて比率の高い方から項目別に並べている。軍事費が51パーセントを超えている。同様に上の内容の細目として「表2-3 暴力封じ込めのための費用がGDP比で高比率のトップ10」(63)は北朝鮮からイラクまでを取り上げる。「表2-4 暴力封じ込めのための支出トップ10の国々」(63)は純粋に費やす額の大きい順に並べている。ここではアメリカ、中国、ロシア、インド、ブラジル、イギリス、ドイツ、メキシコ、日本、フランスの順に大きい。「表2-5 暴力封じ込めの経済的影響について一人当たりGDPに占める割合の高い国々」(63)では、順番は総額に基づいての列挙ながら、アメリカ、オマーン、カタール、クウェート、イスラエル、シンガポール、リビア、バーレーン、トリニダード・トバゴ、サウジアラビアが挙がる。「図2-3 暴力封じ込めのためのGDP比とGPI (R=0.64)」(64)はより平和的な諸国家はGDP比において暴力封じ込めのためにはより少ない支出であることを表している。「図2-4 アフガニスタンにおける一人当たりGDP（1970から2010）」(64)は、継続的な紛争がもたらす経済的損失は39億ドルに上り、それはアフガニスタンの近時の年間GDPを上回ることを示す。「図2-5 アフガニスタンの一人当たりGDP、消費、投資（1965から2010）」(65)も、紛争がアフガニスタンの経済に大きな打撃を与えたことを示す。「図2-6 アフガニスタンの人間開発指標（1980から2010）」(65)は、アフガニスタンにおいて紛争中は人間開発の面でほとんど進展がなかったことを図示する。

「図 2-7 イラクの一人当たり GDP（1970 から 2010）」（66）は紛争が大きな影響を与えたことを明らかにする。1980 年に GDP は 5,374 ドルであったのが、1991 年には 1,253 ドルに急落している。「図 2-8 シエラレオネの一人当たり GDP（1960 から 2000）」（66）はシエラレオネの一人当たり GDP の水準が、もし紛争がなかったならば想定されるそれより 31 パーセント低いことを示す。「図 2-9 紛争終結後の投資と成長の顕著な改善」（66）は、紛争によって消費、一人当たり GDP が落ち込んでも、その終結によって改善すること、また投資に関しては紛争終結によって一気に増加することを顕著に示す。「図 2-10 シエラレオネの人間開発指数（1980 から 2010）」（67）は、停戦によって人間開発指数が大きく改善されたことを図示する。「図 2-11 ソマリアの一人当たり GDP（1970 から 2010）」（67）は、ソマリアが長期に渡って内戦を続けていて、その影響で、その一人当たり GDP は 1992 年のレベルから現在わずか 65 パーセントに落ち込んでいることを明らかにする。同様に「図 2-12 ソマリアの一人当たり GDP、投資、消費傾向（1970 から 2010）」（67）もこれらすべての傾向として、低落していることを示す。「図 2-13 一人当たり GDP に換算した暴力関連支出（PPP）」（69）は、ソマリア、タイ、アメリカを比べる。アメリカが 12,622 ドルであるのに対して、タイが 21,677 ドル、ソマリアはわずかに 1,703 ドルとなっている。

4　GPI 第 3 部と評価項目

　第 3 部は積極的平和指数である。この項目に関しては、2005 年と比較して、1.7 パーセントの改善があったとする（77）。世界 126 か国の「積極的平和指数」（79-80）によれば、トップ 10 は 1 位から、デンマーク、ノルウェー、フィンランド、スイス、オランダ、スウェーデン、アイスランド、オーストリア、ニュージーランド、オーストラリアが並ぶ。日本は 16 位である。「図 3-1 平和の柱」（82）は良く機能する政府、資源の平等な分配、情報の自由な流れ、健全なビジネス環境、高度な人的資本、他の

権利の受容、低いレベルの腐敗、隣人との良い関係の8つを平和の柱とする。「図3-1 2010年のデータに基づいた126か国の2013積極的平和指数のそれぞれの柱ごとのスコア」(83)の評価は8つの柱それぞれの数値と共に、非常に高いから非常に低い、の5段階で各国を色分けしている。日本を見てみると、資源の平等な分配、他の権利の受容、低いレベルの腐敗の3つでは最高レベルの非常に高いとなっているものの、良く機能する政府、健全なビジネス環境、隣人との良い関係、情報の自由な流れ、高度な人的資本の5つの柱で、高いという2番目の評価となっている。その総合的な結果として全体では16位の評価となっている。世界における貧困、環境、人間の安全保障を重要課題として挙げる日本としては、積極的平和に関するこの項目はもう少し高い評価となることを期待したいところである。他方で、これら8つの評価が、たとえばミレニアム目標達成のために貢献する政府開発援助などを正当に反映した評価となりえない部分もあって、評価そのものの課題が存在することを認識する必要もある。

「図3-2 2008から2013の積極的平和指数とGPI両方の順位の変化」(86)が全世界の動向を両指数に関係づけて示している。積極的平和に関連する変化は5パーセントの範囲内だが、それに比してGPIの変化は大きい。

付記として示されている以下の項目が、平和を測るための具体的内容である。

付記A
内的平和指標
《社会における犯罪認識のレベル》
1＝非常に低い（市民の多数は他の市民を信用している、低いレベルで済む治安関係の要員等）から5＝非常に高い（市民間の不信感が強く、多くの塀で囲まれたコミュニティがあり、治安関係の要員がいたるところにいる）の範囲で、2＝低い、3＝中間、4＝高い、を加えた5段階の評価。
《10万人あたりの国内治安と警察官の数》
1/5 ＝ 0 〜 199.8、2/5 ＝ 199.9 〜 399.8、3/5 ＝ 399.9 〜 599.8、4/5

＝ 599.9〜799.9、5/5 ＝ 799.9 以上との評価で、数が少ない程、GPI の評価では低い数値となって、肯定的に捉えられる。
《10万人あたりの殺人件数》
1/5 ＝ 0〜1.99、2/5 ＝ 2〜5.99、3/5 ＝ 6〜9.99、4/5 ＝ 10〜19.99、5/5 ＝ 20 以上、との評価で、上と同様である。
《10万人あたりの囚人数》
1/5 ＝ 0〜109.74、1.5/5 ＝ 109.75〜199.4、2/5 ＝ 199.5〜289.24、2.5/5 ＝ 289.25〜378.9、3/5 ＝ 379.0〜468.74、3.5/5 ＝ 468.75〜558.4、4/5 ＝ 558.5〜648.24、4.5/5 ＝ 648.25〜737.9、5/5 ＝ 738 以上、との評価で、上の5段階から9段階に細分化されたが、表す内容は同様である。
《小火器・軽武器の入手可能性》
1 ＝きわめて限定的に入手可能、2 ＝限定的に入手可能、3 ＝中間的に入手可能、4 ＝容易に入手可能、5 ＝きわめて容易に入手可能、の5段階評価。
《組織的紛争のレベル（国内）》
1 ＝紛争なし、2 ＝潜在的な紛争、3 ＝明白な紛争、4 ＝危機、5 ＝激しい危機、を基準とする5段階評価。
《暴力的デモンストレーションの蓋然性》
1/5 ＝全くない、2/5 ＝ない、3/5 ＝若干問題がある、4/5 ＝ある、5/5 ＝相当ある、を基準とする5段階評価。
《暴力的犯罪のレベル》
1/5 ＝全くない、2/5 ＝ない、3/5 ＝若干問題がある、4/5 ＝ある、5/5 ＝相当ある、を基準とする5段階評価。
《政治的不安定さ》
0（非常に低い不安定さ）〜100（非常に高い不安定さ）の範囲について、1/5 ＝ 0〜20.4、2/5 ＝ 20.5〜40.4、3/5 ＝ 40.5〜60.4、4/5 ＝ 60.5〜80.4、5/5 ＝ 80.5〜100、として5段階評価。
《政治的恐怖の尺度》
次の1と5を両極とした5段階評価である。1 ＝確固とした法の支配の下、人びとはその思想によって投獄されることはなく、拷問は稀か例外的で、政治的な殺人は極めて稀である。5 ＝人々全体に恐怖が拡大していて、こうした社会におけるリーダーは個人的あるいはイデオロギー的目標を追求するにあたってあらゆる手段を講じている。これらの間に程度に応じて、2、3、4がある。

《10万人あたりの受け取り側としての主要な通常兵器移転量（輸入）》
主要な通常兵器には、戦闘機、装甲車、弾薬、レーダーシステム、ミサイル、艦船、エンジンが含まれる。スコアは2006年から2010年の間の輸入の総数を次のように分ける。1/5 = 0～7,596、1.5/5 = 7,597～15,192、2/5 = 15,193～22,788、2.5/5 = 22,789～30,384、3/5 = 30,385～37,980、3.5/5 = 37,981～45,576、4/5 = 45,577～53,172、4.5/5 = 53,173～60,768、5/5 = 60,769以上、との9段階の評価である。

《テロリストの活動》
地球テロリズムインデックス（GTI）に基づき、テロの発生件数、犠牲者総数、負傷者数、物的損失を結合し、暴力による直接的影響のみならず、過年の損害を加味した心的外傷や恐怖も反映させた尺度を用いている。期間は2010年1月1日から2011年1月1日までである。統合的な尺度による数値のため、その個々の意味はここでは把握できないが、1/5、1.5/5、2/5、2.5/5、3/5、3.5/5、4/5、4.5/、5/5、の9段階の評価である。

《組織的衝突による死者数（国内）》
2011年から2012年の死者数を1/5 = 0-23、2/5 = 24-998、3/5 = 999-4,998、4/5 = 4,999-9,998、5/5 = 9,999以上、とする5段階評価である。

外的平和指数
《対GDP比軍事支出》
1/5 = 0-3.11％の間、2/5=3.12-6.39％の間、3/5=6.4-9.67％の間、4/5=9.68-12.96%の間、5/5 = 12.97%以上、の5段階評価である。
《10万人当たりの兵員数》
1/5 = 0-660.94、1.5/5=660.95-1,311.90、2/5=1,311.91-1,962.85、2.5/5=1,962.86-2,613.81、3/5=2,613.82-3,264.76、3.5/5=3,264.77-3,915.72、4/5=3,915.73-4,566.67、4.5/5=4,566.68-5,217.63、5/5=5,217.64以上、の9段階の評価である。
《国連PKO活動に対する財政的貢献》
各国がその経済的状況から割り当てられている財政的負担において、支払われていない率に基づいて以下のように評価されている。
1/5=0-25％の未払い、2/5 = 26-50％の未払い、3/5=51-75％の未払い、4/5 = 75-99％の未払い、5/5=100％の未払い（過去3年間において一度も支払がなされていない）、を基準とした5段階の評価である。

《核兵器と重火器力》
ここでは、次の範疇についてあらかじめポイントを設定する。1：装甲車と大砲＝1ポイント、2：戦車＝5ポイント、3：戦闘機と戦闘ヘリコプター＝20ポイント、4：戦艦＝100ポイント、5：空母と原潜＝1000ポイントとして、次のような5段階評価を行っている。なお、核兵器の所有は自動的に5/5としている。
1/5 ＝ 0-18,184、2/5=18,185-36,368、3/5=36,369-54,553、4/5=54,553（ママ）-72,737、5/5=72,738以上と重火器所有の上位2％を自動的に、また核保有国も自動的に5/5とする。

《10万人当たりの主要な通常兵器の供給（輸出）国としての移転総量》
1/5＝0-2.972、1.5/5=2.973-5.944、2/5=5.945-8.917、2.5/5=8.918-11.890、3/5=11.891-14.863、3.5/5=14.864-17.835、4/5=17.836-20.808、4.5/5=20.809-23.781、5/5=23.782以上、の9段階の評価である。

《人口比の難民と強制的移民数》
全人口比で、次のような9段階評価となっている。
1/5 ＝ 0-1.50、1.5/5=1.51-3.02、2/5=3.03-4.54、2.5/5=4.55-6.06、3/5=6.07-7.58、3.5/5=7.59-9.10、4/5=9.11-10.62、4.5/5=10.63-12.14、5/5=12.15以上、の評価である。

《隣国との関係》
2012年3月16日から2013年3月15日までの隣国との係争の強度について、1〜5（平和的から非常に攻撃的）で評価する。より具体的な評価基準は以下のとおりである。
1＝平和的：1950年以来、いかなる国家もその国を攻撃していない。
2＝低い：隣国との関係は概ね良いが、政治家の発言あるいは保護的政策に攻撃性が現れる。
3＝中間：深刻な緊張があって、結果として他国との経済的外交的制限がある。
4＝攻撃的：暴力や抗議を伴う紛争がある。
5＝非常に攻撃的：隣国による侵攻がしばしばある。

《国内または対外的な紛争の数》
ここでは2007年から2011年の間に、少なくとも一方を政府とする25名を超える死者が出ている戦闘に至った対立を数え上げている。スコアは、1/5＝1回もない、2/5＝1回、3/5=2回、4/5＝3回、5/5＝4回以上、として評価する。

《(対外的) 組織的紛争による死者数》
ここでは 2007 年から 2011 年の間に、少なくとも一方は政府とする係争で、1 年の内に一方に少なくとも 25 名を超える死者が出ている紛争における死者数によって評価している。
1/5 ＝ 0-23 の死者数、2/5 ＝ 24-998 の死者数、3/5=999-4998 の死者数、4/5 ＝ 4999-9998 の死者数、5/5 ＝ 9999 以上の死者数。

付記 B
積極的平和の指標と方法論について説明する。「表 4-1 PPI 指標」が評価に際しての重みと依拠する出典を明記している。下に表 7-1 として転載する。

・評価は 1 ～ 5 の 5 段階で、1 が最も積極的平和の観点において平和的であり、5 がその点で最も平和的ではない。それぞれの項目は 2 ％から 5 ％の範囲で重みづけがなされている。これは GPI 2013 の指標との相関関係の強さに応じて付与されている。
・データの入手困難性から、いくつかの国については GPI には掲載があってもこの PPI では評価を見送っている。これらのなかには特に焦点をあてるべき国も含まれていて、将来的にはこうした諸国も網羅できるようにしたいと記す。
　「表 4-2 GPI 2013 には含まれていて PPI では含まれなかった諸国」は、アフガニスタン、アンゴラ、ベニン、ブータン、ボスニア・ヘルツェゴビナ、キューバ、ジブチ、東チモール、赤道ギニア、エリトリア、ガンビア、ギニア、ギニア・ビサウ、イラク、ジャマイカ、コソボ、キルギスタン、レソト、モーリシャス、モンテネグロ、ミャンマー、ニジェール、北朝鮮、パプア・ニューギニア、セルビア、スロバキア、ソマリア、南スーダン、スーダン、台湾、タジキスタン、トーゴ、トリニダード・トバゴ、トルクメニスタン、ジンバブエである。

《良く機能する政府》
世界銀行、世界ガバナンス指標 (WGI) に基づき、下位指標として第一に「政府の効率性」を設定する。その定義は、公共サービスの質、市民へのサービスの質、政治的圧力からの独立性に関する認識、また政策の形成と実施、そしてそれらに対する政府の関与の信頼性を捉えようとしている。データは市民、企業家、公共部門の専門家、そして世界中の民間、NGO 部門の人々の経験、見方を集約するため、41 の下位指標のデータのポイントを用いて

表 7-1 PPI 指標

領域	PPI 指標	重みづけ	原典[3]
良く機能する政府	政府の効率	5%	世銀
	法の支配	5%	世銀
	政治文化	5%	EIU
健全なビジネス環境	ビジネスを行うことの容易さ	4%	世銀
	経済的自由	4%	ヘリテージ財団
	一人当り GDP	4%	世銀
資源の平等な分配	平均余命指標損失	4%	UNDP
	ジニ係数	2%	EIU
	1 日 2 ドル以下で暮らす人口	5%	世銀
他の権利の受容	外国人に対する敵意	3%	EIU
	エンパワーメント指標	4%	人権データセット
	性差による不平等	4%	UNDP
隣人との善き関係	コミュニティについての満足度	3%	UNDP
	地域的統合	4%	EIU
	集団間のまとまり	5%	社会学国際研究所
情報の自由な流れ	メディアの自由度	4%	フリーダムハウス
	世界報道の自由度	4%	国境なき報道者
	1000 人当たりの携帯申込み数	3%	ITU
高度な人的資源	若者の発展指数	4%	コモンウェルス S
	非経済的人間開発指数	4%	UNDP
	科学的出版物数	4%	世銀、UNDP
低い水準の腐敗	腐敗の制御	5%	世銀
	エリート間の派閥争い	5%	平和のための資金
	腐敗の認識	5%	TI

集計されている。

　第二には「法の支配」が上と同様に世界銀行と WGI のデータに依拠して捉えられる。その定義は、社会の構成員がそのルールに従っているか、あ

---

[3] 原典欄は、略称を用いた。

るいは信頼を置いているか、また犯罪や暴力の可能性と同様に、特に契約履行、所有権、警察、裁判所の質に関する認識によっている。

　第三の「政治文化」はエコノミスト・インテリジェンス・ユニット（EIU）の指標によっている。EIU は選挙過程、多元主義、市民的自由、政府の機能、政治参加、そして政治文化の5つの範疇を設けている。この PPI ではこれらの内、重複を避けるために政治文化のデータを用いている。EIU の政治文化もオリジナルには世界価値観調査や民主主義に対する非公式な態度を測る他の調査データなどに依拠して、各国の専門家によって2段階、あるいは3段階でスコアが付されたものを出所としている。

《資源の平等な分配》
ここでの資源の平等な分配とは、収入の分配ばかりでなく、人々が水、健康管理、交通、教育、正当な法的プロセスなどの基本的ニーズにアクセス可能かどうかも含まれるとする。

　3つある項目の第一は、UNDP の人間開発指数の一部をなす、不平等による平均余命インデックスの損失の比率に依拠する。第二は EIU が世銀のデータを用いて発表しているジニ係数による。ジニ係数は、人々が得ている所得が統計的にすべて等しい状況からのかい離を数値で表す。第三には、1日2ドル以下で暮らす人口の比率が用いられる。世銀と UNDP のデータが出所である。

《健全なビジネス環境》
ビジネスを行うことの容易さ指標、経済的自由指標、一人当たり GDP の3つに基づく評価である。第一の指標は世銀によるデータを出所として、ビジネスの開始、電気の供給、税、契約、信用獲得、破産の解決、投資家の保護などを含むビジネスを行う上での10の項目を見る。この容易さは、法の整備、規制、制度的な側面に関わっている。第二の経済的自由指標は、ヘリテージ財団による定義を採用している。自分の財産を管理する個人の権利が守られているかどうか。経済的に自由な社会の個人は、働くこと、生産すること、消費することについて政府からの制約は少ない。第三の一人あたりの GDP は購買力平価に依拠した世銀のデータに基づいた指標となっている。

《他の権利の受容》
これは異なる民族、言語、宗教、国内の社会経済的グループに対する寛容の指標である。第一にシングラネル・リチャーズ・エンパワーメント・インデックス（CIRI）というデータベースに依拠した指標が登場する。これは、

外国への移動、国内での移動、言論の自由、集会・結社の自由、労働者の権利、投票での自己決定の権利、それと信教の自由から構成されている。出所としては、アメリカ国務省から毎年発表されている各国の人権状況を中心に、アムネスティ・インターナショナルによる年次レポートも参照している。

　第二に、ジェンダー不平等指標を設定する。UNDPがジェンダーの平等が社会と人間開発において核となる関心事であると認識していることから、その人間開発指数の下位項目の一つであるジェンダー不平等指数を用いる。このUNDPの指標が依拠しているのは、世界保健機関、UNDESA、IPU、ユネスコからデータである。

　第三には、外国人に対する敵意を指標としている。ここでは政府と社会が外国人に対して、また外国人の投資に対してどの程度否定的な態度を有しているかについて評価している。

《隣人との良好な関係》
これは国家内の地域間の関係と隣国との関係、双方を含む。このことは、ポジティブな外的関係をもつ国はより平和的で、政治的により安定しているとの相互依存性を基礎にしている。このことはまた、個人間、国家間の暴力的な関係とも密接に関係することが明らかになっている。隣人との良好な関係は、第一に地域の満足度、第二に地域的統合の程度によって測られている。前者はギャロップの2007年から2011年にかけて実施された世界世論調査における「現在、あなたが住む市や地方において、全体として経済状況は良くなっていると思いますか、それとも悪くなっていると思いますか」との設問に対する回答に基づくUNDPのデータによる。後者は次の1～5の基準を用いて、地域的経済統合の程度を測る。1＝いかなる地域貿易グループにも所属していない。2＝形式的に地域貿易グループのメンバーだが、実質的には域内の貿易はきわめて限定的で、主要な地域貿易へのアクセスは限られている。3＝形式的にその国は自由貿易の領域に入るものの、多くの派閥や、他の制限が存在する。あるいは、主要な地域貿易領域に高度なアクセスを享受している。4＝自由貿易の領域の一員であり、そこに派閥的なものはほとんどない。あるいはNAFTAのような主要な地域貿易領域に高度なアクセスを享受している。5＝経済統合体に入っていて、EUのように商品、資本、人々の自由な移動が認められている。

　なお、この地域的経済統合の5段階評価は順番が入れ替わっている。表4-1が示す基準では、1が積極的平和におけるもっとも平和的な状況である。

逆に5が平和から最も遠い状況を表している。この地域的統合の程度においては、できるだけ自由な貿易関係を隣人と築くことこそが平和的であり、その逆ではない。単純な誤りかと思われるので、このまま1を5に、2を4、3は3、4は2、5を1とすれば問題はない。ただこのレポートでは、国ごとの項目別に細分化した個別のスコアは掲載されていない。そのため計算が正しくなされたかどうかは確かめようがない。

《情報の自由な流れ》
情報の自由な流れは、市民がいかに容易に情報を入手できるか、メディアは自由で独立か、また政治過程のなかでどの程度市民は情報を得て関与できているかを捉えようとしている。設けられた3つの範疇は、第一にフリーダムハウスによるメディアの自由度指標、第二に、国境なきレポーターの世界メディア自由指標、そして第三に国際テレコミュニケーション連合と国連によるインターネットの利用状況である。メディアの自由度は毎年197の国と領域におけるメディアの独立についての年次調査である。印刷物、放送、インターネットの自由が分析されている。世界メディア自由度は、ジャーナリストや報道機関の自由の程度、またそうした自由に対する当局の尊重の姿勢を見る。インターネットの利用状況は100人当たりの携帯電話加入の割合を基礎としている。

《高度な人的資源》
この概念は、国家が資源として用いることができる人的能力、技能の蓄積を含むものである。第一には若者の発展指数がある。国家の繁栄にとって、若者にその人生において能力と実力を構築するよう力を与えることは重要である。第二には人間開発指数のなかの教育と健康が挙がる。そして第三に科学的出版が取り上げられている。ここでは人的資源の創造的また革新的な側面を測るために、10万人あたりの科学的また技術的出版物の数を計測している。

《腐敗の程度》
トランスペアレンシー・インターナショナルの腐敗認識指数と、世銀の腐敗制御の世界ガバナンス指標がこの問題に焦点を当ててきた。ここで用いているのは第一に世銀の腐敗の制御、第二にトランスペアレンシー・インターナショナルの腐敗認識指数、そして第三に平和のための基金が示すエリート間の派閥争いである。第二と第三の内容を詳述しておくと、トランスペアレンシー・インターナショナルは、公務員の賄賂、見返りの要求、公的資金の横領、また公的部門の腐敗対策の強度と効果についての質問に

基づいている。第三のエリート間の派閥争いは、貧しい国において政府が安定性に欠く状況にありがちなことの要因を捉えている。それはエリート層が小グループに分かれ、広い範囲に影響力を持つリーダーシップが欠如していて、権力闘争を始めている状況である。この指数は、エリートグループが、政府機関のなかで、民族、宗教、人種によって分断がどういう状況にあるかを測る。具体的には、権力闘争の在り様、亡命者、不正選挙、そして政治的競争を捉えている。依拠する出典は、UNHCR、世界保健機関、トランスペアレンシー・インターナショナル、世界ファクトブック、フリーダムハウス、世銀等となっている。

5　OECD 諸国のなかで

　平和を測る尺度は一筋縄では作成できない。警察の存在は、治安、秩序を守るために必要であるとの認識は広く共有されている。他方、軍隊の存在は、自国民の生命、財産、また総体としての国家を守ることを目的にしていても、他国に脅威として捉えられ、それに対抗する手段を招こうものなら、いわゆるエスカレーションを引き起こして安全保障のディレンマにも陥りかねない。

　では軍隊を持たないことが世界に平和と安定をもたらしていることになるのだろうか。世界のすべてが軍隊を持たず、争いの種、たとえば領土をめぐる争いなどない世界に暮らしているのであれば、中江兆民の紳士君の主張のように常備軍を撤廃することが平和を生み出しうる施策となり得よう。しかし現実は、軍隊を放棄することなど想定外の国々が世界を覆っている。弱いと判れば、そこに付け入るかのような行動をとる勢力がある。

　近時の例としてなお解決の目途がたたないイスラム国を考えてみよう。イスラム国の残虐非道な行動に対抗するために、軍事的な手段は必要ないのだろうか。イスラム国の拡張をただやむを得ないこととして看過することが平和なのだろうか。暴力を辞さず、現存の人権という価値観に重きをおかないイスラム国の躍進を、ただただやむを得ないこととして手をこまぬいているわけにはいかない。世界の各国は、正常に機能する政府を有し

ているなら、自国民の生命と財産を守るために、軍事力を行使してでもこの現存秩序の破壊者に対抗しなければならない。

　NATO は集団的自衛権を発動して結成以来初の軍事行動となったユーゴにおける空爆を実施した。民族浄化という忌まわしい大量殺りくを前にしたとき、実力行使によって人命を奪うことになっても、これを止めなければさらなる惨禍を人類社会にもたらすとの主張を根拠としていた。そうしたぎりぎりの決断のなかで武力行使の選択肢は残されている。非暴力主義に合致しないからといって平和に反するわけではない。それゆえ NATO 加盟国であってもデンマークやノルウェーはなおこの GPI において上位に名を連ねている。

　他方、アメリカの評価はきわめて低い。アメリカは核兵器を数多く保有し、圧倒的な軍事力を誇る。大量破壊兵器を保有しているとの理由でブッシュ（ジュニア）大統領はイラク戦争をしかけたが、結局大量破壊兵器は見つからなかった。そうした軍事行動が平和と遠いことは衆人が認めることである。他方、世界の多くは、イスラム国の台頭を食い止められるのはアメリカの他にはないとも感じている。世界秩序の擁護者がアメリカであり、それに挑戦して忌まわしい殺人を Youtube を介して世界に発信し続けるこの集団の躍進を食い止めて欲しいと願っている。世界秩序擁護者をどのように評価することが妥当なのか、GPI そのものにも課題となっている。

　さて、本書の比較の中核をなす OECD 諸国との対比もまとめておきたい。このなかで日本は 6 位である。OECD 諸国の平均である 1.557 をかなり上回る、1.293 の評価を得ている。平和国家を国是とする本領が発揮されている。日本よりも上位に位置づけられているのは、アイスランド、デンマーク、ニュージーランド、オーストラリア、スイスである。北欧諸国が平和志向であることは国際社会が認めている。ここではさらにオーストラリアとニュージーランドが名を連ねる。太平洋の国家としてこれら両国との連携を深める意義は、ここでの評価が似通っていることに求められる。両国が日本にとって価値観を共有できる重要な友邦足りえることを外

交政策の展開において認識するべきである。この平和度ランキングにおいては、アメリカは中国と並んで下位に位置づけられている。軍事力行使の傾向、莫大な軍事費支出の現実を映し出している。ただこうした位置づけから、この平和度インデックスへの懐疑が生れる。国際秩序を維持しようとする貢献について、平和度インデックスが考慮していないことに注意が必要である。

第8章

人間開発指数ランキング

1　日本の順位の変動

　2014年版として発表された人間開発報告書によると、日本は17位、韓国が15位となっている。かつて首位であった日本の低落が著しい。下はその前の2013年版のOECD加盟国とそこに含まれないG20諸国を含めたデータである（表8-1参照）。

　国連開発計画（UNDP）の人間開発報告書がはじめて出版されたのは1990年、第5冊目となる1994年版は日本語版もはじめて出版された（1994: ⅲ）[1]。1993年版まで、つまり1990年の発行から4年間は日本が第1位であった。この人間開発指数は、教育、保健、経済の要素から各国の人の開発状況を示してきた。毎年の蓄積、公的な国際機関からの発表であることも相俟って、その評価は常に注目の的となってきた。日本においても、創刊当初の自国の評価がきわめて高かったこともあって、メディア、国会、学術研究論文においてたびたび言及があった。

　本書の問題意識は世界の中の日本にある。この人間開発指数についても、どのような評価を得てきたか、まずは世界各国のなかの順位を歴史的に辿っておきたい。もっともレポートの評価は、その測定方法を度々変更してきた。したがって現在の評価基準に照らすと、過去の評価も変わる蓋然性が高い。実際レポート自体が、過去の評価を最新の評価基準に照らして算出し直した値をあらためて掲載しているという[2]。

---

[1] 人間開発報告書の各年版は、本章では年数のみを略記する。

表8-1　2014年版人間開発指数

OECD				
Australia	0.938	New Zealand	0.919
Austria	0.895	Norway	0.955
Belgium	0.897	Poland	0.821
Canada	0.911	Portugal	0.816
Chile	0.819	Slovak Republic	0.84
Czech Republic	0.873	Slovenia	0.892
Denmark	0.901	Spain	0.885
Estonia	0.846	Sweden	0.913
Finland	0.892	Switzerland	0.913
France	0.893	Turkey	0.722
Germany	0.92	United Kingdom	0.875
Greece	0.86	United States	0.937
Hungary	0.831		
Iceland	0.906	*Other G20*	
Ireland	0.916	Argentina	0.811
Israel	0.9	Brazil	0.73
Italy	0.881	China	0.699
Japan	0.912	India	0.554
Korea	0.909	Indonesia	0.629
Luxembourg	0.875	Russian Federation	0.788
Mexico	0.775	Saudi Arabia	0.782
Netherlands	0.921	South Africa	0.629

　したがって過去の人間開発報告書との経年比較について、比較できないと明示する（2011:155）。その上で、現在の算出方法を用いて過去のデータ、ランキングを別途報告書のなかで表示する。しかし本書は、ランキングそのものの影響力に焦点を当てている。人間開発指数（以下本章では

---

[2] http://www.jp.undp.org/content/tokyo/ja/home/library/human_development/human_development1/hdr_2011/QA_HDR1/ （2014年6月14日最終閲覧）。

HDI）は発表時において国際社会に大きな影響力を与えた数値、ランキングである。いたずらに現在の方法で過去のデータを改めることは、その当時持ったインパクトを無視することになる。したがってここではあくまで発表当時の数値、ランキングにこだわりたい。

1997年版が位置づける各国のHDI値は「平均寿命85歳、全員が教育を受けられる、人並みの生活水準で暮らせるという所定の目的を達成するまで、あとどのくらいの距離があるのかを示している」（1997:57）と説明する。これはHDI値が企図した一つの存在理由であろう。つまり各国それぞれが目標からの距離を認識することで課題を自覚的に捉える。世界各国との相対的位置が問題となるわけではない。それでもHDI値については、UNDPははじめから各国の順位を発表し続けている。

もっともその順位については変動がきわめて激しいことにも留意が必要である。日本の変動も決して小さくない。前述の通り人間開発レポートが発表された時、日本は第1位であった。それが2014年版では17位である。これは凋落とも言える変化である。しかしこうした変化は日本だけに特異なことではない。たとえばフランスなどについても順位の上下変動は激しい。

日本の順位の変動
1993=1, 1994=3, 1995=3, 1996=3, 1997=7, 1998=8, 1999=4, 2000=9, 2001=9, 2002=9, 2003=9, 2004=9, 2005=11, 2006=7, 2007/8=8, 2009=10, 2010=11, 2011=12, 2013=11

フランスの順位の変動
1993=8, 1994=6, 1995=8, 1996=7, 1997=2, 1998=2, 1999=11, 2000=12, 2001=13, 2002=12, 2003=17, 2004=16, 2005=16, 2006=16, 2007/8=10, 2009=8, 2010=14, 2011=20, 2013=20

順位の変動が激しいことは、指標自体の評価基準の不安定さとも無関係

ではあるまい。フランスは、1997年と1998年においては世界で第2位である。しかし1999年になると一気に11位まで順位が下がる。フランスの順位の幅を示せば、2位から20位の間で変動している。この期間の変化に限れば、日本よりもさらに大きな振幅で乱高下したことになる。こうしたことの背後に、HDIが頻繁に変更する尺度の問題が潜んでいると言わざるをえない。

　他方、着実な経済成長と国の発展を遂げた韓国などの順位変化を見ると、それは確かにこの国の成長を端的に示していて興味深い。韓国の場合は、2010年の算出方法の見直しが大きく順位を上げる方向に寄与している。それまでは、33位から26位の幅の緩やかな上昇傾向を見せていたが、2010年に一気に12位に順位を上げた。

　韓国の順位の変動
　1993=33, 1994=32、1995=31、1996=29、1997=32、1998=30、1999=30、2000=31、2001=27, 2002=27, 2003=30, 2004=28, 2005=28, 2006=26, 2007/8=26, 2009=26,2010=12,2011=15,2013=12

　あらためて3国の変動を2009年と2010年で確認すると、順位において韓国、そしてフランスに大きな変動が見られる。日本は10位から11位に下がったが、フランスは8位から14位に後退している。逆に韓国は26位から12位に順位を上げている。これほどの変動は、評価そのものの仕方に起因する部分が大きいと言えよう。

　教育に関する指標は、当初は識字率を取り上げていたが、現在それは対象外である。1999年版のレポートでは、所得の扱い方に変化が見られる（1999:201）。従来の方式では、閾値レベル以上の所得の割引が大きくなる。そのため閾値レベルを超えた国が不利になる（1999:201）。それを是正するためにこの年から所得については以下の通り、対数を用いた算出方法に変更になっている。こうした変更のため、今年の報告書のHDIは昨年のHDIと厳密には比較はできないと明示する（1999:02）。

なお評価の大きな変更は 2011 年になされていて、3 要素の内、教育についてはそれまで就学率と識字率に基づいていた評価が、就学年数に変わった。もう一つ、経済の項目について GDP から GNI に変更になった。東京の UNDP 事務所の人間開発指数に関する Q and A によると、対象とする国の増加もあり、人間開発をより的確に表すために常に改善を試みているとする。またこうした変化があると、時系列的な検討が困難になるが、新しい算出方法による過去の評価の見直しをレポートに掲載していると記す。

　こうした変更を行っても、人間開発の面から、HDI の不十分性は指摘されている。HDI のデータを活用しつつそれ自体を改善するための試みもなされている。主成分分析によって新たに、「開発バランスチャート」を作成した例もある（米原 2013）。これはランキングによる各国比較という発想から脱して、開発のバランスの視点から可視化することを可能にする研究となっている。

　確かに主成分分析による新しい試みは、人間開発の重要な一側面を浮かび上がらせることに成功している。しかしながら、ランキングを明示することと、3 主成分のバランスをレーダーチャートで示すことと、どちらにより発信力があるかと問うならば、ランキングに軍配があがるだろう。

　同じ筆者の同趣旨の英語論文でも Yonehara（2014）は HDI のランキングについて、人間開発理論の観点から問題視する。141 か国を 1 位から順位をつけて並べるのではなく、各国ごとに人間開発の状況を分類して課題を明らかにする手法をとっている。教育、健康、経済のバランスに基づいて、カテゴリー 1 からカテゴリー 4 までに分けることで、各国が人間開発の観点から何を課題にすべきかを認識できる評価となっている。

　HDI による順位付けは 1 位から 141 位に並べることで、各国を競わせながら人間開発を促そうとする側面を持つ。そのカンフル剤的なインパクトよりも、各国がそれぞれの実状をより冷静に認識することを重視するのが Yonehara（2014）の姿勢である。そこに反映されている価値は、各国間の競争を促すことではなく、人間開発の面からのバランスに置かれて

いる。

　こうした各国の順位づけとカテゴリー化の手法の違いは、本書でも取り上げた民主主義的体制を評価する際のデモクラシー・インデックスとフリーダム・ハウスの違いにも表れている。順位付けのインパクトは大きい。しかし下位に位置づけられる時はそれへの反発を覚え、無視、忌避をも誘発しかねない。開き直ってあえてその評価を攻撃的な言説の対象とすることが起こるかもしれない。ランキング制作者の意図はそれによりその価値の流布と定着を図ることにあったとしても、結果として逆効果となる可能性があることも十分に留意しなければならない。

　大事なことは、大学ランキングの問題で椛木（2014）が指摘するように、順位付けの反証可能性と透明性を確保することである。それによるランキングそのものの説明責任の向上がなければ興味本位のランキング化はむしろ有害無益となることを認識しておかなければならない。

　以下では、HDIの3要素のなかでも特に教育に焦点を当てたい。なぜなら政策的な議論に結びつけることを企図するときに、日本の平均余命と経済をここで議論するには筆者の専門領域からの逸脱が大きい。平均余命は医療、健康に関連する知識が必要であろう。経済も経済学者の専門領域で、門外漢からの建設的な問題提起は難しい。唯一教育については、世界の中の日本の存在感を語る文脈のなかで、国際政治学者の視点から意見を述べる余地を残す分野であると認識している。

2　教育の評価

　経済的な低迷を脱するために安倍政権は、いわゆるアベノミクスという3本の矢を放った。大胆な金融緩和、財政政策による公共事業の推進、労働市場の活性化を狙った成長戦略がそれである。その効果次第で、本章で取り上げているHDIについても、かつての栄光を取り戻す足がかりをつかめる可能性があった。それは、指数3要素の一つである1人当たりGDPを押し上げることが期待できたからである。本章執筆の時点で、残

念ながらその効果は十分とは言えない。

　他方、平均余命は最高水準にある。具体的な手が打たれていないもう一つの課題は教育である。人間開発報告が発表されたのは1990年であった。G7、後に一時ロシアが加わってG8、は当時から現在まで一つのまとまりとして存在している。新興国も加えたG20の影響力の増大も顕著ではあるが、比較的最近のグループ化であったことから、長期的な日本の変遷について比較を交えた眼で見て行くためにG8に韓国、中国を加えた指数の変化を辿ってみたい。特に日本の課題として、教育にクローズアップすることになる。日本語版の2冊目から、教育分野の指標も示されていた。そこでは1.0が最も望ましい状態を示す。1995年版において、日本の教育指数は0.92、韓国は0.91であった。1996年版になると両国とも0.92を示す。そして1997年には、日本が0.92であるのに対して、韓国は0.93と逆転する。教育に関しては日本と韓国の指数は、1996年を分岐点としていることがわかる。2000年版においては、日本の教育指数は前年の0.94から0.93に下がったのに対して、韓国は逆に0.94から0.95へと上昇している。そしてその差ははじめて0.02へと広がった。

　　　1995年版＝日本：0.92　　韓国：0.91
　　　1996年版＝日本：0.92　　韓国：0.92
　　　1997年版＝日本：0.92　　韓国：0.93
　　　1998年版＝日本：0.92　　韓国：0.93
　　　1999年版＝日本：0.94　　韓国：0.95
　　　2000年版＝日本：0.93　　韓国：0.95
　　　2001年版＝日本：0.94　　韓国：0.95
　　　2002年版＝日本：0.93　　韓国：0.95
　　　2003年版＝日本：0.94　　韓国：0.96
　　　2004年版＝日本：0.94　　韓国：0.97
　　　2005年版＝日本：0.94　　韓国：0.97
　　　2006年版＝日本：0.94　　韓国：0.98

2007/8年版＝日本：0.946　韓国：0.98
2009年版＝　日本：0.949　韓国：0.988

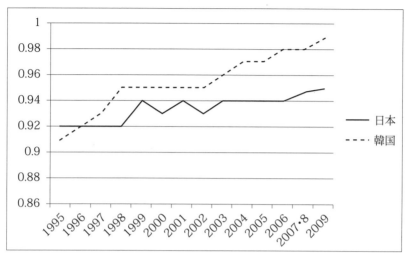

図8-1　日韓の教育指数の変化

　2010年版から算出方法が変わったため、これまでの数値と比べることができない。したがって、1995年から2009年までを一区切りとしてここで解釈しておく。顕著なことは日本の鈍い伸びに対する韓国の飛躍である。1997年にスコアが逆転して、その後はその幅も拡大した。教育に対するこうした動向は、HDIとは別に、大学進学率のデータにも見て取ることができる。1999年と2009年の大学進学率を示すデータを紹介しておく。この順で割合を示すと、日本は45％と59％であるのに対して、韓国は73％から100％となっている（正井2013）。このHDIの教育に関する日韓のグラフは、本書12章でも扱う英語力のグラフと酷似する。大学進学率も含めて、教育に焦点を当てた議論は12章にもある。しかしここで認識を新たにしたいことは、資源に恵まれない日本の生きる糧は人の力であって、教育こそ最も重視されてきた。そうした伝統を軽視した結果が今日の日本の没落と言えないだろうか。上のグラフはその一断面を写しとっ

ている。HDIを再び上位に戻すためには、単に経済の復活のみならず、教育重視の姿勢を日本が取り戻せるかどうかにもかかっている。

　人間開発報告書は「難民と兵器」のデータも巻末に掲載している。2002年版は「人間の安全保障を図る」とその一覧の上部に掲げている（2002:248）。日本が難民受け入れにきわめて消極的であることはしばしば指摘されてきた。HDI上位20か国に限れば、アイスランドの0人、ルクセンブルクの1人、アイルランドの3人に次いで、4人と少ない。少数の受入国はすべて小国である。先進7か国を見ておけば、カナダの125人、アメリカ508人、フランス103人、イギリス169人、ドイツ906人、イタリア23人なので、やはり日本の少なさは目立つ。他方、韓国もこの時点で0人だが、中国は294人を受け入れている。マレーシアは50人、タイは105人を受け入れているものの、シンガポールは0人である。国の在り様の一面を反映しているが、日本としてより踏み込んだ議論が必要な数字となっている。

　なお兵器と難民を並置する意味合いをレポートは必ずしも明記していない。このセクションでは難民と通常兵器の取引そして全軍事力の兵員数が表としてまとめられている。兵員数については1985年を100とした場合の2000年時のその数の比率を掲載する（2002:248-251）。軍事支出の対GDP比は別の項目、つまり「公共支出の優先分野」（2002:239-243）が取り扱っている。難民と兵器の取引を人間の安全保障に関わるデータと解するその明確な説明が必要である。

　上記のような難民と兵器の並列は、2006年版の報告書においても掲載されている（2006:407）。しかし2009年版になると「紛争と社会不安に起因する移動」の項目を設けて、難民の出身国別、庇護国別の詳細なデータを掲載している（2006:183-186）。ここでは難民と兵器を並べて論じる手法はとっていない。

　2007/8年版でも難民と兵器のデータがある（2007/8:354-357）。国内避難民、難民の国別受入人数、国別送出人数、また通常兵器の取引として輸入、輸出、さらに全軍事力の兵員数、指数が掲載されている。

それが2010年版では「人間の安全保障」の表が設けられて、恐怖からの自由の限界と欠乏からの自由の限界の二つの柱の内、前者に通常兵器の供与と出身国難民、国内避難民、内戦がデータとして掲載されている。ここから類推すれば、内戦状況ゆえに難民が発生し、その内戦状況の引き金、あるいは悪化は、通常兵器の供与が関わっているとの連関を見てとれる。ただし、2011年版になるとそうした「人間の安全保障」に関連する項目は見当たらなくなり、難民と通常兵器取引を並置するデータもなくなる。

　1999年版においては、難民は巻末の「個人の不幸・災難」(1999：267-270)の項目で取り上げられている。また軍事費に関しては、「財源の不均衡な使い方」(1999:230-233)で扱われていた。

　東京のUNDP事務所のホームページには、HDIに関する様々なQ and Aが掲載されている。HDI導入の目的として、政府の政策の当否を論じるきっかけを与えようとする意図があったこともわかる。国民1人当たりの国民総所得（GNI）が同じであっても、人間開発が異なる場合、平均余命と就学予測年数に隔たりがあることが浮き彫りになる。それを土台に、政府の政策の優先順位について議論を生み出す。

　1990年に刊行された人間開発報告書以来、算出方法に変更が加えられ、対象とする国の増加もある。教育に関しては、UNESCO統計局発表のデータに依拠した就学予測年数を2011年版から用いている。UNDPの姿勢は、人間開発をより的確に表すために、常に改善を試みているとの主張である。算出方法の見直しを確認すると、1995年版において、教育到達度が、前年の「平均就学年数」に代わって初等・中等・高等教育の合計就学率が用いられるようになった（1995:24）。ユネスコが提供する合計就学率は24歳未満の識字率を表していて、HDIではこの変数に3分の1の比重を置き、成人の識字率に3分の2の比重を持たせると説明する(1995:24)。実のところ教育に関する評価は、HDIにおけるこの項目設定の当初から一定していない。1995年版は、「このようにデータベースをつねに改善し、より透明なものにする方針は今後の報告書作成においても

貫かれるものである。平均就学年数が合計就学率に取って代わったことと、HDI算出に新しいデータが適用されたことにより、1995年版の報告書の数値は1994年版報告書の数字との厳密な比較はできなくなった」(1995:24) と明記する。恒常的な見直しが当初からの方針であり、毎年の変化を比較することに重要性を置いていない。したがって、1994年版、1995年版ともに、HDIは1992と明記するものの、算出方法が異なるため、数値に差がでる。

人間開発報告書の2002年版の邦題は『ガバナンスと人間開発』で、英語の副題はDeepening democracy in a fragmented worldとなっていて民主主義に焦点を当てている。ガバナンスを測定することを目的として、民主主義および政治的・市民的権利という尺度を、客観的指標、主観的指標にして多数掲載している (2002:44-45)。善意に感謝すれば、そうした大義に基づいた算出方法の度重なる変更である。

3　2013年版のレポート

レポートのはじめに、過去10年間においてすべての国がHDIの各面において前進を加速させたとある。データが入手できている国において、2012年のHDI値が2000年を下回った国は存在しない (2013:2)。開発について見ると、HDI値の低い国々においては、高い国のそれよりも高く、格差が著しく狭まったとも指摘しうる。そうした動向を好ましいものと捉えつつ、開発の勢いを持続させるために、ジェンダー面を含めた公平性の強化、若者を含めた市民の発言と参加機会の拡大、環境上の脅威への対処、人口動態の管理を重要分野として特定している。

2013年版で強調されているのは南の台頭である (2013:5)。特にブラジル、中国、インド、インドネシア、メキシコ、南アフリカ、トルコという大国が急速な前進を遂げていると指摘する。かつてガルトゥングはその構造的帝国主義論で、またフランクは従属論で、中心と周縁の搾取の関係を説いて、豊かな北と貧しい南の不変性を主張した[3]。現状は、そうした

理論が少なくとも経済的な尺度を含む人間開発の面で、当たらなかったことを例証している。もっとも過去におけるガルトゥングや従属論の警告があったからこそ、今日の大きな改善がつながったと捉えることも可能である。この報告書は「社会の周縁にいる貧しい人々は、自分たちの問題について声を上げることもままなら（ない）」（2013:12）ことを指摘する。それが国際的な場裏で、構造的に起きていることを指弾したのがガルトゥングであった。1970年代初頭におけるそうした括目すべき分析があったからこそ、周縁の人々の置かれている状況の深刻さの認識が進み、改善策の模索につながってきたのだろうか。

2013年版レポートにおいては、こうした飛躍の原動力は、積極的な発展志向、グローバル市場の開拓、確固とした社会政策とイノベーションの3つをあげる（2013:9）。そしてこれらは、これまでの処方箋的アプローチと一線を画していると指摘する。つまり集産主義的な中央管理の教えを退け、ワシントン・コンセンサスによって生まれた野放図な自由化とも異なる（2013:9）と記す。同じ国連ファミリーに属する世界銀行とIMFが主導したワシントン・コンセンサスを厳しく指弾する。

もっとも1990年から毎年欠かさず世に問われてきた人間開発レポートが特に低位に置かれた国々の政府の意識を変えた面もあったことは想像に難くない。今や194か国が国連に加盟している。その専門機関である国連開発計画が自らを評価する。耳や目を塞ごうとしても、国連加盟国である以上必ずや情報は伝わる。

本書の問題意識の中心は世界の中の日本にある。HDIの分析についてこの面から付言しておきたい。2013年版の日本はHDIで10位、数値は0.912となっている。上で言及したとおり、1990年に日本は1位であった。それでも、その後の経済低迷時期を経て、トップ10に食い込んだことを素直に良しとすべき面もある。

---

3) Galtung（1971）、フランク（1976）を参照されたい。

4　指数の算出方法

　HDI の基本的な計算方法は、1994 年版の末尾にあるテクニカル・ノートが示している。ここではその方法をあらためて確認しておく。この時点での HDI は、平均余命、成人識字率、平均就学年数、収入を要素としている。1994 年版の例示はギリシャとガボンを併置する。

表 8-2　ギリシャとガボンのデータ

国	平均余命(年数)	成人識字率(%)	平均就学年数	収入（PPP $）
ギリシャ	77.3	93.8	7.0	7,680
ガボン	52.9	62.5	2.6	3,498

（1994 年版　225 頁）

平均余命

ギリシャ　$\dfrac{77.3-25.0}{85.0-25.0}=\dfrac{52.3}{60.0}=0.872$

ガボン　$\dfrac{52.9-25.0}{85.0-25.0}=\dfrac{27.9}{60.0}=0.465$

　分母は最大と最小の差である。分子はその国の平均余命から最小値を引いている。

成人識字率

ギリシャ　$\dfrac{93.8-0.0}{100.0-0.0}=\dfrac{93.8}{100.0}=0.938$

ガボン　$\dfrac{62.5-0.0}{100.0-0.0}=\dfrac{62.5}{100.0}=0.625$

平均就学年数

ギリシャ　　$\dfrac{7.0-0.0}{15.0-0.0}=\dfrac{7.0}{15.0}=0.467$

ガボン　　　$\dfrac{2.6-0.0}{15.0-0.0}=\dfrac{2.6}{15.0}=0.173$

　成人識字率に関する分母は、最大の100％から最小の0％となる。分子は国の平均から最小を引いている。他方、就学年数の方は、15年を最大、0年を最小として分母になる。ギリシャの場合、平均の7年から最小の0年を引いた値が分子となる。この二つを加味して、教育達成状況は、成人識字率の上記計算式を用いた値を2倍して、それに就学年数を足している。さらにそれを3で割った値が用いられる。

　収入については上より多少複雑になる。購買力平価を用いた一人あたりGDPの世界全体の平均である5120ドルがまず境目の重要な値となる。ギリシャについては世界全体平均を上回るものの、その2倍を超す値とはなっていないので、次の式を用いることになる。
ギリシャは $5120+2(7680-5120)^{1/2}$　から求められる。

　発展途上国であるガボンはギリシャとは異なり、境目よりも低いので、調整が必要になる[4]。調整済み収入の最大値は5385となる。
この値を用いて、

ギリシャ　　$\dfrac{5221-200}{5385-200}=\dfrac{5021}{5185}=0.968$

---

[4] 1996年版では、ガボンの場合、境目よりも低いので、調整は必要ないと記している。1994年版が誤りで、1996年版の表記が正しい。これは、その後の各年版の説明から判断可能である。一人あたりのGDPの購買力平価についての評価は、アトキンソンの公式に基づいていて、複雑である。世界全体の平均を上回るか下回るか、上回った場合には、2倍を超えているかどうかを基準に調整がなされている。詳しくは、1996年版のテクニカル・ノートを参照されたい（1996:252）。

ガボン　　$\dfrac{3498-200}{5385-200}=\dfrac{3298}{5185}=0.636$

　調整済みの最大値から最小値を差し引いた値が分母、購買力平価で算出された1人当たりのGDPから最小値を差し引いた値が分子となっている。HDIは上の3つの要素で算出された値の平均値である。

　指数の基本的な算出方法は（実際の値－最低の値）を（最高の値－最低の値）で割ることによって算出されている。最高の値と最低の値は、1人当たりの実質GNPについては、40000ドルと100ドルで設定されている。ただし所得指標に関してはアトキンソンの定式によって割り引きが施されている。

　1998年版138頁にある、説明を詳述しておく。1996年の所得の世界平均である$5990（PPP $）を閾値レベル（y*）とする。これより所得が上の場合は、アトキンソンの所得の効用を求める公式に基づいた次の定式を使って、割り引きされる。

　① （0<y<y* の場合）
　W＝y*

　② （y*<y<2y* の場合）
　W＝y*＋2$[(y-y^*)^{1/2}]$

　③ （2y*<y<3y* の場合）
　W＝y*＋2$(y^{*1/2})$＋3$[(y-2y^*)^{1/3}]$

　ギリシャの1人当たり実質GDPは$11636で閾値の5990を超えてはいるが、2倍を超えてはいないので、上記では②が適用されて$6140と

なる。

ところで最大値の$40000は$6y^* < y < 7y^*$となることから、$W = y^* + 2(y^{*1/2}) + 3(y^{*1/3}) + 4(y^{*1/4}) + 5(y^{*1/5}) + 6(y^{*1/6}) + 7[(40000 - 6y^*)^{1/7}]$から$6311が求められる。

この値を次の原則の式＜（実際の値－最低の値）を（最高の値－最低の値）で割る＞にあてはめると、ギリシャは
（6140－100）／（6311－100）＝6040／6211＝0.967となる。

ガボンの場合は、1人当たり実質GDPは$3766で閾値よりも小さいので、①が用いられて、分子が（3766－100）に代わる。計算すると0.590となっている。

2010年にこの算出方法の見直しが行われている。「本報告書に記載されたHDIの数値とランクは、過去年度版のそれと直接比較はできない」(2010:162)。「国際機関は歴史的データの定期的な更新など、データの連続性の改善に継続的に取り組んでいる」(2010:162)と記すが、Michinaka (2011:45)が指摘するように過去との比較が困難になる改訂を行うよりも、指標と方法の安定性が好ましい。HDIはその発表の時代時代に国際社会に一定の変化をもたらしてきた。それは現在の算出方法が見直された数値による影響ではなかったはずである。HDIの指標の見直しの問題は深甚である。

＜2010年版のテクニカル・ノートの紹介＞

新しい方式において、不平等調整済み人間開発指数（IHDI）、ジェンダー不平等指数（GII）、多次元貧困指数（MPI）が人間開発の指数として新たに加えられた。しかし、報告書の発表以来続くHDIそのものも、「長寿で健康な生活」、「知識」、「人間らしい生活水準」の3次元のなかで、後者二つについて測り方の変更がある。知識は平均就学年数と就学予測年数の二つから求められる。人間らしい生活水準は、米ドル建て購買力平価に

よる1人当たりGNIが用いられる。

　教育については、成人識字率の代わりに平均就学年数を、総就学率のかわりに就学予測年数（現在の就学率が変わらないと仮定した場合に、今日の子どもが生涯を通じて合計で何年間の学校教育を受けられるかを予測した数字）を用いることにしたとする（2010:19）。

　教育レベルの指標の変更に関して、2010年版本文にある説明を援用しておきたい。「1960年、15歳以上の人が学校に通った年数の平均は4年に満たなかったが、2010年の時点でこの年数は全世界の平均でみると2倍に、途上国の平均では3倍以上（1960年は1.9年、2010年は6.4年）に上昇している」（2010:48）とする。

　平均就学年数の定義は「25歳以上の人々が受けた学校教育の平均年数」（2010:251）とされる。明らかなことは、人がどれだけの期間、学校教育を受けられるかを見ている。この二つを統合した形で教育レベルの指標が算出されている。

＜就学予測年数の意味＞

　2010年版にある「読者への手引き」は、この「就学予測年数」を国連教育科学文化機関（ユネスコ）統計研究所のデータに依拠すると説明する（2010:164）。「すべての教育レベルにおける年齢別就学者数、およびすべての教育レベルにおける年齢別学齢期人口」に基づく推計である。

　他方、「平均就学年数」は、ユネスコ統計研究所のデータにこの平均値がないため、ユネスコやユーロスタット（EU統計局）などのデータに基づく推計を用いていると説明する（2010:164）。就学年数については、識字率と共に用いられてきたデータであるから、新しい変更点は、ユネスコが示す就学予測年数の導入である。

　最初のステップとされるのは、次元における最高値と最低値を定めることである。2010年版においては1980年から2010年の間に、実際に認められた最高値を用いる。平均余命であれば2010年日本の83.2、平均就学年数は2000年アメリカの13.2、就学予測年数は2002年オースト

ラリアの 20.6 となる。なお、教育指数はこれらの幾何平均がとられる。その最高値は 2010 年ニュージーランドの 0.951 となっている。

一方、最小値は、平均余命が 20 年、教育は両方の指数共に 0 年、1 人当たりの所得は史上最低の水準であった 2008 年のジンバブエから 163 ドルとしている。

最高値と最低値が明らかになったところで、実際値が次の式に代入されて、指数が求められる。〔指数＝実際値－最低値／最高値－最低値〕具体例を示せば、例えば平均余命指数について、中国の実際値は 73.5 である。上の式にこれをあてはめると、平均余命は（73.5 － 20）／（83.2 － 20）＝ 0.847 が指数となる。教育は二つの指数をまず求めなければならない。平均就学年数指数は、中国の実測値は 7.5 である。最高値と最低値は既知なのでそれぞれ代入して行けば、（7.5 － 0）／（13.2 － 0）＝ 0.568 が中国の就学年数指数となる。同様に就学予測年数指数は実測値が 11.4 であることから、これを数式にあてはめ、（11.4 － 0）／（20.6 － 0）＝ 0.553 が求められる。そして、この二つの幾何平均、つまり $\sqrt{0.568 \cdot 0.553}$ が教育指数計算式の中国の実測値となり、これをさらに全体の教育指数の最高値と最低値の数式にあてはめる。すなわち、指数＝実測値－最低値／最高値－最低値の式に、中国の実測値である $\sqrt{0.568 \cdot 0.553}$ ＝ 0.5604 をあてはめ、（0.5604 － 0）／（0.951 － 0）＝ 0.589 が中国の教育指数となる。

所得指数は最高値、最低値、その国の実測値を用いる数式の基本形に変化はないものの、「所得から能力への変換関数は凹関数となるはずである」（2010:240）との説明により、それぞれの値は自然対数を用いて求められている。ここでも中国を例にとると、中国所得の実測値 7263 の自然対数、2008 年ジンバブエが記録した最小値 163 の自然対数、1980 年のアラブ首長国連邦による 108211 の自然対数がそれぞれ用いられる。所得指数を求める式は、（7263 の自然対数－ 163 の自然対数）／（108211 の自然対数－ 163 の自然対数）によって求められ、0.584 となる。そしてそのようにして求められた 3 つのカテゴリーを要素とする幾何平均が人間開発指数となる。

これ以前の算出方法との変化は決して小さくない。2010年版報告書は、こうした新方式に、過去の人間開発報告書に用いられた一連の指標とデータに新たなHDIと同一の集約式をあてはめたハイブリッドHDIを示す（2010：241）。しかし、ここで、新方式、旧方式、さらにはハイブリッドHDIを用いて過去に遡ることの問題点を認識しないのは驚きでもある。
　確かに、現在の各国の状況を勘案するなら、成人識字率によって人間開発を測ることには疑義があろう。なぜなら、特に先進国においてはどの国も相当の成人識字率に達していることから、差がでない。差がないものを測る意味合いはあまりない。そうした次元で人間開発を測る意味合いも減じよう。その意味で変更を加えられる合理的理由が存在する。また所得の算出方法についても、変更前に比べると、場合分けが撤去されたことでよりすっきりとした。変更前は全体の平均を基準に、それを上回るかどうか、また上回ったとして、それが平均の2倍を超えるかどうかによって算出方法が異なった。この方法では、連続的な数値の変化を十分に捉えきることができない。その意味では、自然対数を用いて数式を一本化したことは大きな前進である。そして最終的な人間開発指数が、変更前は3つの指数の単純な算術平均で求める方法から3つの幾何平均に変わった。これも平均の比較として精度が上がったものと評価できる。
　しかしながら、いかなる評価もその時代の価値観のなかに存在している。1990年の報告書の指数が、各国の教育について評価するために成人の識字率を用いたのには、そこに存在する格差こそが人間開発の程度をその時点において最も的確に表しうるとの判断があったからだろう。現在の文脈において成人識字率よりも就学予測年数がより適切であると見ることに問題はない。しかしその変更を過去に遡って適用する報告書は、その時代的背景を無視していると言わざるをえない。

5　日本社会における存在感

　本書が関心を持つのは、このHDIが、社会のなかでどのような影響を

もっているかである。算出方法の変更について、東京の国連開発計画事務所は、プレスリリースを行って明らかにしている。しかしそれに対する関心は、各紙のデータベースによる検索結果を見る限り、それほど大きいとは言えない。指数が発表された 1990 年以降の、「人間開発指数」に言及があった件数について下に記す（表 8-1 と表 8-2 参照）。

　併せて、日本の国会における言及の状況を、これも検索機能を用いて示しておきたい（表 8-3 参照）。こちらの方は、変更への言及がそもそも一切なされていない。1989 年 1 月 1 日から 2014 年 6 月 20 日までの国会審議における「人間開発指数」への言及は 29 回あった[5]。

　人間開発報告がはじめて出された時、日本は第 1 位にランクされた。その時の経済状況がバブル崩壊前の、言わば絶頂であったことから、GDP 指標がランクを大いに引き上げたことは想像に難くない。その後、経済状況の悪化に伴ってランクを下げることになる。それだけでなく、HDI の上下変動から教育の充実こそは日本の課題であることがわかる。韓国の動向を比較するとそれはより一層明らかになった。

　上記から解釈できる社会的関心については、国会においては平成 11 年（1999 年）の 6 件、朝日新聞では 2005 年の 5 件、読売新聞においては 1997 年と 2007 年に 5 件というのがそれぞれの最頻値である。1990 年の HDI の発表以来、一定の関心を持たれてきたことがわかる。

　HDI の策定並びに発表当初、第 1 位として日本が位置づけられたことはこの概念が示そうとする人間の安全保障との関係で示唆に富む。この指数において最上位であったからこそ、日本が得意とする分野は人間の安全保障であるとの認識は定まった。そうしてこれが日本外交の柱として位置づけられるが、HDI に関しては経済力の衰退とともにその順位を下げてしまった。

---

[5] 国会会議録検索システム <http://kokkai.ndl.go.jp/> 2014 年 6 月 30 日に検索。

表8-1 朝日新聞におけるHDIへの言及回数(全38件)	
2013	4
2012	1
2011	2
2010	2
2009	2
2008	2
2007	2
2006	3
2005	5
2004	2
2003	1
2002	1
2000	2
1999	2
1998	3
1997	2
1996	1
1995	1

表8-2 読売新聞におけるHDIへの言及回数(全36件)	
2014	1
2010	2
2009	3
2008	2
2007	5
2005	1
2004	3
2003	1
2002	1
2001	2
2000	1
1999	1
1998	2
1997	5
1996	1
1995	4
1992	1

表8-3 国会審議におけるHDIへの言及回数	
2012	1
2010	3
2008	2
2007	2
2006	3
2005	1
2004	1
2003	2
2002	2
2001	1
2000	1
1999	6
1998	1
1997	2
1993	1

第9章
「ひろしまレポート」に基づくランキング

1 「ひろしまレポート」に対する期待

　2012年7月31日、内閣官房国家戦略室（2012）は「日本再生戦略」を発表した。世界における日本のプレゼンス（存在感）の強化に関して並ぶ項目は、1．人間の安全保障の実現への貢献、2．途上国等の成長の原動力となる人材の育成・確保、3．途上国における強靱なインフラの整備、4．我が国の技術を活かした途上国の防災対策、5．世界のグリーン経済への移行、6．途上国における法制度整備、7．戦略的・効果的なODAの推進、8．国際機関に勤務する邦人職員の増強、9．日本の強み・魅力の発信・日本的な「価値」への理解促進、という9つが並ぶ。

　これらは果たして日本のプレゼンスを高めることにどの程度有効なのだろうか。9番目に日本の強み・魅力の発信を挙げる。しかしそもそも何が日本の強みであるのかの分析が不十分ではないのか。日本発のランキング創出はどうしても欠かせない。スイスのように、自国の強みをランキング化してそれを明確に世界にアピールすることに成功している例から学ぶ必要がある。ただしこの場合のスイスは、世界経済フォーラムという一つのNPOが行っていることで、何も政府が実践しているわけではない[1]。イギリスのエコノミスト・インテリジェンス・ユニットも同様である。つまり民間に世界を俯瞰する、規範形成に積極的な組織、団体が存在していることに注目したい。官製の「クール・ジャパン」の失速が指摘されてい

---

[1] 世界経済フォーラムの様子については田坂（2014）を参照されたい。

る。ナイも、ソフトパワーの伸長に、政府が過度に介入することの問題点を指摘している（ナイ 2004）。

　日本発の非政府の活動で世界における規範形成に役立つ動きはないだろうか。その典型例となりうるのは「ひろしまレポート」（以下本章では、ひろレポ）だと筆者はみる。核の脅威を減らし、核管理、核軍縮することがその根底にある価値である。また核全般の透明性を高めることも肝要である。一足飛びに核廃絶に至らずとも、まず核の脅威を減らすための規範を世界にアピールする。それが広島、長崎から発信すべきことである。

　ひろレポは、広島県の「国際平和拠点ひろしま構想」の具体化の試みとしてまとめられた。核不拡散条約（NPT）体制を中心とした検証となっており、公益財団日本国際問題研究所に委託して作成されている。大部のレポートは、最初の 2013 年版では細分化された 61 項目を膨大な資料、調査によって評価している。その網羅的な試みは称賛に値する。レポートの顕著な特徴は、各国の事情が異なるので一律には並べないという、慎重な姿勢を貫いているところにある。

　これに対する全国紙新聞メディアの反応は、2013 年 4 月 11 日の日本経済新聞は、これを「核廃絶を促すのが狙い」として 310 字で紹介している（日本経済新聞 2013）。同日の毎日新聞は、870 字に及ぶ詳しい紹介記事を掲載している（毎日新聞 2013a）。さらに 4 月 13 日の広島地方版には、北朝鮮と共に最低点だったパキスタンの外務省報道官の「インドに対抗するため核開発を進めざるを得ない」との反論を載せている（毎日新聞 2013b）。朝日新聞（2013）は、広島県が核軍縮の取組を格付けし、北朝鮮が最下位であったことを 722 字の記事で報道した。読売新聞（2013）は翌日、606 字で、「核軍縮への貢献採点」との見出しで、得点状況を一目瞭然の表も付記して載せている。パキスタンの反応を取材した毎日新聞、一覧表を作成した読売新聞の姿勢は積極的である。レポートが期待する成果の一端が現れている。

　ひろレポはその後毎年の発表を重ね、2015 年 3 月には 2015 年版として第 3 回目の刊行があり、2016 年 3 月にも 2016 年版が発表された。評

価対象国は、1回目は19か国のみだったが2回目には31か国に拡大した。3回目には34か国となったが、そうした変化自体がこのレポートがいまだ萌芽期の途上であることを物語る。広島県の平和政策の目玉として、どこまで定着させうるか、自治体の意欲と根気がためされてもいる。無論核廃絶が達成されて、核兵器の脅威が世界から消えたときにはその意味も失われる。それこそが幸いなことであるが、極端な楽観論に立たない限り、ひろレポの存在意義が問われる状況は想定できない。目標として、広島からの継続的な発信を続けることである。

核の脅威を減らすための努力を評価していると解釈できるひろレポの2014年版において、取組に不十分さを露呈している国として、北朝鮮、パキスタン、イスラエルが並んだ。北朝鮮はミサイル発射を繰り返していることから、近隣日本としても最も高い関心を寄せるべき対象である。パキスタンとイスラエルにはそれぞれの言い分があるだろう。パキスタンはインドの核に対抗するため、イスラエルはアラブ世界に取り囲まれたなかでの自国の防衛のために欠かせないとみている。

ひろレポはシンクタンク（広義のNPO）による世界への発信であることから、ナイも言及するNGOの充実の例であり、ソフトパワーにも通じる。

2　図表分析

ひろレポの2014年版に基づいて、図表に的を絞って内容をみておきたい。2015年版、2016年版も既に発表されているが、本書が主眼とするランキング化はこれらの新しい版においてもなされていない。その導入があれば大変革として考究したいが、ここでは2014年版に依拠した分析にとどめる。図表に絞った分析は外交青書を取り上げた第2章で用いた手法と同じである。効果的に図表が用いられている文書は、特に読者に伝えたい内容の眼目がそこに集約されている。そのため図表に注目することで、レポートの骨子を掌握することができる。

「表1-1：核兵器保有数（推計、2013年1月）」は、SIPRI Yearbook 2013

を出典として、世界全体の核弾頭数が最大17270であることを示す。内訳は、米国が最大7700、ロシアが最大8500、英国が225、フランスが最大300、中国が最大250、インドが90〜110、パキスタンが100〜120、イスラエルが最大80、北朝鮮が6〜8となっている。

「表1-2：新STARTの下での米露の戦略（核）戦力」は、米国務省が公表しているデータに基づいている。2011年2月に発効した新戦略兵器削減条約の下で、米ロの配備戦略核弾頭と核運搬手段について、条約上の上限に近づく、あるいは既にそれを下回る戦力となっていることを明らかにしている。

「表1-3：消極的安全保証に関する非核兵器地帯条約議定書への核兵器国の署名・批准状況」において、トラテロルコ条約（ラテンアメリカ及びカリブ核兵器禁止条約）には5核兵器国すべてが批准している。ラロトンガ条約（南太平洋非核地帯条約）とペリンダバ条約（アフリカ非核兵器地帯条約）に対しては、米国を除く4か国の核兵器国は批准しているものの、米国だけは署名のみの状態である。バンコク条約（東南アジア非核兵器地帯条約）と中央アジア非核兵器地帯条約に対してはいずれの5大国も署名すらしていない。

「表1-4：核軍縮に係る透明性」は、NPDI（軍縮・不拡散イニシアティブ）が2012年にNPT準備委員会に提出した作業文書に基づいている。項目として、核弾頭、運搬手段、1995年以降の核軍縮、核ドクトリン、核実験、予定される政策見直し、核分裂性物質、核軍縮を支える他の措置が並ぶ。これらについて中国、フランス、ロシア、英国、米国、インド、イスラエル、パキスタン、北朝鮮について○、△、・、空欄という4種類のいずれかを入れることで各国の透明性を表す。ただ、日本人であれば概ねその意図するところは想像がつくが、より明確にその区別の意味を記すべきではあろう。○、△はともかく、・と空欄の意味の違いはよくわからない。

さて、この中で、核弾頭、運搬手段、1995年以降の核軍縮に関しては5核兵器国の内、中国の姿勢がきわめて消極的なことがよくわかる。

「表2-1：NPT締約国である非核兵器国および北朝鮮のIAEA保障措置

協定の締結・実施状況（2012年12月末時点）」は、核物質が平和目的から核兵器及び核爆発装置へ転用されることを防止・探知するための措置であり（ひろしまレポート 2014:41）、豪州、オーストリア、ベルギー、ブラジル、カナダ、エジプト、イラン、ドイツ、インドネシア、日本、カザフスタン、韓国、メキシコ、オランダ、ニュージーランド、ノルウェー、南アフリカ、スウェーデン、スイス、シリア、トルコ、UAE、北朝鮮について状況を明記する。これらのなかで、豪州、オーストリア、ベルギー、カナダ、ドイツ、インドネシア、日本、韓国、オランダ、ノルウェー、スウェーデンが十分な実施状況にある。他方、ニュージーランドは統合保障措置の段階はまだ空欄である。さらにスイスは拡大結論と統合保障措置の二つの項目がなお空欄で、これら両国の核軍縮に積極的であろうと思われるイメージからは意外な感を抱かせる。

　ひろレポは IPFM（核分裂性物質国際パネル）が毎年発表している兵器に利用可能な核分裂性物質の保有量を掲載する。まず「表3-1：核物質の防護区分」において、プルトニウム、ウラン235、ウラン233など、濃縮度、量などに基づく魅力度の高低を区分する。そして「表3-2：兵器利用可能な核分裂性物質の保有量（推計、2012年）」で、高濃縮ウラン、兵器用プルトニウム、民生用プルトニウムの各国の保有状況を具体的に示す。単位が明示されていないため、具体的なイメージをもっての量的な比較は難しい。日本に注目するならば、高濃縮ウランは、イスラエルより多く所有する。民生用プルトニウムはロシアと比肩する量を持つ。もっとも高濃縮ウラン、兵器用プルトニウム共に、米ロが桁違いの突出した保有量となっていることは明らかである。「表3-3：各国の核燃料サイクル関連活動」は、発電用原子炉、研究炉、ウラン濃縮施設、再処理施設の4つの項目で、各国の保有の実態を明らかにする。この表でも○、△の意味を明示していないが、一般的には○が有を示すと見て良いであろうから、中国、フランス、ロシア、英国、米国、インド、パキスタンがこれらすべてを保有することになる。ブラジルと日本は最後の再処理施設が△で、日本についてはそこに試験運転中との注記が付されている。

「表3-4：核セキュリティ・原子力安全に関する主要な条約への署名・批准状況」は、核物質防護条約、改正核物質防護条約、核テロ防止条約、原子力安全条約、原子力事故早期通報条約、放射性廃棄物等安全条約、原子力事故援助条約に対する批准、署名状況を各国一覧で明らかにする。日本は改正核物質防護条約を除いてすべて批准している。今回のひろレポの対象国のなかでこれらすべての批准を済ませている国は、中国、英国、オーストラリア、ベルギー、ドイツ、カザフスタン、オランダ、スイス、UAEとなっている。改正核物質防護条約はまだ未発効の条約であるが、核セキュリティの強化に対する積極的な姿勢を示すために、日本の早期の批准も求められよう。

「表 3-5：各国の INFCIRC/225/Rev.5 の勧告措置の適用・取組状況」にいては、取り組みがなされていると表明している国について○を付している。ひろレポ（ひろしまレポート 2014:60）によればこれは、IAEA から出されている勧告文書で、法的拘束力を持たないものの、核物質及び関連施設の物理的防護に関して事実上の国際的基準を示す文書である。2011 年にこの第 5 版が出ている。ここで新たに加えられたものとして、立入り制限区域の設定、等級別手法と深層防護の深化、一定程度離れた距離からの原子力施設への攻撃に対する防護、内部脅威者の脅威に対する防護及びその対策の一つとしての核セキュリティ文化の醸成、中央警報ステーションの非常時における基本機能継続のための冗長性確保などの新たな防護措置を勧告している（ひろしまレポート 2014:60）。ひろレポ上で○がついているのは、核 5 大国と日本を含めた 21 か国で、評価対象国の 3 分の 2 となっている。

高濃縮ウランは民生目的で用いられてきたものの、核爆発装置の製造に適しているため（ひろしまレポート 2014:62）、核セキュリティ上の懸念から低濃縮ウランへの転換を求められる状況にある。「表 3-6：HEU 最小限化及び不法移転防止措置に関する取組状況」はそうした観点から、平和目的のための HEU を最小限化する努力、ITDT（IAEA 不正取引データベース）参加、核物質の不法移転防止のための措置の実施、の 3 項目について評価

する。日本については、このひろレポ2014において最初のHEUの最小限化の努力について、取り組みがなされていない状況となっているが、2014年3月24日、日本が研究用として保有していたすべての高濃縮ウランと分離プルトニウムを米国に返還することに合意したことが発表された。したがって、次回のレポートにおいては、日本もすべて○となる。

　「表3-7：ITWG-17で申告された調査対象各国の核鑑識に係る能力」は、ITWG（核物質の不法移転に関わる国際技術ワーキンググループ）が、核鑑識、つまり「不法移転され捜査当局によって押収、採取された核物質及び放射性物質について、核物質、放射性物質及び関連する物質の組成、物理・化学的形態等を分析し、その物品の出所、履歴、輸送経路、目的等を分析・解析する技術的手段のことを言い、核セキュリティ取組を補完する重要な技術の一つ」（ひろしまレポート2014:66）についての報告内容である。ひろレポによれば、フランス、英国、米国、豪州、カナダ、日本、韓国、スウェーデン、スイスなどがこれに積極的に取り組んでいる（ひろしまレポート2014:66）。

　「表3-8：各国の核セキュリティ・イニシアティブへの参加・取組状況」は、IAEAによる国際核防護諮問サービス（IPPAS）といった諮問ミッションの受入れ状況、キャパシティ・ビルディング及び支援活動、核セキュリティ基金、G8グローバル・パートナーシップ、核テロリズムに対抗するためのグローバル・イニシアティブ（GICNT）の6項目について、各国の参加あるいは取り組み状況を評価する。2010年、2012年の核セキュリティサミット、あるいはG8サミットにおける合意によってこうした核セキュリティのための体制整備が図られてきた。内容の詳細はひろレポの本文の説明に譲るが、たとえば第3番目の項目、キャパシティ・ビルディング及び支援活動は、核鑑識への取組、核物質計量管理や核物質物理的防護、また不法取引対抗措置トレーニングなどの協力の状況を見ている（ひろしまレポート2014:67）。これらすべてに○がつくのは、フランス、英国、米国、オランダ、ノルウェーのみである。日本はIPPASのミッションについて△、核セキュリティ基金については該当していない。ここでも

日本のリーダーシップに課題が残っている。

　ひろレポ 2014 において、調査対象国の評価は、核軍縮、核不拡散、核セキュリティという 3 つの分野において、核兵器国、核兵器不拡散条約非締結国、非核兵器国、そして北朝鮮のみをその他とする 4 つのグループに分けて行っている。それぞれ懸案となっている評価対象項目が異なるため、最高評点の評点率を示したことが、最新 2014 の特徴である。また核兵器国について、ⅰ核兵器保有数、ⅱ核兵器削減状況、ⅲ「核兵器のない世界」に向けた取組、ⅳ運用政策、ⅴ関連多国間条約の署名・批准状況、交渉への対応等、ⅵ透明性、という 6 つのポイントから評価を整理して、レーダーチャートで図示した。2013 年版では参考としてあったレーダーチャートだが、核兵器国の状況を視覚的に訴える方途として、ここでは 5 か国にまとめての提示となり比較が容易になった。それぞれの特徴が浮かびあがっているが、図形としては 5 か国それぞれ前年と大きな変化はない。図形の意味と特徴を分析しておけば、できるだけ面積の大きな図を描けばそれだけ評価が高いことを表す。フランスとイギリスが同じような図形を描いていることから、核軍縮に対する取り組み方が類似していることがわかる。アメリカは透明性、関連多国間条約の部分で比較的高い評価である。ただしロシアと同様に、保有数に関してはきわめて厳しく評価されている。中国は、透明性と削減状況の評価が低い。核兵器にとどまらず、核保有 5 か国のなかの非民主主義的な国家であることを考慮に入れるなら、世界にとっての脅威としての懸念は払しょくできない。

　ひろレポ 2014 は、前年版と比して、伝える情報がよりインパクトをもつ形になったと評価してよい。最初の分野、核軍縮では、100 パーセントの評点率のなかで、イスラエルと北朝鮮がマイナスになっている。筆者は、レポートの特性を言い換えれば、「核の脅威を減らす」ための努力についての評価であると指摘してきた（三上 2014）。その見方に立てば、これら両国はこの 1 年、核の脅威を増大させてきたと解釈できる。さらに非締約国であるパキスタン、インドの評価は低い。核兵器国については、ロシア中国が 10 パーセント台で、「核の脅威を減らす」観点から不十分

であることがわかる。非核兵器国に目を転じれば、最も高い評価は70パーセントを超すニュージーランド、次いでオーストリアとスイスが共に67.9パーセントで並ぶ。日本は61.5パーセントと少し物足りない数値である。

　核不拡散に関する評価は、北朝鮮、パキスタン、イスラエル、インド、シリアがこの順に低い（ひろしまレポート2014:74）。核セキュリティについても、北朝鮮はマイナス評価で、核の脅威を減らすどころか、むしろ増大させているとの見立てである。次いでイランとシリアが14.6％と並んで低い。エジプトがそれらの次に低く、31.7％となっている（ひろしまレポート2014:75）。

　ひろレポ2014は、3分野それぞれの性格が違うとの解釈で、これらを合わせた評価を行っていない。しかしそれでは核の脅威を減らす国ごとの努力を比較するのになお不便さが残る。それを克服するために試みとして統合した指標を作成した。3分野それぞれの達成率を計算し、その平均を計算した。結果は下の表9-1である[1]。掲載の順序はひろレポに従っている。

　かつて拙稿で、核兵器廃絶に取り組む各国の動きをランキング化し、それによって大学生の関心、意識を高め、将来の核廃絶の土台を形成することを主張した（三上2000）。もっともそのための根拠となるデータを学生が集めることは困難である。一研究者にとっても容易な作業ではない。世界的なネットワークを有する日本国際問題研究所のようなシンクタンクであるからこそ、そうした試みは可能となる。

　総合点に基づき、上位から並べたのが表9-2である。スウェーデン、豪州が1位、2位だが、韓国が3位となっていることは注目に値する。東アジアにあってアメリカと安全保障条約を結び、北朝鮮の脅威が存在する

---

[1] ひろレポは評点率という用語を使い、核軍縮、核不拡散、核セキュリティそれぞれで示している（ひろしまレポート：72-75）。本書ではそれら3つの平均を示している。中国の核軍縮は11.7％、核不拡散は66.0％、核セキュリティは48.8％で、その平均が47.17である。

表9-1 核の脅威削減の達成率

国名	平均
中国	42.17
フランス	55.80
ロシア	42.27
英国	54.77
米国	55.10
インド	26.10
イスラエル	22.77
パキスタン	18.37
豪州	74.60
オーストリア	71.37
ベルギー	65.23
ブラジル	63.43
カナダ	69.23
エジプト	43.90
ドイツ	70.40
インドネシア	63.67

国名	平均
イラン	29.40
日本	69.50
カザフスタン	63.00
韓国	74.23
メキシコ	71.47
オランダ	69.80
ニュージーランド	69.97
ノルウェー	68.67
南アフリカ	68.70
スウェーデン	78.27
スイス	70.00
シリア	23.17
トルコ	55.13
UAE	60.33
北朝鮮	-4.20

表9-2 達成率の順位

1	スウェーデン	78.27		17	カザフスタン	63.00
2	豪州	74.60		18	UAE	60.33
3	韓国	74.23		19	フランス	55.80
4	メキシコ	71.47		20	トルコ	55.13
5	オーストリア	71.37		21	米国	55.10
6	ドイツ	70.40		22	英国	54.77
7	スイス	70.00		23	エジプト	43.90
8	ニュージーランド	69.97		24	ロシア	42.27
9	オランダ	69.80		25	中国	42.17
10	日本	69.50		26	イラン	29.40
11	カナダ	69.23		27	インド	26.10
12	南アフリカ	68.70		28	シリア	23.17
13	ノルウェー	68.67		29	イスラエル	22.77
14	ベルギー	65.23		30	パキスタン	18.37
15	インドネシア	63.67		31	北朝鮮	-4.20
16	ブラジル	63.43				

こと等、安全保障をめぐる各要素をみても日本と韓国は大きく変わることがない。それにも拘わらず、韓国は日本よりも5ポイント近く良い結果となっている。このように総合点化すると、2013年との推移をみることも容易になる。レポート本体は比較することに消極的だったために、ひろレポ2013版では総合点も、評価率もなかった。2013年版の評価に基づいて、筆者が独自にランキング化のための数値を示したのが表9-3である[2]。

表 9-3　2013年版の19か国の評価

豪州	80.38	フランス	57.38
スウェーデン	79.14	ロシア	49.01
日本	77.29	中国	45.86
韓国	77.15	イラン	31.96
ドイツ	75.23	インド	26.04
南アフリカ	70.17	シリア	25.23
スイス	65.65	イスラエル	24.58
ブラジル	64.24	パキスタン	18.02
アメリカ	61.78	北朝鮮	3.05
イギリス	60.50		

また表9-4では、2013年版について分野ごとの評点率を筆者が独自に計算したものである。

2014年版には前年版からの新たな追加がある。下線が付されているのでそれを挙げておくと、核軍縮の項目で「核兵器の人道的結末」の3点分、「広島の平和祈念式典への参列」1点分、そして核不拡散の項目で「NPT非締約国との原子力協定」3点分[3]となる。しかし各項目を逐一調べると、核軍縮の項目ではさらに「拡大核抑止への依存」の−5点分も加わっている。つまりこれら3つで、核軍縮の項目が28から31項目に

---

[2] 拙稿（2014）では3分野すべてを合算して全体の総合点に対する達成率による順位付けを行った（表9-3）。ひろレポ2014は、3分野それぞれの項目別に評価率（達成率）を出していることから、表9-4はその方式に倣って、それらを合算の上、平均を出して順位付けし直している。

表9-4　2014年版方式による2013年版19か国の評価

レポート方式	核軍縮	核不拡散	核セキュリティ	平均
中国	20.792	70.455	46.341	45.863
フランス	27.723	93.182	51.22	57.375
ロシア	23.762	81.818	41.463	49.014
イギリス	34.653	93.182	53.659	60.498
アメリカ	31.188	93.182	60.976	61.782
インド	16.327	27.66	34.146	26.044
イスラエル	9.184	25.532	39.024	24.58
パキスタン	7.143	12.766	34.146	18.018
イラン	41.86	34.483	19.512	31.962
シリア	34.884	31.034	9.756	25.225
豪州	65.116	93.103	82.927	80.382
ブラジル	62.79	68.966	60.976	64.244
ドイツ	55.814	91.379	78.049	75.228
日本	69.767	91.379	70.732	77.293
韓国	58.14	87.931	85.366	77.146
南アフリカ共和国	60.465	79.31	70.732	70.169
スウェーデン	65.116	84.483	87.805	79.135
スイス	67.442	75.862	53.659	65.654
北朝鮮	7.143	6.897	-4.878	3.054

小数点以下第6位四捨五入

なる。他方、核不拡散で「NPT非締約国との原子力協定」が追加されたものの、「IAEA特別拠出金」の1点が削除されている。したがって核不拡散の評価項目の総数自体は変わらない。こうした変化があることから、2013年版と2014年版の数値を単純に比較することはできない。特に「拡大核抑止への依存」として－5点という負の評価項目があるため、こ

---

3) 2014年版のひろレポはその1ページに、核軍縮の項目が28から31に増えたことを明記するが、新たに加えたとする下線部を確認すれば、核軍縮の項目は2つ増のみで、核不拡散の項目に1つの追加がある。

の部分の扱いは注意が必要になる。2014年版は、負の項目は総合点のなかには組み入れず、それぞれの国でこの部分に該当するマイナス点がある場合に、その国の得点から減ずる方式をとっている。日本の場合拡大抑止への依存が－3点となっていることから、2013年版よりも点数が下がることは想定の範囲内である。しかしマイナスが8ポイント近くになるのは看過できる範囲を越えている。

　表9-5は2014年版の総合評価から2013年版の総合評価を引いた数値である。日本は19か国のなかでは最も評価を下げている。スイス、インド、パキスタンを除いて、各国ともマイナスとなっている。前述したとおり項目の変化があることから単純な比較はできない。しかし「核の脅威を減らす」という観点から世界各国の状況を分析していることには変わりがないことから、状況は悪化したと解釈できる。強調すべきはやはり、日本の悪化が、北朝鮮の7.25をも上回ることであり、19か国中で最大の評価の悪化である。ひろレポ本体はこうした総合点を示しておらず、そのためこうした変化についての分析はない。本書では独自に、前年と評価に大きな変化のあった日本とスイスを取り上げて、個別にそれを確認しておきたい。新たに加えられた「拡大抑止力への依存」の項目で日本はマイナス3ポイントとなっている。「即時交渉開始に向けたコミットメント、努力、提案」も同趣旨の前年の項目との比較で、4から3に減じて結果としてマイナス1ポイントとなっている。「保障措置強化のための努力」が評点の重み自体も増して3/3が3/4へと変化[4]したが、1ポイント減の事実は決して軽くない。「NPT非締約国との原子力協定」は新たな項目で、2/3となってマイナス1ポイントである。核セキュリティの「兵器利用可能な核分裂性物質の保有量」が前年度マイナス6からマイナス8に評価が下がっている。「高濃縮ウラン最小限化」も前年からマイナス1になって

---

[4] この表記は分数を示しているのではない。3/3の場合なら重みが3の項目で、3点の評価という意味である。3/4は重みが4の項目で3点という意味である。このセクションの以下も同じである。

いる。「核セキュリティ基金」は 2/2 から 0/2 と 2 ポイントマイナスである。こうした評価の総体として、日本の大きな下げ幅となっていることがわかる。

表9-5　2014年版の総合点から2013年版の総合点を減じた数値

スウェーデン	-0.87	イギリス	-5.73
豪州	-5.78	ロシア	-6.74
韓国	-2.92	中国	-3.69
ドイツ	-4.83	イラン	-2.56
スイス	4.35	インド	0.06
日本	-7.79	シリア	-2.06
南アフリカ	-1.47	イスラエル	-1.81
ブラジル	-0.81	パキスタン	0.35
フランス	-1.58	北朝鮮	-7.25
アメリカ	-6.68		

　他方スイスは、CTBTに関連した項目、「包括的核実験禁止条約機関準備委員会との協力」と「CTBT検証システム発展への貢献」の評価が共に、1/2から2/2へと高くなっている。またIAEAの「保障措置強化のための努力」の関連項目が1/3が2/4に変わっている。核セキュリティ分野で、「核分裂性物質の保有量」に相当する箇所がマイナス5からマイナス4に改善している。「国際評価ミッションの受入れ」の関係項目も、0/2から2/2へと変わっている。さらに最後の項目、核セキュリティサミットなどへの参加等を列挙してある箇所で、2/3から3/3へと1ポイント増の結果が示されている。ここに見るこうした項目の改善が、19か国すべてのなかでの最大の改善幅となって示されている。

3　記念式典への参加を促す

　ひろレポ2014版の評価項目について述べたい。2013年版になかった「広島の平和記念式典への参列」が項目として加わった。しかしその配点

はわずかに 1 点である。筆者は拙稿において、参列状況を加味したひろレポの得点状況を独自に計算してランキングを示した。その際の得点の換算方法は、3 年間の参列状況について、大統領、首相級の元首の出席を 3 点、大使を 2 点、大使以外を 1 点、欠席を 0 点として、毎年のスコアを出し、その 3 年間すべてを集計した点数をその国のスコアとした。したがって、3 年間続けて大統領が出席すれば 9 点、3 年間すべて欠席の場合は 0 点である。スペクトルとして、0 〜 9 ポイントの差が付く。ひろレポ 2014 は 0 〜 1 点の評価で、3 年間の内、一度でも出席がある場合は 0.5 との評価をしている。そのため、前述したスイスはこの項目で、2012 年に公使が 1 度だけ出席したに過ぎないが、0.5 ポイントなっている。項目としたこれを新たに加えたことは、全く考慮しないことに比べれば前進である。しかしあまりに重きを置かない評価となっている。もっとも式典そのもののメッセージ性に意味がなく、参加しようがしまいが核の脅威を減らすことに何の意味も見いだせないとすれば、この評価を問題視することもできない。平和記念式典そのものの意味についても一考を促す評価である。

　最後にあらためて言及しておきたいことは、中国の数値の低さである。2013 年版では 45.86、2014 年版では 42.17 と 2 年続けて核保有 5 か国のなかで最低である。レーダーチャートが示していたように、透明性が極めて低い。世界第 2 位の GDP となり、中国は世界の中での存在感を増している。それだけ責任ある行動を求められる立場にある。しかし現在の中国の様々な行動は、自らの経済的台頭を支えた現在の世界秩序を守ろうとするよりは、力を背景に自らを中心とする新たな世界秩序の再編を目論んでいるかのようである。ミンシン・ペイはフォーリン・アフェアーズにおいて、「開放性やルールに基づく行動」を基盤とする現在の国際システムと「閉鎖的な政治と権力の恣意的行使」を特徴とする中国の国内体制とのギャップからみても、中国のエリート層が欧米秩序に正統性を見いだす日がやってくるはずはない。中国は今後さらに力をつけるにつれて、既存秩序の変更を求めるか、中国にとって好ましい秩序を構築しようとするはず

だと指摘する（ペイ 2014）。核軍縮を進めるための大前提は、国際的に透明性の高い信頼関係にある。それに逆行する中国の行動は、核の脅威を低減しようとする良識ある国際社会の声に逆らっている。

　平和記念式典において広島市長が発表する平和宣言には、核兵器を絶対悪とする主張が盛られる。絶対的な悪なのだから、広島市の立場からは、核抑止を認めることはできない。それゆえ核兵器に関わるすべての実験、たとえば臨界前核実験をアメリカが行った場合、広島市から必ずアメリカへ抗議の文書が発送される。核兵器の惨禍を被った広島市としては、いかなる理由があろうともその存在は悪であるとする、強烈なメッセージを発し続けている。この広島のメッセージは、核兵器を使えない兵器とするために大きな役割を果たしてきたと言える（三上 2014）。

　他方、オバマ米大統領のプラハ演説、米政治の長老4人のウォールストリートジャーナルへの寄稿があったにも拘わらず、核大国はなお核を放棄しようとしていない。日本も日米安保を外交の柱に据えるなかで、アメリカによる拡大抑止の適用範囲内にあることは否定できない。アメリカの戦略が核を放棄しない以上、日本の安全保障も米の核の傘と密接に関わる。

　黒沢満は拡大抑止のなかに日本があっても、核兵器の役割を減じていくことはできると主張する（黒沢 2013）。核兵器を自分から先に使うことはしない核兵器の第一不使用、核兵器を保有していない国に対しては核兵器の使用または威嚇を行わないという保証である消極的安全保証、そして核兵器の警戒態勢の低下または解除という、3つの措置によって核兵器のない世界を達成しようとする主張（黒沢 2013: 16-22）である。

　国際政治学者として著名な坂本義和はその著書『核時代の国際政治』において、核兵器を必要としているのは各国家の政治家であって、民衆は必要ではない。核兵器を必要としない民衆の国際的な連帯によって核兵器廃止の道筋を描く。「われわれが人間らしく生きることと核兵器の存在とは、絶対に相いれない」（坂本 1982: 210）と結論付け、国際政治の主体としての民衆の声を重視する。

　プラハ演説で核なき世界を語りノーベル平和賞に輝いたオバマ米大統領

は、任期中最後のG7伊勢志摩サミット出席の後、現職の米大統領として初めて広島に立ち寄った。実際に核兵器を使った唯一の国としての道義的責任を所感で述べた。記念式典への参加ではなかったものの、広島・長崎の惨禍を再認識して、核なき世界を目指す象徴的な行動としての意味は大きい。前任ルイス駐日大使、ケネディ駐日大使が記念式典への参加を続け、サミット外相会談でケリー国務長官が広島平和記念公園を訪れた延長線上にある米大統領の訪問であった。アメリカ政府のこうした行動は、核兵器をめぐる構図として、坂本の主張とズレが生じていることを表す。核兵器を必要だと認識しているのは必ずしも政治家だけとは言えない。アメリカのオバマ政権の場合は、核拡散の脅威を痛感する政策決定者はむしろ核を絶対的に必要とはとらえていないにも拘わらず、共和党議員やそれを支える国民がそれを共有していない。政治家と民衆の二分論で核兵器廃止を語ることは当たらなくなっている。

　北朝鮮のような独裁国家のみならず、民主主義国家の核保有国においても核兵器が外交政策に組み込まれている現実を踏まえ、規範的価値として脅威を減ずることの重要性をいかに説得的に訴えるのか。ひろレポの影響力が問われているのは疑いない。本章では、核の脅威を減らすための方途として、ランキング化することの必要性を述べた。

第 10 章

「良い影響」調査に基づくランキング

1 与える影響に関するアンケート調査

　GlobeScan Incorporated と The Program on International Policy Attitudes（PIPA）によれば、各国の好感度に関する BBC ワールドサービスの世論調査は 2004 年に実施された。22 か国の 22953 人に対する調査で、2004 年の 11 月 15 日から 2005 年 1 月 5 日の期間、しかしほとんどは 2004 年の 12 月中に終えたとしている（GlobalScan 2006）。ここで特に焦点が当てられたのは中国の台頭であった。中国がアメリカやロシアよりも世界で肯定的な役割を果たしているとする回答が顕著に多かったことを特記している。

　2005 年 10 月から 2006 年 1 月に実施された同調査が 2 回目になる。33 か国において 39435 人が対象となっており、イランに対する世界の厳しい見方を強調している。併せて、アメリカ、ロシアに対する評価も低く、前回に比べて中国も顕著に評価が下がったことを記している。前年、評価の高かった国は低かった国よりも、高い印象値の減少があったと指摘している。33 か国における調査で、多数を占めるのが肯定的か否定的かによってあらわしたのが下である（表 10-1 参照）。

　この調査の魅力は、きわめて単純明快で、なおかつ透明性が高いことである。2013 年版冒頭の紹介は、2012 年 12 月から 2013 年 4 月の間、対象となる 16 か国とＥＵについて「それが世界に与えている影響は " 概ね良い " か " 概ね悪い " か」を尋ねる調査を 26299 人に行ったことを明示する。調査を行った国は 25 か国で、方法としては、対面式または電話

でのインタビューであった。国により、全国的に実施された調査か、あるいは都市部における調査かは異なる。この年の日本では、12月22日・23日の両日に、全国の20歳以上の1560人に対面式の調査が実施された（BBC World Service 2013）。

表10-1 他からの評価

国名	主に良い影響を与えている[1]（良い影響）	主に悪い影響を与えている[2]（悪い影響）
ヨーロッパ	33	
日本	31	2
フランス	28	4
イギリス	26	5
インド	22	6
中国	20	10
ロシア	13	16
アメリカ	13	18
イラン	5	24

＊自国を含んでいない。

調査における質問は以下の通りであった。

これから、いくつかの特定の国の印象についてお尋ねします。
次の国々のそれぞれが世界において持つ影響力は概して肯定的であると思いますか、それとも否定的であると思いますか、お答えください。（繰り返す）
a) 中国について
　01　概して肯定的
　02　概して否定的
　自発的に（調査員は読まない）
　03　状況による
　04　どちらでもない、中ぐらい
　05　わからない／答えない

---

[1] 特別に記す以外は、これ以後の表では「良い影響」とする。
[2] 特別に記す以外は、これ以後の表では「悪い影響」とする。

b) フランス
c) アメリカ

翌年の 2014 年 6 月 3 日に発表された調査は、2013 年 12 月から 2014 年 4 月まで、世界 24 か国で実施された（BBC World Service 2014）。その結果は以下の通りである（表 10-2 参照）。

表 10-2　世界に良い影響を与えている（2014 年 6 月）

順位	国名	良い影響
1	ドイツ	60
2	カナダ	57
3	英国	56
4	フランス	50
5	日本	49
6	EU	47
7	ブラジル	45
8	米国	42
9	中国	42
10	南アフリカ	38
11	韓国	38
12	インド	38
13	ロシア	31
14	イスラエル	24
15	北朝鮮	19
16	パキスタン	16
17	イラン	16

読売新聞（2014 年 6 月 4 日）に一部が紹介。

2013 年の結果は下記の通りである（表 10-3 参照）。

2014 年との違いは、日本とフランスが入れ替わっていたこと、また、韓国と南アフリカが入れ替わっていた。

悪い影響についても 2 年分を示す（表 10-4、10-5 参照）。ワースト 5 は全く同じである。

2014 年と 2013 年の対比では、インドと米国が入れ替わっているのみで、ここでも変化は少ない。

表10-3 世界に良い影響を与えている（2013年5月）

順位	国名	良い影響
1	ドイツ	59
2	カナダ	55
3	英国	55
4	日本	51
5	フランス	49
6	ＥＵ	49
7	ブラジル	46
8	米国	45
9	中国	42
10	韓国	36
11	南アフリカ	35
12	インド	34
13	ロシア	30
14	イスラエル	21
15	北朝鮮	19
16	パキスタン	15
17	イラン	15

表10-4 世界に悪い影響を与えている国（2014年）

順位	国名	悪い影響
1	イラン	60
2	パキスタン	58
3	北朝鮮	58
4	イスラエル	50
5	ロシア	45
6	中国	42
7	米国	39
8	インド	36
9	韓国	34
10	南アフリカ	31
11	日本	30
12	ＥＵ	27
13	ブラジル	26
14	フランス	22
15	英国	21
16	ドイツ	18
17	カナダ	15

表10-5　世界に悪い影響を与えている国（2013年）

順位	国名	悪い影響
1	イラン	59
2	パキスタン	55
3	北朝鮮	54
4	イスラエル	52
5	ロシア	40
6	中国	39
7	インド	35
8	米国	34
9	韓国	31
10	南アフリカ	30
11	日本	27
12	ＥＵ	24
13	ブラジル	21
14	フランス	21
15	英国	18
16	ドイツ	15
17	カナダ	13

2　日本に対する評価

　中国、韓国、インド、ドイツにおいて、日本に対する評価が厳しい。（表10-6参照）中国、韓国、インドは前年と比較すると、評価が悪化している。他方、ドイツの厳しい評価は例年の傾向である。ドイツは、中国に対して良い13、悪いが67、韓国に対してはそれぞれ17、65、またインドにも13、50、しかし他方たとえばイギリスに対する評価は48、19、フランスには48、21、となっており、欧米諸国以外の国に対する評価は厳しい傾向がある。

　2013年（表10-7参照）と2014年を比較するなら、良い影響について、2014年になり、韓国と中国おける評価で大きくポイントを下げていることが目立つ。

　日本における他国の評価を見ておこう（表10-8、表10-9参照）。

日本に対する変化と同じで、2013年に比べて、2014年は、日本において韓国、中国に対する評価は悪化している。

表10-6 2014年レポートにおける各国の日本に対する評価

	良い影響	悪い影響
米国	66	23
カナダ	58	30
ブラジル	70	19
ペルー	59	19
アルゼンチン	43	16
メキシコ	38	25
英国	65	24
フランス	58	34
スペイン	46	30
ドイツ	28	46
ロシア	49	12
イスラエル	43	12
トルコ	40	18
ナイジェリア	72	13
ガーナ	59	21
ケニア	45	26
インドネシア	70	14
オーストラリア	59	29
日本	50	6
パキスタン	46	21
インド	27	29
韓国	15	79
中国	5	90
平均（日本を除く）	48	29

第10章 「良い影響」調査に基づくランキング

表 10-7 日本に対する評価（2013 年）

	良い影響	悪い影響
米国	66	20
カナダ	61	23
ブラジル	71	10
チリ	66	15
ペルー	64	15
メキシコ	42	38
ポーランド	59	9
英国	59	27
フランス	56	32
ギリシャ	50	20
トルコ	46	41
ロシア	45	14
スペイン	36	32
ドイツ	28	46
ナイジェリア	75	10
ガーナ	59	20
ケニア	58	11
エジプト	44	20
インドネシア	82	9
オーストラリア	53	36
日本	45	9
パキスタン	45	26
インド	33	15
韓国	21	67
中国	17	74
平均（日本を除く）	52	26

表 10-8　日本人の他国に対する評価（2014）

	良い影響	悪い影響
アメリカ	37	8
ロシア	17	23
ドイツ	46	3
カナダ	44	1
ＥＵ	35	5
イギリス	47	2
日本	50	6
パキスタン	6	41
インド	34	9
イラン	5	53
南アフリカ	20	14
イスラエル	4	50
北朝鮮	1	91
フランス	38	4
中国	3	73
ブラジル	35	7
韓国	13	37

表 10-9　日本人の他国に対する評価（2013）

	良い影響	悪い影響
アメリカ	42	10
ロシア	14	28
ドイツ	47	3
カナダ	40	1
ＥＵ	32	11
イギリス	44	3
日本	45	9
パキスタン	6	39
インド	42	4
イラン	4	55
南アフリカ	19	10
イスラエル	3	54
北朝鮮	0	92
フランス	33	4
中国	5	64
ブラジル	40	3
韓国	19	28

3　諸外国の自国に対する評価

　日本人の自国に対する評価をBBC World Serviceによる毎年の発表からまとめてみた。次の表10-10を参照されたい。自己評価が高くなる傾向がうかがえる。

　2014年版から自国の評価のみを取り出すと、下の表10-11となる。

　中国とカナダの自国に対する自信の表れは興味深い。カナダの自負は、その外交政策の伝統にもよるだろう。1980年代に馬場（1989）が指摘した通り、冷戦期のトルドー外交は核戦争を未然に防ぐ上で効果を発揮した。現在その存在を当然視されるPKOも、カナダの外相ピアソンの発案があってこそのものだった。またこうした世界平和に寄与するという外交を、国民も自覚しており、そうした自信がこの高い割合で世界に良い影響を与えていると答える市民の数値に表れている。

　中国の動向は、対外的な強硬姿勢ばかりでなく、国民の認識を見ても注意が必要である。2013年、自国の認識は表10-12にある通り77-16であった。それが2014年には85-7と、調査対象国のなかでも、自己認識がもっとも高くなっている。世界からの評価は決して高くない。こうした差が、諸外国から自国が正しく評価されていないとする不満を高じさせるおそれが十分になる。同様なことはロシアについても言えよう。自国民は

表10-10　日本人の自国に対する評価

年	良い影響 - 悪い影響
2014	50-6
2013	45-9
2012	41-9
2011	39-9
2010	43-7
2009	41-11
2008	36-15

表 10-11　自国民の自国に対する評価

国名	2014年自国評価 （良い影響 - 悪い影響）
アメリカ	66-27
ロシア	77-6
ドイツ	68-19
カナダ	81-13
イギリス	71-23
日本	50-6
パキスタン	44-29
インド	56-22
イスラエル	40-18
フランス	70-22
中国	85-7
ブラジル	66-18
韓国	68-26

　77パーセントが世界に良い影響を与えていると認識しているにも拘わらず、世界の肯定的評価はたとえば2014年なら31パーセントにとどまる。
　2013年版　2012年版、2011年版のそれぞれの自国評価な下の通りである（表10-12）。
　2011年版に基づいて、世界からの見方と、自己認識の差を数値がそろう国について示しておく（表10-13）。計算式は、世界から自国を減じる形（世界－自国）にする。数値が正の場合は世界からの評価が自己認識を上回っている場合、逆に負の場合は、自信の認識より世界の認識が厳しい場合を表す。
　2011年版における評価では、正の数となったのは、日本だけである。負の評価となっている国で、特にそれが大きいのは、順に、韓国、ロシア、インドとブラジルが同数で続き、そして中国となる。
　2013年版から判断すると、自国が世界に良い影響を与えているとの認識は、日本は調査国のなかでパキスタンに次いで2番目に低い。逆に自

表10-12　自国民の自国に対する評価（2013、2012、2011）

国名	2013 自国評価 （良い影響－悪い影響）	2012 自国評価 （良い影響－悪い影響）	2011 自国評価 （良い影響－悪い影響）
中国	77-16	86-5	77-17
インド	65-14	64-11	77-6
日本	45-9	41-9	39-9
イギリス	66-23	71-22	69-23
アメリカ	65-23	67-25	64-29
ドイツ	64-8	67-6	81-4
カナダ	84-9	88-9	79-9
フランス	76-15	75-18	68-18
ブラジル	77-7	88-5	84-6
パキスタン	38-30	26-35	40-17
イスラエル	no data		
イラン	no data		
韓国	64-22	57-34	84-9
北朝鮮	no data		
ロシア	58-12	72-5	77-4
南アフリカ	no data		69-13

　国が世界に良い影響を与えていると認識している市民の割合が高いのは順に、カナダ、ブラジル、中国、フランス、イギリスとなっている。

　日本の自己評価が低いのはなぜか。謙遜の美徳が重んじられる社会であることも要因の一つかもしれない。あるいはJICA国際協力専門員である杉下（2007）は、日本人に染み付いてしまった自虐史観のせいだと考えている。

　そうしたなかで、2013年、2014年と、自己評価が高まっている背景には、竹田恒存、安倍晋三、麻生太郎等が、実は日本はすごいのだ、と主張する本が一定程度売れたこともあろう。こうしたことなどから、日本社会全体で、自国を肯定的に評価する社会的機運がわずかながらも高まって

表10-13　良い影響に関する世界と自国の見方の差

国名	2011 世界の見方と自己認識（世界から見た良い影響－自国認識としての良い影響＝X）
中国	44-77=－33
インド	42-77=－35
日本	57-33=　18
イギリス	58-23=－11
アメリカ	49-64=－15
ドイツ	62-84=－20
カナダ	57-79=－22
フランス	52-68=－16
ブラジル	49-84=－35
パキスタン	17-40=－23
韓国	36-84=－48
ロシア	34-77=－40

いる。

　世界の中で、自己認識と異なって低く評価されていると感じるとき、現在の中国のように現存の国際秩序に対する不満が顕在化する外交政策を繰り広げることはよく見られる。それが世界を不安定化させるとき、その行動は問題なしとは言えない。

　逆に、世界における評価と比べて、自己認識、自尊感情が低い時、どのような問題が生じるかは、管見において明確な理論的見解はない。しかし人間個々のアイデンティティの確立の面からは、他からの評価と、自己評価が一致していることが安定をもたらすであろう。そのことから類推するなら、やはり相応の自信を持てる環境を国家として作り出していくことも肝要になろう。

　日本より自国の評価が厳しいパキスタンの場合は、世界からの評価も決して高くない。いわばそれは、世界の認識と自国の認識が一致している状態である。通常、どの国も世界全体の評価よりも自国における自国評価は高くなる傾向を示す。しかし、このことが日本にはあてはまらない。世界

からの評価よりもむしろ低い評価となることが多々あった。

　国家と個人を同一視はできない。しかし心理学における個人の思考の様式から導き出される知見は、社会が個人の集合体である事実に鑑みても、参考になる。ここではポジティブイリュージョンを見ておきたい。ポジティブイリュージョンの特性として、自分自身に対する評価が他者からのそれより良い評価となることがある。そして、自己の環境をコントロールする能力を過大に評価するという（石原 2010: 2）。それが過ぎれば、たとえば組織のリーダーは、周りの意見に耳を貸さず、専断的に政策を遂行しようとするかもしれない。社会全体の趨勢としてそれをあてはめるならば、独りよがりの外交政策を唯我独尊的に実行しようとする傾向が表れるかもしれない。イリュージョンである以上、ポジティブであっても弊害が生じる可能性は否定できない。

　前述の通り杉下（2007）は、日本人の自国に対する低い評価を問題視する。「いつまでも日本人がこのような自国観を持っていては、国際社会における日本の正しい役割を自覚する事は出来ない。外国人の見た日本人像は自分の姿を映す鏡であり、それを直視して行動することが、これからの日本人に求められる行動規範だ。…（中略）…現在、蔓延する自虐史観を、行き過ぎないように緩やかに修正することが、今後の日本人に求められる最大の課題だ」（杉下 2007）と主張する。

4　日本社会における浸透度

　日本においてこの調査に関わる読売新聞は、2007年11月23日朝刊で、日本が海外において高い評価を得ていると紹介するなかでこれにはじめて言及した。この記事では、BBC、アメリカ・メリーランド大学と共に共同調査を請け負っているカナダのGlobescan社のダグ・ミラー社長のインタビューを載せている。その分析では、①技術力の高さ、②マンガなど日本のポップカルチャーの世界的な流行、③海外での日本人の行儀の良さ、の3点を高評価の理由としている（読売新聞 2007）。

国政の場では、2012 年の第 180 回国会において今野東議員が、同年の 5 月 21 日の読売新聞記事を紹介する形で日本が世界で良い影響を与えている国の 1 位になったことに言及した（国会会議録 2012）。2014 年 2 月 20 日の第 186 国会でも、参議院の「政府開発援助等に関する特別委員会」で木原誠二政務官が、同趣旨の発言をしている。また、同じ委員会の同年 3 月 18 日、又市征治が、2012 年は 1 位だったが、2013 年には 1 番をドイツに譲り、日本が 4 番目であったと発言している。

　外務省が自らを紹介するための 10 頁ほどのパンフレットが、2014 年 3 月に同省の国内広報室から発行されている（外務省 2014）。その 9 ページに、「"世界に良い影響を与えている国"日本」として、2013 年は 51 パーセントの肯定的評価の回答で、4 位であったことを紹介している。ここでは、2006 年から 2013 年までの順位も紹介している。2006 年から 2013 年の順位は、2 位、2 位、2 位、4 位、3 位、5 位、1 位、4 位であったとする。

　この世界に良い影響を与えている国を左右する要因はどこにあるのだろうか。人々の認識に関わることで、単純化は非常に難しい。メディアにおける情報、たまたま接した当該国の人の印象、訪れた際の印象など、いくぶん偶然に左右される要素も加味されての判断が示されているのだろう。それでも、こうした調査結果が数値および順位で示されている以上、何らかのモデルを構築して、それを今後の研究に活用する道もあろう。

　試論的には、「良い影響」を従属変数として、独立変数には、「一人当たり ODA」「GPI あるいはデモクラシーインデックス」「観光競争力」「HDI」「核兵器保有の有無」「ひろレポに基づく核軍縮の努力」「GDP 比に基づく軍事支出」を用いたい。ODA によって発展途上国への貢献が「良い影響」にどの程度左右しているのだろうか。GPI とデモクラシーインデックスは強い相関関係を示すので、重回帰分析においては多重共線性を避けるため、どちらか一つを用いることになる。いずれにせよ、自由な選挙が行われているか、言論の自由が保障されているかなど、民主主義的な体制を示す指数となっていることから、政治体制がもたらす世界の人々へ

の認識の差異を探る。「観光競争力」は観光の面で当該国の魅力を表す指標となっている。そうした魅力のイメージと「良い影響」にどの程度関係性があるのかを探ることも興味深い。今後の課題としたい。

第 11 章

「教育力」ランキング

1 教育再生と大学ランキング

　文部科学省は、大学進学率の国際比較を白書に掲載している（文部科学省 2014a:207）。それを見ると日本の大学進学率は OECD 各国の平均とくらべて決して高くない。2012 年のデータで、最も高いのがオーストラリアの 102％、次いでアイスランド 80％、ポーランド 79％、ニュージーランド 77％と続く。韓国 69％に対して日本は 52％に過ぎない。OECD 平均は 58％である。

　2014 年 1 月 24 日第 186 回国会の施政方針演説で安倍首相は、教育再生の成果を誇り、さらなる目標を掲げた。首相は 15 歳の子供たちを対象とした国際的な学力調査で、日本の学力が過去最高になったことを紹介する。首相は続けて「やれば、できる。2020 年を目標に、中学校で英語を使って授業するなど英語教育を強化します。目指すは、コミュニケーションがとれる『使える』英語を身に付けること。来年度から試験的に開始します」（安倍 2014）と宣言した。さらに 2020 年を目標に外国人留学生の受入数を 2 倍以上の 30 万人へと拡大し、国立の 8 大学では今後 3 年間で外国人教員を倍増することも掲げた。英語による授業の充実、国際スタンダードである TOEFL を卒業の条件とするなど、グローバル化に向けた改革を断行する大学を支援するという。また 2020 年に向けて日本人の海外留学の倍増も目指すとした。

　文科相（当時）の下村博文も随所で OECD との比較を通して日本の教育の現状を紹介している。その著書では、教育に対する公的財政支出が平均

以下であることも指摘する。大学進学率もOECD諸国の平均に届いていないとする（下村2014）。

　大学の質保証に関する議論で、あるいはグローバル人材の育成に関連してTOEFL・TOEICの入試における活用が主張されている。しかしこれら試験は、大学生にとって辛うじて理解可能な内容であって、高校生の人生経験に即した試験ではない。他方、大学の英語教育の活性化のためには、大学にこれらを導入し卒業の資格判定とすることは確かに日本の英語力向上に資する可能性は高い。

　TOEFLを主催するETSが発表しているトーフルのスコアから、アジア各国のスコア状況を見てみた（ETS 2015）。スコアが出ているアジアの30の国と地域のなかで、総合点数で70点の日本は下から3番目、28位である。日本より下に位置するのは、69点のアフガニスタン、64点のラオスだけである。このスコアは総合得点だけではなく4技能それぞれについても点数を掲載している。リーディング、リスニング、スピーキング、ライティングの日本のスコアはこの順に、18、17、17、18である。看過できないのは、アジア30の国と地域のなかでリーディングよりスピーキングの点数が低い国は中国、日本、北朝鮮、韓国、マレーシアの5か国に過ぎないことである。アフガニスタンの場合はリーディングが14のところ、スピーキングでは21に跳ね上がる。このようにスピーキングをむしろ得意としている国・地域も多い。スピーキングだけのスコアに注目すると、17の日本はアジアで最下位である。

　2014年のTOEFLスコアについてはOECD諸国と比べても日本はやはり最下位である。データが明示されていないオランダとスロバキアを除いた30か国中、総合点で70点台は、70点丁度の日本と、75点のトルコのみである。他は軒並み80点台、90点台が並ぶ。オーストリアと南アフリカ共和国は100点である。上で注目したスピーキングを個別に見ても、17点の日本が最下位である。リーディングと比べてスピーキングの点数が下がるのは、イタリア、韓国だけである。しかしこの両国のスピーキングのスコアはそれぞれ22、20を示していて、日本より3ポイント以

上高い。

　こうしたことを背景に日本の英語教育の改革は、風雲急を告げている。「日本人教員の語学力、特に英語による教育力を向上させ、英語による授業比率を上げる」(教育再生実行会議2013) という提言も出されている。高校での英語での授業は当初は2013年度よりの原則実施だったが、小学校英語の変更に伴い2020年からの実施となる (文部科学省2014b)。大学受験にTOEFLを導入する案は上でも述べた。こうした動きに対して、TOEFLという人災から子どもを守らなければならないとする主張もある (大津他2013)。このような英語教育関係者からの批判にも拘わらず、TOEFL活用を積極的に謳う政治家の論理は、国際的な英語力判定がTOEFLでなされることが多く、そこでの日本の著しい不振が引き金になっていよう。あるいは施 (2015) が主張する英語関連ビジネスとの癒着もあるかもしれない。素直に英語音痴の汚名を晴らすためには、日本だけで行われている英検では意味をなさず、アジアで1位を目指す、その1位が意味をもつTOEFLが持ち出されたと解釈することも的外れではないだろう。ランキングのもつ影響力を重視する本書の見方に沿った解釈である。

　2013年5月17日、日本アカデメイアにおけるスピーチで安倍首相は大学ランキングについて言及している (首相官邸2013)。日本アカデメイアは、政治学者の佐々木毅などが中心となって、2012年2月にグローバル時代における日本の政府や政治の対外的発信力を高めることなどを目的に掲げて設立された (日本アカデメイア2012)。この場には日本の政治リーダーが頻繁に登場してスピーチを行っている。一例を挙げれば2014年8月に菅義偉内閣官房長官、2014年7月に石破茂自民党幹事長、同月に茂木敏充経済産業大臣、2014年2月、井上義久公明党幹事長などである。2012年6月には内閣総理大臣 (当時) の野田佳彦も登場している。日本の政治のリーダーがこの国の針路を示す場となっている。

　2013年5月17日の安倍首相が行った世界の大学ランキングについてのスピーチは首相官邸のホームページにも掲載されている (安倍2013)。

「世界大学ランキング100」というものがあります。日本の大学は残念ながら、2校しかランクインしていません。
　「日本の大学」ではなく、「世界の大学」へ。
　日本の大学は、もっともっと世界を目指すべきです。「日本の大学は、日本人を育てるためのものだ」などという狭量な発想を捨てることが、私の考える「大学改革」です。
……
　外国人教員の積極採用や、優秀な留学生の獲得、海外大学との連携、そして、英語による授業のみで卒業が可能な学位課程の充実、TOEFL の卒業要件化など、グローバル化を断行しようとする大学を、質・量ともに充実させます。制度面でも、予算面でも、重点的に支援します。
　今後 10 年で、世界大学ランキングトップ 100 に 10 校ランクインを目指します。同時に、グローバルリーダーを育成できる高等学校も、作ってまいります。

　「日本再興戦略―JAPAN is BACK―」はその直後 2013 年 6 月 14 日発表された。英語による授業の拡大、世界ランキングへの言及、国際バカロレア教育の重視、小学校の英語など、「教育再生実行会議」の提言をふまえて進めることが謳われている。大学ランキングに関してはそのトップ 100 に 10 大学を入れるという目標である。いくつかある大学ランキングのどれを指しているのか明示していない。しかし一連のスピーチ内容から、タイムズ・ハイアー・エデュケーションのランキングを指していることは疑いない（文部科学省 2013）。その評価のなかで、国際的な研究の連携と、引用数を伸ばすことがそののびしろとも相俟って課題として挙げられている。そこに日本が自らランキングを創出するような方向性はうかがえない。
　安倍政権が発表した「日本再興計画」2014 年 6 月の改訂版に、大学改革 / グローバル化等に対応する人材力の強化の項目があって、そこで紹介

されているのもタイムズ・ハイアー・エデュケーションの世界大学ランキングである。この再興計画の大きな柱は、学長のガバナンス強化、日本人留学生、訪日の外国人留学生の大幅拡充である。またスーパーグローバル大学創成の支援も挙がっている（首相官邸 2014）。

日本経済新聞がはじめて「世界大学ランキング」に言及したのは、日経テレコンの検索機能を活用した結果によれば、1994 年 3 月 21 日、1986 年にアメリカで発表されたゴーマン・リポートに遡る（日本経済新聞 1994）。この記事はランキングの手法に疑問は残るとしつつも、アメリカを除く 74 校のうち東京大学が 67 位という低い評価に留まっていることを問題視している。2007 年 11 月 20 日には読売新聞がタイムズ・ハイアー・エデュケーション・サプリメントの世界大学ランキングを紹介し、東大 17 位、京大 25 位、阪大 46 位の結果を掲載する。このランキングは 4 年目で、2004 年以降の東大の順位は、12 位、16 位、19 位と順位を下げ、この年わずかに巻き返して 17 位となったとする（読売新聞 2007）。朝日新聞の場合は 2008 年 3 月 31 日に、「世界大学ランキング」への言及を確認することができる[1]。毎日新聞の場合は 2009 年 10 月 10 日にタイムズ・ハイアー・エデュケーションの大学ランキングを紹介して、東大 22 位、京大 25 位であることを記事にしている（毎日新聞 2009）。

タイムズ・ハイアー・エデュケーションのランキングでは 2010 年に東大は 26 位に登場するものの、アジアのトップをはじめて香港大学（21 位）に譲ったことがニュースとなって取り上げられた。その背景にはランキングの根拠となる指標の変化があった（朝日新聞 2010）。ランキングの評価基準はしばしば変更されている。2011 年 10 月の発表では、教育（学習環境）30 パーセント、研究（量、収入、名声）30 パーセント、引用（研究の影響力）32.5 パーセント、産業収入 2.5 パーセント、国際的混合（外国人のスタッフ、学生）5 パーセントであった（Times Higher Education

---

[1] 朝日新聞記事データベース「聞蔵」を利用して、「世界大学ランキング」をキーワードとして検索した。

2011)。基準の妥当性はともかくも、ランキングを上げることを目標とするのであれば、ここにある項目の改善が必要なことは確かである。

　大学の評価が、多様な国籍を持つ教員団を抱えていること、学生も同様に多彩であることを要素として決められることは妥当なのだろうか。移民の受け入れにきわめて消極的な日本が、大学にのみ国際化を促すことには疑問も残る。論文の引用数についても、研究者が日本語論文を書いている間は、世界の中で多く引用される可能性は低い。しかし母語が英語でない日本人研究者にとって、少なくとも人文科学、社会科学の研究領域においては英語論文を書くことが主要な研究目標となっている人は多くない。母語である日本語を用いて沈思熟考し、構想を練り、発表することが日本人研究者の多くにとっては普通のことである。公用語を英語にすれば話は変わるが、論文引用数を増やすために研究者にのみ英語を使えと強いることもできない。そもそも、大学の価値をこの指標にただ粛々と合わせる必要はない。むしろ、大学教育、研究において重きをおくべき新たな価値を付与する姿勢があって良い。タイムズ・ハイアー・エデュケーションのランキングは変遷を重ねているが、2014年には自らの大学ランキングを「教育、研究、知識移転、および国際的な見通しという視点から、大学が担う主要なあらゆるミッションについて評価を行った結果に基づくランキングです。このランキングには、学生、研究者、大学指導者、産業界、および政府機関から厚い信頼が寄せられています」（エルゼビア 2014）と自賛する。しかし人口減のために地方消滅の危機を何とか食い止めようとするミッションを、逆に人口爆発に苦しむ途上国の大学が共有しているはずはない。日本の地方活性化を促す論文を英語で書いたところで、それを課題とする日本の地方の人々にどれだけ伝わるだろうか。日本の問題を英語で書くことは愚かしい作業とさえなりかねない。

　皮肉なことに、タイムズ・ハイアー・エデュケーションのランキングを重視する姿勢が政府によって明確に打ち出された後、2015年に発表されたランキングでは、むしろ日本の大学は順位を大きく落としてしまった。その主たる理由は評価する側にある。大きな重みをもつ論文指標について、

これまでのトムソン・ロイター web of science から Scopus の集計に変更した。これによって東大は 43 位、京大も 88 位となって、トップ 100 に 10 校という目標から大きく後退してしまった（東京医科歯科大学 2016）。

評価そのものとしては、タイムズ・ハイアー・エデュケーションにこだわらず、QS を参考にする方がまだ良いのではないだろうか。その理由は、評価そのものがシンプルであり、透明性が高いことにある。それだけ順位をあげることを目標とする場合に、努力の傾注の仕方がわかりやすい。先にも述べたが、ランキングはその基準が明解であること、評価の仕方の透明性が高いこと、多くの人にとって理解可能なように、数式は中学校で学ぶ範囲を超えていないことを求めるのが本書の立場である。その点からも、QS の妥当性がタイムズ・ハイアー・エデュケーションを上回る。

世界大学ランキングへの対応として、次章では自らランキングを創出する試みを紹介する。ただ、そうした労力を割く時間がない場合は、タイムズ・ハイアー・エデュケーション、あるいは QS などのランキングにおいて、それぞれの大学が重視する項目に焦点を当てることである。外国人教員数の多寡は大学の良し悪しとは無関係ととらえるなら、そうした指標は無視してよい。社会への人材輩出こそを重視するなら、企業との対話を重ねて、そこで勝負する姿勢を前面に出して、その部分のランキングを活用するなど、取捨選択の姿勢が望まれる。

2　大学ランキング創出の試み

研究成果の社会的還元として、出版物の発行は大学教員の使命の一つである。著名な大学教員は数多くの本を執筆し世に問うている。そうした業績評価の判断基準が大学ランキングに加味されないことはおかしい。新書は一般書のなかでも多くの人びとが気軽に手にできる媒体である。大学研究者が広く社会に問う格好の媒体であり、学問的知見の典型的な社会的還元である。また、タイムズ・ハイアー・エデュケーションに顕著にみられる理系偏重のランキングとも異なる。文系、理系を問わず、研究を社会に

問う実績としてみなしうるのが新書出版である。

　日本の新書に関して、中央公論新社が 2008 年から新書大賞を発表するようになった。その決め方は次の方針に基づく投票によっている。「書店員、各社新書編集部、新聞記者、書評家、編集者などに、前年発行（奥付表記）の新書から『読んで面白かった、内容が優れていると感じた、おすすめしたいと思った』5 点を挙げていただき、1 位 10 点、2 位 7 点、3 位 5 点、4 位 4 点、5 位 3 点で総合得点を集計しました。得点が同じ場合は 1 位の票数の多いものを上位としました。新書編集部については原則として編集長に投票をお願いしています（公平を期すため自社作品への投票はご遠慮いただきました）」（中欧公論新社 2016）。

　2015 年の新書大賞は井上章一の『京都嫌い』が選ばれた。朝日新聞の著名なコラム「天声人語」も 2016 年 2 月 27 日にその内容を紹介している。新書大賞は毎年多数出版される新書のなかでも、いわばその道のプロたちが社会的影響力を持つと認証しているとみなせよう。ここではその新書大賞の執筆者と関わりのある大学を列挙して、その登場回数によって大学の教育力、影響力を測る指標とした。著名な新書の執筆者による講義は受講学生にも知的な刺激を与えよう。そうした執筆者を育て、送り出した大学や大学院にとっても教育の成功例として誇りうる。そうしたことから、新書大賞の執筆者が関わる大学は、大学の知名度の向上、ひいては全体的な大学力の要素として捉えられよう。

　元となるデータは以下のものである。新書大賞に選ばれた新書の著者経歴を素材に、そこにある大学名をすべて列挙した。学生として学んだ大学あるいは大学院か、教員の立場としての所属大学かの区別はしていない。経歴に明示されている著者と関係性のある大学を数え上げる[2]。こうした過程で登場回数の多い大学名をまとめる作業となる。

　これを試みることも日本社会における一つの大学ランキング作成作業である。対象とする大学を日本の大学に限定しているわけではない。しかし

---

[2] Amazon.co.jp にある著者経歴を援用した。

結果として日本語による研究成果の発表となると、日本人筆者が圧倒的で、その多くは日本の大学と関係していて、日本の大学が並ぶ。この登場回数をランキングとすれば、日本社会に対する大学の一つの知的情報発信力ランキングである。研究成果をより多くの一般の市民に還元する努力の成果の指標である。英語のペーパーバックをどれだけの日本人が読んでいるだろうか。英字新聞を定期的に読む日本人は日本語新聞と比して圧倒的に少ない。池上彰が世界を見る目を英語で語って、それをありがたく拝聴する日本人はどれだけいるだろうか。日本における社会的発信は日本語に依拠することは自明である。

　言い換えれば、社会科学的な大学ランキングは、その社会における知的情報発信のインパクトに依拠すべきである。日本語による発信が大きな影響を持つのであれば、日本語による出版をカウントする作業が妥当である。

　以下が前述の中央公論新社のホームページ上で紹介される新書大賞ベスト5である。2008年、2009年はそれぞれ3冊、4冊のみの掲載となっている。著者の略歴のなかから登場する大学名を列挙した。

2008

大賞　福岡伸一『生物と無生物のあいだ』講談社現代新書：福岡／伸一
　1959年東京生まれ。京都大学卒。ハーバード大学医学部研究員、京都大学助教授などを経て、青山学院大学教授、専攻は分子生物学。著書に『プリオン説はほんとうか？』（講談社ブルーバックス、講談社出版文化賞科学出版賞受賞）などがある。2006年、第一回科学ジャーナリスト賞受賞

2位　関根眞一『となりのクレーマー』中公新書ラクレ：関根／眞一
　1950年埼玉県越生町生まれ。西武百貨店池袋店入社。つくば店開店、池袋店趣味雑貨統括担当などを経て、全国3店舗のお客様相談室長および池袋店のお客様相談室を担当。03年同社退社。「NPO法人歯科医療情報推進機構」事務局次長を経て、メデュケーション代表取締役。『日刊ゲンダイ』にコラムを連載、NHK「ラジオ夕刊」などに出演。また、大阪大学、財務省、歯科医師会、県教頭会、全国ショッピングセンターなどで

講演多数

3位　竹森俊平『1997年―世界を変えた金融危機』朝日新書：竹森/俊平
慶應義塾大学経済学部教授。1956年東京生まれ。81年慶應義塾大学経済学部卒業、86年慶応義塾大学大学院経済学研究科修了。慶応義塾大学経済学部助手、89年、米国ロチェスター大学経済学博士。主な著書に、『世界経済の謎』『経済論戦は甦る』（第4回読売・吉野作造賞（2003年））などがある

2009

大賞　堤未果『ルポ　貧困大国アメリカ』岩波新書：堤/未果
東京生まれ。ニューヨーク州立大学国際関係論学科学士号取得。ニューヨーク市立大学大学院国際関係論学科修士号取得。国連婦人開発基金（UNIFEM）、アムネスティ・インターナショナル・NY支局員を経て、米国野村證券に勤務中、9・11同時多発テロに遭遇、以後ジャーナリストとして活躍。現在はNY‐東京間を行き来しながら執筆、講演活動を行っている。2006年『報道が教えてくれないアメリカ弱者革命―なぜあの国にまだ希望があるのか』（海鳴社）で黒田清・日本ジャーナリスト会議新人賞受賞

2位　神谷秀樹『強欲資本主義　ウォール街の自爆』文春新書：神谷/秀樹
1953年東京生まれ。75年早稲田大学第一政治経済学部卒業後、住友銀行入行。84年、ゴールドマン・サックスに転職。以後NY在住。92年、ロバーツ・ミタニ・LLCを創業

同2位　福岡伸一『できそこないの男たち』光文社新書：福岡/伸一
1959年東京都生まれ。京都大学卒業。ロックフェラー大学およびハーバード大学研究員、京都大学助教授を経て、青山学院大学理工学部化学・生命科学科教授。専攻は分子生物学。著書に『プリオン説はほんとうか？』（講談社ブルーバックス、講談社出版文化賞科学出版賞受賞）、『生物と無生物のあいだ』（講談社現代新書、サントリー学芸賞受賞）などがある。2006年、第1回科学ジャーナリスト賞受賞

同2位　宇田賢吉『電車の運転』中公新書：宇田/賢吉
1940年、広島県沼隈郡水呑村（現・福山市）に生まれる。1958年、日本国有鉄道入社。糸崎機関区、岡山機関区、岡山運転区に勤務。蒸気機関車、電気機関車、電車に乗務。1987年のJR発足にともない、日本国有鉄道を退職し、西日本旅客鉄道に入社。岡山運転区、府中鉄道部、糸

崎運転区に勤務。電車、電気機関車に乗務。2000年に西日本旅客鉄道を退職。著書に『鉄路100万キロ走行記』（グランプリ出版、2004、交通図書賞受賞）

2010
大賞　内田樹『日本辺境論』新潮新書：内田／樹
　1950（昭和25）年東京都生まれ。東京大学文学部卒。東京都立大学大学院人文科学研究科博士課程中退。現在、神戸女学院大学文学部総合文化学科教授。専門はフランス現代思想、映画論、武道論
2位　野中広務・辛淑玉『差別と日本人』角川oneテーマ21：野中／広務
　1925年、京都府船井郡園部町（現在の京都府南丹市園部町）に生まれる。51年に園部町議に初当選。以後、園部町長、京都府議、副知事を歴任し、83年、衆議院議員に初当選。98年、小渕政権の官房長官、2000年、森政権誕生とともに自民党幹事長に就任（同年12月辞任）。03年、議員を引退。現在は社会福祉法人京都太陽の園の理事長として福祉事業に取り組んでいる、
　・辛／淑玉
　1959年、東京都生まれ。85年に（株）香科舎を設立し、人材育成コンサルタントとして活躍中。年間百数十本の研修・講演を行うかたわら、新聞・雑誌・テレビ・ラジオなどあらゆるメディアで論説活動を展開し、構造的弱者支援のための活動をさまざまに実践している
3位　岡田暁生『音楽の聴き方』中公新書：岡田／暁生
　1960年（昭和35年）、京都市に生まれる。大阪大学大学院博士課程単位取得退学。大阪大学文学部助手、神戸大学発達科学部助教授を経て、京都大学人文科学研究所准教授。文学博士。著書に『オペラの運命』（中公新書・サントリー学芸賞）、『ピアニストになりたい！』（春秋社・芸術選奨文部科学大臣新人賞）など
4位　猪木武徳『戦後世界経済史』中公新書：猪木／武徳
　1945年滋賀県生まれ。京都大学経済学部卒業。マサチューセッツ工科大学大学院博士課程修了。大阪大学教授、国際日本文化研究センター教授等を経て、国際日本文化研究センター所長。1987年に『経済思想』（岩波書店）で日経経済図書文化賞、サントリー学芸賞、2002年に『自由と秩序』で読売・吉野作造賞、2004年に『文芸にあらわれた日本の近代』で桑原武夫学芸賞を受賞

5位　田中克彦『ノモンハン戦争』岩波新書：田中 / 克彦
1934年兵庫県に生まれる。1963年一橋大学大学院社会学研究科修了。現在、一橋大学名誉教授。専攻は言語学、モンゴル学

2011

大賞　村山斉『宇宙は何でできているのか』幻冬舎新書：村山 / 斉
1964年生まれ。86年、東京大学卒業。91年、東京大学大学院博士課程修了。専門は素粒子物理学。東北大学助手等を経て2000年よりカリフォルニア大学バークレイ校教授。02年、西宮湯川記念賞受賞。07年、文部科学省が世界トップレベルの研究拠点として発足させた東京大学数物連携宇宙研究機構（IPMU）の初代機構長に就任。主な研究テーマは超対称性理論、ニュートリノ、初期宇宙、加速器実験の現象論など。世界第一線級の科学者と協調して宇宙研究を進めるとともに、研究成果を社会に還元するために、市民講座や科学教室などで積極的に講演活動を行っている

2位　藻谷浩介『デフレの正体』角川oneテーマ21：藻谷 / 浩介
1964年、山口県生まれ。株式会社日本政策投資銀行地域企画部地域振興グループ参事役。88年東京大学法学部卒、同年日本開発銀行（現、日本政策投資銀行）入行。米国コロンビア大学ビジネススクール留学、日本経済研究所出向などを経ながら、2000年頃より地域振興の各分野で精力的に研究・著作・講演を行う。10年度より現職。政府関係の公職多数

3位　内田樹『街場のメディア論』光文社新書：内田 / 樹
1950年東京都生まれ。東京大学文学部仏文科卒業。東京都立大学大学院人文科学研究科博士課程中退。現在、神戸女学院大学文学部教授。専門はフランス現代思想、映画論、武道論。2007年『私家版・ユダヤ文化論』（文春新書）で第6回小林秀雄賞を、『日本辺境論』（新潮新書）で新書大賞2010を受賞

4位　大竹文雄『競争と公平感』中公新書：大竹 / 文雄
1961年（昭和36年）、京都府宇治市生まれ。83年京都大学経済学部卒業。85年、大阪大学大学院経済学研究科博士前期課程修了、大阪大学経済学部助手、大阪府立大学講師を経て、大阪大学社会経済研究所教授、大阪大学博士（経済学）。労働経済学専攻。著書『日本の不平等─格差社会の幻想と未来』（日本経済新聞社、2005年、サントリー学芸賞、日経・経済図書文化賞、エコノミスト賞受賞）など

4位　瀧井一博『伊藤博文』中公新書：瀧井/一博
1967年（昭和42年）福岡県生まれ。90年京都大学法学部卒業。92年京都大学大学院法学研究科修士課程修了。98年京都大学大学院法学研究科博士後期課程修了。博士（法学）。1995年京都大学人文科学研究所助手。2001年神戸商科大学助教授。04年兵庫県立大学経営学部助教授。06年、兵庫県立大学経営学部教授。07年より国際日本文化研究センター准教授（08年より総合研究大学院大学准教授を兼任）。『文明史のなかの明治憲法』（講談社選書メチエ、2003年、角川財団学芸賞受賞、大佛次郎論壇賞受賞）

2012

大賞　橋爪大三郎・大澤真幸『ふしぎなキリスト教』講談社現代新書：橋爪/大三郎
1948年生まれ。東京大学大学院社会学研究科博士課程単位取得退学。現在、東京工業大学教授。社会学者、
・大澤/真幸
1958年生まれ。東京大学大学院社会学研究科博士課程修了。社会学博士。千葉大学助教授、京都大学教授を歴任。著書に『ナショナリズムの由来』（講談社、毎日出版文化賞）など

2位　古川隆久『昭和天皇』中公新書：古川/隆久
1962（昭和37）年、東京都生まれ。86年東京大学文学部国史専修課程卒業、92年東京大学大学院人文科学研究科博士課程修了、博士（文学）。広島大学総合科学部（専任）講師、横浜市立大学国際文化学部（のち国際総合科学部）講師、助教授などを経て、2007年より日本大学文理学部教授

3位　中野剛志『TPP亡国論』集英社新書：中野/剛志
1971年、神奈川県生まれ。京都大学大学院工学研究科助教。東京大学教養学部（国際関係論）卒業。エディンバラ大学より博士号取得（社会科学）。経済産業省産業構造課課長補佐を経て現職。専門は経済ナショナリズム。イギリス民族学会 Nations and Nationalism Prize 受賞

4位　瀧本哲史『武器としての決断思考』星海社新書：瀧本/哲史
京都大学客員准教授、エンジェル投資家。東京大学法学部を卒業後、大学院をスキップして直ちに助手に採用されるも、自分の人生を自分で決断できるような生き方を追求するという観点から、マッキンゼーに転職。

3年で独立し、今世紀中には返済できないほどの借金を負ってしまった企業の再建などを手がける。また、他の投資家が見捨てた会社、ビジネスアイデアしかない会社への投資でも実績を上げる。京都大学では「意思決定論」「起業論」「交渉論」の授業を担当し、教室から学生があふれるほどの人気講義になっている

5位　辛酸なめ子『女子高育ち』ちくまプリマリー新書：辛酸／なめ子
1974年東京都千代田区生まれ、埼玉県育ち。漫画家、コラムニスト。祖母、母、妹が全員女子校出身という宿縁の女子校一家に育ち、自然な流れで女子学院中学高校に進学、女子校ライフを満喫する

2013

大賞　小熊英二『社会を変えるには』講談社現代新書：小熊／英二
1962年、東京生まれ。1987年、東京大学農学部卒業。出版社勤務を経て、1998年、東京大学大学院総合文化研究科国際社会科学専攻博士課程修了。現在、慶應義塾大学総合政策学部教授

2位　早野透『田中角栄』中公新書：早野／透
1945（昭和20）年神奈川県生まれ。東京で育つ。68年東京大学法学部卒業。同年、朝日新聞社入社。岐阜、札幌勤務を経て、74年東京本社政治部員。新潟支局勤務（80年1月~81年7月）、政治部次長、編集委員、コラムニストとなる。96年から14年間、政治コラム「ポリティカにっぽん」を執筆。「ニッポン人脈記」連載を主宰。2010年より桜美林大学教授（政治ジャーナリズム）

3位　坂野潤治『日本近代史』ちくま新書：坂野／潤治
1937年神奈川県生まれ。東京大学文学部国史学科卒業。東京大学大学院人文科学研究科博士課程中退。東京大学社会科学研究所教授、千葉大学法経学部教授を経て、東京大学名誉教授。専攻は、日本近代政治史。著書に『近代日本の国家構想』（岩波現代文庫、吉野作造賞受賞）、『日本憲政史』（東京大学出版会、角川源義賞受賞）など

4位　平田オリザ『わかりあえないことから』講談社現代新書：平田／オリザ
1962年東京都生まれ。国際基督教大学在学中に劇団「青年団」結成。戯曲と演出を担当。現在、大阪大学コミュニケーションデザイン・センター教授。2002年度から採用された、国語教科書に掲載されている平田のワークショップの方法論により、多くの子どもたちが、教室で演劇をつ

くるようになっている。戯曲の代表作に『東京ノート』(岸田國士戯曲賞受賞)、『その河をこえて、五月』(朝日舞台芸術賞グランプリ)など

5位　阿川佐和子『聞く力』文春新書：阿川／佐和子

1953(昭和28)年、東京都生まれ。慶應義塾大学文学部西洋史学科卒、81年『朝のホットライン』のリポーターに。83年から『情報デスクToday』のアシスタント、89年から『筑紫哲也NEWS23』(いずれもTBS系)のキャスターに。98年から『ビートたけしのTVタックル』(テレビ朝日系)にレギュラー出演。99年檀ふみ氏との往復エッセイ『ああ言えばこう食う』(集英社)で第15回講談社エッセイ賞を、2000年『ウメ子』(小学館)で第15回坪田譲治文学賞を、08年『婚約のあとで』(新潮社)で第15回島清恋愛文学賞を受賞

2014

大賞　藻谷浩介・NHK広島放送局『里山資本主義』角川oneテーマ21：藻谷／浩介

1964年、山口県生まれ。株式会社日本総合研究所調査部主席研究員。株式会社日本政策投資銀行特任顧問。88年東京大学法学部卒、同年日本開発銀行(現、日本政策投資銀行)入行。米国コロンビア大学ビジネススクール留学、日本経済研究所出向などを経ながら、2000年頃より地域振興の各分野で精力的に研究・著作・講演を行う。平成合併前の約3200市町村の99.9%、海外59ヶ国を概ね私費で訪問した経験を持つ。その現場での実見に、人口などの各種統計数字、郷土史を照合して、地域特性を多面的かつ詳細に把握している

2位　仁科邦男『犬の伊勢参り』平凡社新書：仁科／邦男

1948年東京生まれ。70年、早稲田大学政治経済学部卒業後、毎日新聞社入社。下関支局、西部本社報道部、『サンデー毎日』編集部、社会部、生活家庭部、運動部、地方部などを経て2001年、出版局長。05年から11年まで毎日映画社社長を務める。名もない犬たちが日本人の生活とどのように関わり、その生態がどのように変化してきたか、文献資料をもとに研究を続ける。07年より会員誌『動物文学』(動物文学会発行)に「犬の日本史」を連載中

3位　堤未果『(株)貧困大国アメリカ』岩波新書：堤／未果

東京生まれ。ニューヨーク市立大学大学院国際関係論学科修士号取得。国連婦人開発基金(UNIFEM)、アムネスティ・インターナショナル・

NY支局員を経て、米国野村證券に勤務中、9・11同時多発テロに遭遇。以後、ジャーナリストとして各種メディアで発言、執筆・講演活動を続ける。著書に『報道が教えてくれないアメリカ弱者革命』（海鳴社、黒田清・日本ジャーナリスト会議新人賞）、『ルポ貧困大国アメリカ』（岩波新書、日本エッセイストクラブ賞、新書大賞2009）など

4位　林真理子『野心のすすめ』講談社現代新書：林/真理子
1954年山梨県生まれ。日本大学芸術学部卒。82年エッセイ集『ルンルンを買っておうちに帰ろう』が大ベストセラーに。86年『最終便に間に合えば／京都まで』で第九四回直木賞を受賞。95年『白蓮れんれん』で第八回柴田錬三郎賞を、98年『みんなの秘密』で第三二回吉川英治文学賞を受賞。小説のみならず、週刊文春やan・anの長期連載エッセイでも変わらぬ人気を誇っている。直木賞など数多くの文学賞で選考委員を務めている

5位　國分功一郎『来るべき民主主義』幻冬舎新書：國分/功一郎
1974年、千葉県生まれ。東京大学大学院総合文化研究科博士課程修了。博士（学術）。高崎経済大学経済学部准教授。専攻は哲学

2015

大賞　増田寛也『地方消滅―東京一極集中が招く人口急減』中公新書：増田/寛也
1951（昭和26）年東京都生まれ。77年、東京大学法学部卒業。同年、建設省入省。95年より2007年まで3期にわたり岩手県知事、2007年より08年まで総務大臣を務める。2009年より、野村総合研究所顧問、東京大学公共政策大学院客員教授。2011年より日本創成会議座長

2位　水野和夫『資本主義の終焉と歴史の危機』集英社新書：水野/和夫
1953年、愛知県生まれ。日本大学国際関係学部教授。早稲田大学大学院経済学研究科修士課程修了。三菱UFJモルガン・スタンレー証券チーフエコノミストを経て、内閣府大臣官房審議官（経済財政分析担当）、内閣官房内閣審議官（国家戦略室）を歴任

3位　矢野久美子『ハンナ・アーレント―「戦争の世紀」を生きた政治哲学者』中公新書：矢野/久美子
1964年、徳島県生まれ。2001年、東京外国語大学大学院博士後期課程修了。学術博士。現在、フェリス女学院大学国際交流学部教授。思想史専攻

4位　赤坂真理『愛と暴力の戦後とその後』講談社現代新書：赤坂／真理
1964年、東京生まれ。作家。95年に「起爆者」でデビュー。2012年に刊行した『東京プリズン』（河出書房新社）で毎日出版文化賞・司馬遼太郎賞・紫式部文学賞を受賞
5位　鈴木大介『最貧困女子』幻冬舎新書：鈴木／大介
1973年千葉県生まれ。「犯罪する側の論理」「犯罪現場の貧困問題」をテーマに、裏社会・触法少年少女らの生きる現場を中心とした取材活動を続けるルポライター

　上記が基礎データとなる。登場回数を数え上げればランキングは作れる。日本の大学ランキングに関して付言するなら、国政選挙の結果選出された国民の代表の学歴を調べることで、現在日本における国民の代表を輩出できる有力大学の縮図を描き出すこともできる。いずれもまた次の機会に譲るが、国会議員出身大学ランキングから得られるであろうことも無意味ではない。日本においては東京一極集中が顕著であり、その是正が課題となって久しい。しかし、大学生活の貴重な時期を多くの議員が東京で過ごしていることがわかる。無論、海外留学の経験が日本の魅力を再発見することに結びつくように、多感な時期に一度地元を離れて故郷を客観視する経験も大事だろう。他方で大学生という多くのことをスポンジのように吸収できる時期に、地方に足場を置いて地元に精通する人材となることの有用性もある。

　　衆議院議員（2015年11月20日現在）
　　北海道1区　横道孝弘（東大）
　　　2区　吉川貴盛（日大、北大院）
　　　3区　高木宏壽（慶応大、ウエスタンワシントン大）
　　　4区　中村裕之（北海学園大）
　　　5区　欠員
　　　6区　佐々木隆博（士別高校）
　　　7区　伊東良孝（北海道教育大）
　　　8区　逢坂誠二（北大）

9区　堀井学（専修大）
10区　稲津久（専修大）
11区　中川侑子（聖心女子大）
12区　武部新（早稲田大、シカゴ大）

比例　渡辺孝一（東日本学園大、現北海道医療大）、今津寛（中央大）、前田一男（北大）
鈴木貴子（トレント大）、新井聡（東大）
佐藤英道（創価大）
畠山和也（宮城教育大、北海道教育大院）
松木謙公（青山学院大）

広島県
1区　岸田文雄（早稲田大）
2区　平口洋（東大）
3区　河井克行（慶応大）
4区　中川俊直（日大、早稲田大院）
5区　寺田稔（東大、ハーバード大院）
6区　亀井静香（東大）
7区　小林史明（上智大）

比例　中国ブロック
阿部俊子（宮城学院女子短大、アラバマ州立大、アラバマ州立大院、イリノイ州立大院）　小島敏文（大東文化大）　新谷正義（帝京大、東大）　池田通孝（下関市立大）　古田圭一（九大、九大院）
津村啓介（東大、オックスフォード大院）　柚木道義（岡山大）
斉藤哲夫（東工大、東工大院）　枡屋敬悟（創価大）
大平喜信（広島大）
高井崇志（東大）

　上では北海道と広島、後者は比例では中国ブロックとなるが、そこでも衆議院議員の出身校を列挙した。ここでの問題意識は、議員の出身大学はどの程度が地元の大学か、である。北海道は22のうち7大学、31.8％が地元である[3]。他方広島・中国ブロックは、27のうち3大学、11％である。

地元大学比率に基づくランキングを作れば、北海道が広島・中国ブロックの上に位置づけられる。議員は市民、国民の代表である。その代表にどれだけ送り出せているかを大学の評価がこれによって可能となる。いわば、大学の民主主義貢献度のランキングとも言える。つまり地方創生の必要性から、地元の大学の政治的貢献を表そうとするランキングである。議員の資質としては、地元の大学にいて地場の経済活動を熟知しながら、サークル活動で青春を謳歌し、若い多感な時代に地元を経験した人材が地元発展のために議員になっていて良い。九州なら、九州大学出身の議員が福岡から選出されて、博多の酸いも甘いも若い時に経験した人材が九州の選挙区から出ていても良いだろう。仮に東京大学が突出しているなら、地元で青春を謳歌した議員の不足を示す国民の代表の縮図である。

　重ねて記すと、ランキングは一つの問題意識、価値の表示に過ぎない。大事なことは、なぜそうした指標で判断するかの説明責任を果たせているかどうである。いかなる尺度で測っているのか、その透明性が欠かせない。

　安倍首相のスピーチにある大学ランキングに話をもどそう。2014年のノーベル物理学賞を受賞した名城大の赤崎勇教授は、受賞後のインタビューのなかで、自分が本当に好きだと思うことをしなさいと語った（日本経済新聞2014）。流行に捕われず、すぐに成果が出なくとも、好きなことであれば続けられる。そしてその継続できる力こそが大事だと訴えた。その価値観はタイムズ・ハイアー・エデュケーションが指標とするそれとは異なる。名城大学は受賞の記者会見を大々的に開いてテレビの報道番組も取り上げた。80歳を超える赤崎勇を終身教授とする名城大学の意図は、このノーベル賞受賞による自大学の名声の高まりであろう。確かにノーベル賞の受賞によって世界に発信される大学名は、その大学のブランド力を高めるのに大きな効果を持つ。汲々とタイムズ・ハイアー・エデュケーショ

---

3) 東日本学園大、現北海道医療大は同一の大学の名称変更なので、1大学とする。また高校は除外した。

ンのランキングにこだわらず、好きなことを根気よく続けられる環境の充実を期して、ノーベル賞ゆかりの研究者数ランキングを自ら創設することも一案であろう。

3　英語力ランキング

人間開発指数のなかの、教育指数を取り出して日本と韓国を比較した図は、8章においても紹介した。教育指数は就学年数を基礎として算出されているので、どのくらいの期間、学ぶことができているかを見ているととらえて良い。興味深いことに、これと図 11-2 の英語のスコアの状況は近似する。

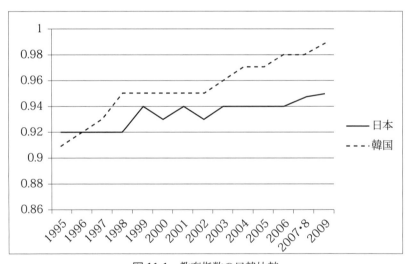

図 11-1　教育指数の日韓比較

国際通貨基金のエコノミストである R・フェルドマンは、安倍政権の成長戦略について語るなかで教育の改革が経済的な課題でもあるとする。特に日本の英語力向上の必要性は、韓国との比較を交えて説得的である。「TOEFL のスコアで言えば、日本と韓国のスコアは、30 年前はほぼ同じレベルだったが、韓国の平均スコアはここにきて大きく上昇した」（フェ

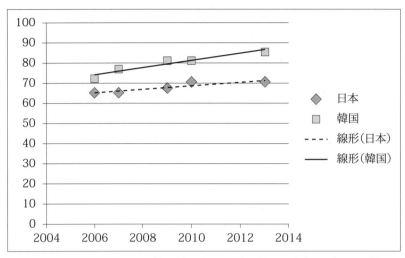

図 11-2　TOEFL スコアの日韓比較　（注：図中の線は、毎年のデータが揃っていないため、近似曲線を用いている。）

ルドマン 2013：51）との指摘である。日韓の比較は本書でも随所に行っているが、経済的、政治的観点から国際機関のエコノミストが言及している状況は、日本人の英語力が既に国際的な問題と化していることを思い知らされる。

表 11-1　TOEFL スコアの各国比較

	2005/2006	2007	2009	2010	2013
日本	65	65	67	70	70
韓国	72	77	81	81	85
中国	75	77	76	77	78
フランス	86	85	85	87	86
ドイツ	96	97	97	95	97
イタリア	71	78	88	89	91
ロシア	85	83	85	84	84

ETS（2015）に基づいて、各国のTOEFLスコアを比較したのが表11-1である。

日本の伸びはいかにも鈍い。ロシアもスコアの伸び自体は見られないが、もともとの得点が高いので、一定の高得点を維持していると解釈できる。イタリアは当初はヨーロッパ諸国として褒められた点数ではなかったが、近年はきわめて高い得点状況で大幅な改善がみられる。

政府はTOEFLの活用を積極的に進めようとしている。北米の大学進学のためには欠かせないTOEFLだが、より多くの受験者を集めているのはTOEICである。その各国別スコアについてもレポートが発表されている（ETS 2013a）。日本との比較のためにG7諸国のなかの非英語圏の国と中国、韓国を取り出した（表11-2）。

表11-2　TOEICスコア比較

	2012
日本	512
韓国	628
中国	747
フランス	727
ドイツ	866
イタリア	710
ロシア	694

TOEICに関しては、中国の検討が目立つ。日本はここでも最低のスコアである。このレポートはTOEICの学歴別のスコアについても掲載している。国によって教育システムが異なることから、一律に比較はできないとしつつも、ブラジル（65％）、韓国（79％）、メキシコ（71％）、フィリピン（80％）、タイ（75％）において大学卒レベルの割合が高いと記す（ETS 2013a: 14）。ここに日本の数値は紹介されていないが、手元で計算すると、日本も77パーセントが大学生である。

図11-3は世界全体の学歴別のスコア状況だが、図11-4は日本に限定した場合の学歴別のスコアの分布である。ここでのそれぞれの項目ごとの

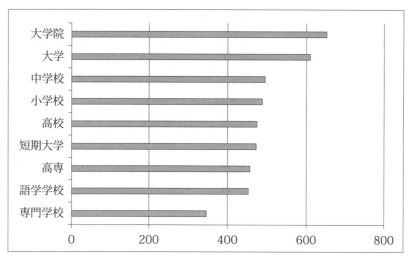

図 11-3　世界全体の学歴別スコア

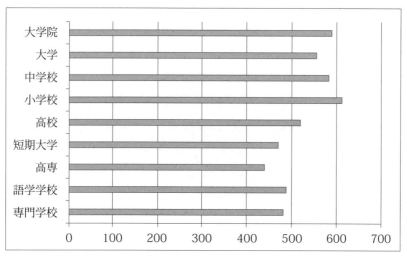

図 11-4　日本の学歴別スコア

人数は、大学院 47615 人、大学 298397 人、中学校 926 人、小学校 234 人、高校 20331 人、短期大学 4689 人、高専 6297 人、語学学校 1629 人、専門学校 6328 人となっている。

世界全体の学歴別スコアの分布において、学歴が高い程、高スコアであることは一目瞭然である。日本では小学校が最高得点、中学がそれに次ぐスコアとなっていることが特徴的である。中学校では926人、小学校では234人の受験者数であり、これが他と比して極端に少ないことは、海外経験などがあるか、国内においてもインターナショナル・スクールなどに在籍している子どもたちが受験した結果であると類推される。大学の受験者数は30万人弱、高校は2万人強で、受験者の層として、多ければ多いほど、英語を特に得意とする者を超えた広がりを見せているものと推察される。

　大学時におけるTOEICスコアの伸長を見ると、理・工・農学系、医・薬学系を除いて、語学・文学系、国際関係学系、情報科学系、商学・経済・経営系、法学系、社会学系、教育・教養系のいずれの専攻分野においても学年が上がるにつれてスコアも伸びている（ETS 2013b:8）。参考に国際関係学系の学年ごとのスコアの変遷を図示しておく（図11-5）。受験回数を重ねることでスコアが伸びる傾向もあることから、学年が上がるにつれて受験回数が増えた成果もあろう。複数回にわたって受験することそれ自

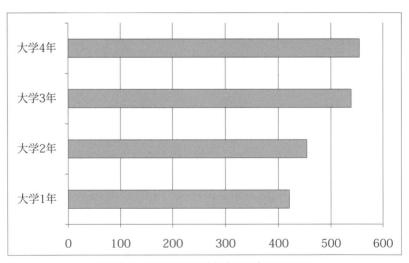

図11-5　国際関係学系学生の学年別スコア

体も、英語学習の機会の増進、ひいては英語力向上に寄与していると捉えられる。TOEIC スコアの解釈を通して得られる客観的事実として、大学教育は決して無駄ではない。

　大学進学率を高めることが肝要である。他方で TOEIC スコアの学歴に関する分布について世界と日本を比べてみたとき、世界における伸びほどに日本の大学では伸びが見られない。大学は高校と違って入試の制約を受けない。実用的な英語力の養成への期待が大きいのであれば、大学はそれに対応することが求められている。

4　教育のコスト

　第 2 次から第 3 次の安倍内閣まで文科大臣を務めた下村博文（2012 年 12 月 26 日～ 2015 年 10 月 7 日）は、2020 年教育再生実現に向けたグランドデザインのなかで、検討中としながらも大学進学率 7 割程度と記している（下村 2014: 269）。進学率を含めた教育の充実を目指す姿勢がうかがえる。

　しかし日本の教育行政の貧弱さは、HDI の教育指数にとどまらず、OECD 諸国のなかでも最低水準にあることはしばしば指摘されてきた（日本経済新聞 2015）。OECD インディケータの「一般政府総支出及び国内総生産（GDP）に占める公財政教育支出（2010 年）」から、欠損値がなく比較可能なデータがそろっている各国を抜粋した一覧表を示す（表 11-3 参照）。

　経済産業省（2011）「産学協働人財育成円卓会議（参考資料 1-3：関連資料・データ集）」は、スイスの IMD（International Institute of Management and Development）が発表している世界競争力ランキングで、日本が「外国語のスキル」の項目において調査対象 59 か国中 58 位であったことを示す。2015 年 5 月 28 日の日経新聞によると、IMD の「2015 年世界競争力年鑑」では総合順位で前年より 6 段階さがり 27 位になった。調査対象 61 か国・地域で、語学力は 60 位であったという。一向に上昇の兆し

が見えないことから言えるのは、力を入れているはずの英語教育の効果が表れていないことである。日本人の英語力は世界において一貫して低い評価しか与えられていない。英語教育を巡る様々な主張が存在するが、国際競争力をめぐる問題の前提としてこのランキングが重い事実を突き付けていることは確かである（竹村 2013）。この 2015 年の競争力ランキングでは韓国が日本の上にある（IMD 2015）[4]。英語力で日本が韓国よりはるかに劣る現実を認識しなければならない。

　日韓に限定して教育支出を比較するなら、ほぼすべての項目で日本が劣っている。OECD 全体の平均も併せて示したのが下の表 11-4 である。一般政府支出のなかで教育に振り向けられる日本の支出は韓国の 57 パーセント、OECD にもはるかに及ばない。GDP との割合を比較しても、OECD 平均の 65 パーセント、韓国の 8 割弱に留まる。

　韓国におけるグローバル人材育成力の素地を説いて岩淵（2013）は、教師が尊敬されている様子を紹介する。韓国では毎年 5 月 15 日は「先生の日」であり、国の「建設者」として認識されているという（岩淵 2013: 33）。儒教的価値観を保持する韓国では、教師の言葉も重く受け取られている様子がうかがえる。日本もかつては同じように教師は尊敬されていた。それがアメリカ的な価値観が浸透するなかで、次第に教師に対する尊崇の念も薄れていった。当のアメリカは、オバマ大統領が韓国から学ぶべきこととしてスピーチで取り上げたのは、教師を敬う姿であった（同上）。

　OECD は各国の教員の給与水準についても明らかにしている。ここでも OECD の平均と日本と韓国を比較しておきたい（表 11-5、図 11-6 参照）。日本の教員は OECD の平均よりは厚遇にあると言える。しかし韓国より劣る。

　OECD は、2000 年の給与を 100 としたときの、その後の推移も明らかにしている。これも前期中等教育を取り出し、日本と韓国を比較しておく（表 11-6、図 11-7 参照）。韓国は 2000 年との比較で約 1.2 倍の伸びを示

---

[4] 日本は 27 位、韓国は 25 位であった。

表 11-3　公財政教育支出

	一般政府総支出に占める公財政教育支出の割合				国内総生産（GDP）に占める公財政教育支出の割合			
	就学前教育	初等・中等・高等教育以外の中等後教育	高等教育	全教育段階	就学前教育	初等・中等・高等教育以外の中等後教育	高等教育	全教育段階
オーストラリア	0.2	11.5	3.4	15.2	0.1	3.9	1.1	5.2
オーストリア	1.2	7.0	3.1	11.2	0.6	3.6	1.6	5.9
ベルギー	1.2	8.2	2.8	12.5	0.6	4.3	1.5	6.6
チリ	2.3	11.6	3.9	17.7	0.5	2.7	0.9	4.1
チェコ	1.1	6.1	2.2	9.7	0.5	2.7	1.0	4.2
デンマーク	1.8	8.9	4.2	15.3	1.0	5.1	2.4	8.8
エストニア	1.1	9.8	3.0	14.0	0.4	4.0	1.2	5.7
フィンランド	0.7	7.6	3.9	12.3	0.4	4.3	2.2	6.8
フランス	1.2	6.8	2.3	10.4	0.7	3.9	1.3	5.9
ハンガリー	1.4	5.9	2.0	9.8	0.7	2.9	1.0	4.9
アイスランド	1.4	9.4	3.2	14.7	0.7	4.8	1.6	7.6
アイルランド	0.2	7.4	2.2	9.7	0.1	4.9	1.4	6.5
イスラエル	1.5	9.1	2.3	13.6	0.7	4.0	1.0	5.9
イタリア	0.9	6.4	1.7	8.9	0.4	3.2	0.8	4.5
日本	0.2	6.7	1.8	9.3	0.1	2.8	0.7	3.8
韓国	0.5	11.2	2.6	16.2	0.1	3.4	0.8	4.9
メキシコ	2.1	13.6	4.0	20.6	0.5	3.5	1.0	5.3
オランダ	0.8	7.6	3.3	11.6	0.4	3.9	1.7	6.0
ニュージーランド	1.5	13.1	5.5	20.0	0.5	4.7	2.0	7.2
ノルウェー	0.7	9.4	4.5	15.2	0.4	5.5	2.6	8.8
ポーランド	1.1	7.7	2.6	11.4	0.5	3.5	1.2	5.2
ポルトガル	0.8	7.8	2.2	11.0	0.4	4.0	1.1	5.6
スロバキア	1.0	7.1	2.1	10.6	0.4	2.9	0.8	4.2
スロベニア	1.2	7.5	2.7	11.4	0.6	3.7	1.4	5.7
スペイン	1.5	6.8	2.5	10.9	0.7	3.1	1.2	5.0
スウェーデン	1.4	8.1	3.9	13.4	0.7	4.2	2.0	7.0
スイス	0.6	11.0	4.0	15.8	0.2	3.6	1.3	5.2
イギリス	0.6	9.4	2.0	12.0	0.3	4.9	1.0	6.3
アメリカ	0.8	8.6	3.3	12.7	0.4	3.7	1.4	5.5
OECD 平均	1.1	8.6	3.1	13.0	0.6	3.8	1.4	5.8
EU 加盟 21 か国平均	1.1	7.6	2.7	11.4	0.6	3.8	1.4	5.8

経済協力開発機構（OECD）『図表でみる教育　OECD インディケータ（2013 年版）』明石書店、231 頁より。

表 11-4　公財政教育支出の日韓と OECD 平均

	一般政府総支出に占める公財政教育支出の割合				国内総生産（GDP）に占める公財政教育支出の割合			
	就学前教育	初等・中等・高等教育以外の中等後教育	高等教育	全教育段階	就学前教育	初等・中等・高等教育以外の中等後教育	高等教育	全教育段階
日本	0.2	6.7	1.8	9.3	0.1	2.8	0.7	3.8
韓国	0.5	11.2	2.6	16.2	0.1	3.4	0.8	4.9
OECD 平均	1.1	8.6	3.1	13.0	0.6	3.8	1.4	5.8

経済協力開発機構（OECD）『図表でみる教育　OECD インディケータ（2013 年版）』明石書店、231 頁より。

表 11-5　教員の給与水準

	前期中等教育				後期中等教育			
	初任給（最低限の教員資格）	勤続 10 年の給与（最低限の教員資格）	勤続 15 年の給与（最低限の教員資格）	最高給与（最低限の教員資格）	初任給（最低限の教員資格）	勤続 10 年の給与（最低限の教員資格）	勤続 15 年の給与（最低限の教員資格）	最高給与（最低限の教員資格）
日本	26031	38665	45741	57621	26031	38665	45741	59197
韓国	27476	41268	48146	76423	27476	41268	48146	76423
OECD 平均	30216	37213	39934	48177	31348	38899	41665	50119

経済協力開発機構（OECD）『図表でみる教育　OECD インディケータ（2013 年版）』明石書店、422 頁より。

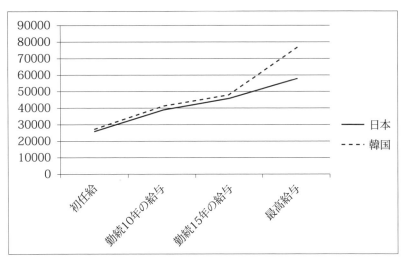

図 11-6　日韓の前期中等教育の教員給与比較

表11-6　2000年を100とした給与の変化の日韓比較

	2000年	2005年	2006年	2007年	2008年	2009年	2010年	2011年
日本	100	99	99	95	92	93	92	91
韓国	100	126	127	126	124	120	117	119

経済協力開発機構（OECD）『図表でみる教育　OECDインディケータ（2013年版）』明石書店、426頁より。

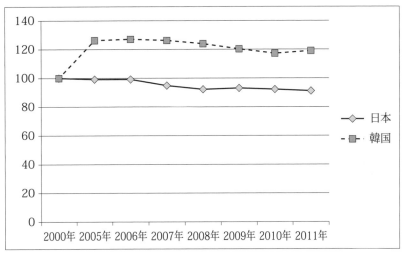

図11-7　表11-6の図化

しているにも拘わらず、日本は約1割下がっている。この傾向は後期中等教育においても同様である。日本のデフレ経済を反映した側面が強いが、教育重視を形にできていない日本を映し出していることも否定できない。

5　大学教育の現状

　大学進学率に関する日韓の比較もHDIを考察した8章で既に言及した。しかしここでは、単に数字上の進学率を上げれば済む話ではないことを指摘しておかなければならない。韓国の大学生はよく勉強する（岩淵2013：39）。日本の大学生はどうだろうか。岩淵が紹介する事例は、韓国の延世

大学、ソウル大学の話である。下に上げる日本の大学は、韓国のエリート校と並べて比較する例としてはふさわしくないのかもしれない。しかし大学教育と称して、こうした授業が展開されているのが実態であれば、わざわざ高い授業料を収めて自分の子供を大学に行かせようとする親はいないだろう。

朝日新聞 be on Saturday（2014年7月26日土曜版）の「悩みのるつぼ」というコーナーに、30代の大学講師の投稿が載った。全文を紹介する。

> 30代後半の女性です。大学で講師を始めて5年ほど経ちました。自分の専門分野について学生に講義をするのは楽しく、やりがいも感じています。最近は授業の評価も上がり、学生からわかりやすく面白いというコメントも出るようになりました。
>
> しかし意欲・興味をもっている受講生はよくて半分で、1割程度のことも。多くの学生は私語やスマホ、内職ばかりで、注意しても改善されません。そこで私は、聴くつもりがないなら出席しなくてよい、出席はとらない、試験の結果が基準に達していれば単位は与える、講義に関係ない行為は周囲の迷惑になると説明し、問題があるときは退室を求めることにしました。
>
> ある時、何度注意しても私語がやまない学生に退室を求めると、ふてくされて舌打ちをしながら「聴きます」と逆切れされました。その後ずっと私のことをにらみつけてきました。大学は基本的に自由な場で、講義を聴きたくないならサボればいいし、もっと楽な、興味のある他の講義をとればいいという私の考えは通じないようです。
>
> 講師の目の前の席で化粧、イヤホン、居眠りも日常茶飯事。こういった妨害に負けず、感情的にならず、自分の仕事（講義）に集中するにはどうしたらよいのでしょうか。無視すればいい気もするのですが、そうした学生が目について毎度イライラがおさまりません。

日本の大学教育についての問題は、苅谷の分析からもうかがい知ること

ができる。苅谷（2011）は、進学率の上昇によって、大卒資格を持つ人びとの雇用機会について、また大学教育による問題解決能力とコミュニケーション能力の変化について分析を加えている。結論的には、日本における大学は実質的に「大学教育無用論」と呼べる状態にとどまっているとする（苅谷2011:1）。現状の大学教育の内容のまま、進学率のみを高めても、学生の能力伸長に必ずしも結びつかない実態をあぶりだす。

　もっとも苅谷自身が認めているように、この分析で用いている問題解決能力とは、「私は、日常で生じる困難や問題の解決法をみつけることができる」、「私は、人生で生じる困難や問題のいくつかは、向き合い、取り組む価値があると思う」、「私は日常で生じる困難や問題を理解したり予測したりできる」という3つの項目で、これらが大学教育で伸長を期す問題解決能力そのものかどうかについては疑問が残る。同様にコミュニケーション能力に関しても「自分の考えを人に説明する」、「よく知らない人に自然に会話する」、「まわりの人をまとめてひっぱっていく」、「おもしろいことを言って人を楽しませる」の4つの質問項目から尺度を作り出していて、これらが大学教育の目指すコミュニケーション能力であるとは言い難い。

　それぞれの大学が涵養を期す能力はディプロマ・ポリシーとして独自に定義されている。それゆえ厳密な定義に関する議論は他に譲るとして、少なくとも大学における問題解決能力は、個人の枠を超えた社会的な問題を発見し、解決策を探る能力が眼目となることを指摘しておきたい。著名な医学者、養老孟司は、高校と大学の勉強の違いを「高校までの勉強は、先生が出した問題を解くことが主です。しかし、大学ではそうはいきません。『何が解くべき問題なのか』を自分で考えるようになっていかなくてはならないのです」（養老2014:212）と述べる。大学教育の問題解決能力とは、問題提起する力が含まれている。コミュニケーションにしても、大学は個々をより社交的な人間にすることを目指しているわけではない。またコメディアンを養成する場でもないのであって、そもそも教員がそれを得意にしているようには見受けられない。少人数教育のゼミなどの場では、通常、意見を異にする集団のなかで、いかに議論し、結論に導いてい

けるかを最大公約数的な目標にしていると言えよう。それゆえ、能力伸長に関する苅谷の指摘は大学教育に関する問題として的を射ているとは言い難い。それでも企業との関係をも含めて導き出されている大学教育無用論がいまだに支持を得ているとの結論は、上の「悩みのるつぼ」の実態と併せて、深刻に受け止めなければならない。

　朝日新聞の紙面で大阪大准教授の中澤渉は、大学教育の社会的意義を訴えていくことが肝要であると語る（中澤 2014）。多くの人が大学に行くことのメリットや、税金を投入することの意味を感じていない現実があるなかで、研究面の成果を上げることに止まらず、職業教育や生涯教育、基礎学力が不足する学生に対する再教育などでの成果も重要になると中澤は指摘する。ここでの前提は、大学に 2 人に 1 人が進学する時代であり、これをもって大学に行く人が増えたとの認識である。しかしながら国際比較から浮かび上がることは、公費の投入が少ない現実ばかりではなく、実は、大学進学率も後塵を拝している現実である。大学進学率は決して高くない。それを前提にどうすればより多くの人が大学に進学するか。社会的要請に敏感に応えることは必要である。しかしそれのみならず、社会的価値を創出する機関として、研究の充実を期しながらそれを教育に活かす本来の大学の姿を取り戻すことが日本の大学の価値を押し上げることにつながるのではないだろうか。

　上の 1 節で取り上げた大学ランキングについて、表にして確認しておきたい。タイムズ・ハイアー・エデュケーションによる世界大学ランキング 2013-2014 によれば、トップ 10 には次の名が並ぶ（表 11-7 参照）。

　アジアの大学では、23 位に東京大学、26 位にシンガポール国立大学、43 位に香港大学、44 位にソウル大学、45 位に北京大学、50 位に精華大学と続く。トップ 200 位に入る日本の大学は、東京大学の他、52 位に京都大学、125 位に東京工業大学、144 位に大阪大学、150 位に東北大学の 5 大学に留まる。他方韓国は、ソウル大学に続き韓国科学技術院が 56 位、延世大学が 190 位にあって、3 大学がベスト 200 に入っている。中国は先に上げた 2 大学のみがこの中に掲載されている。日本の RU11 が大

表 11-7　2013-2014 世界大学ランキングトップル

順位	大学名	国
1	カリフォルニア工科大学	アメリカ
2	オクスフォード大学	イギリス
2	ハーバード大学	アメリカ
4	スタンフォード大学	アメリカ
5	マサチューセッツ工科大学	アメリカ
6	プリンストン大学	アメリカ
7	ケンブリッジ大学	イギリス
8	カリフォルニア大学バークレー校	アメリカ
9	シカゴ大学	アメリカ
10	インペリアル・カレッジ・ロンドン	イギリス

学ランキングに抗議している[5]。本章執筆時点でタイムズ・ハイアー・エデュケーションが用いている項目は、大きな柱として、「教育」、「論文引用」、「研究」、「国際化」、「外部資金」の5つを据える（Times Higher Education 2011）。このなかで、はじめの3つがそれぞれ30パーセントと大きな比重を占める。これら5つの内、「教育」、「研究」、「国際化」はさらに細分化されたサブカテゴリーがある。「教育」については、研究者仲間による評価、教員あたり博士号授与数、教員当たり学生数、学士授与数当たり博士授与数比率、教員1人当たりの大学の収入の5つが下位範疇となる。研究者仲間による評価、つまりピアレビューが含まれるのは妥当なように見える。しかし大学教員が、他の教員の講義の様子を直接見聞きする機会はまれである。自大学においてすら滅多にないことであるが、まして他大学の教員がどのような教育を行っているのか、ピアレビューできるようなものではない。もっとも、研究に関してピアレビューが入ることは妥当である。その道のプロフェッショナルが、自分の専門分野の誰を優れ

---

[5] 2011年の段階で既に懸念が表明されていたことについて渡部（2012）を参照されたい。RUとはResearch Universityのことで、研究重視を打ち出している大学。

た研究者とみなすかは真っ当な評価基準である。

さて、世界大学ランキングについては、米澤（2014）が2004年前後に開始され、ランキング学術関係者へのオンライン調査に重きを置くQS社のランキング、2010年以降はこれと分かれて独自のランキングを発表し始めたタイムズ・ハイアー・エデュケーションがまず挙がることを紹介している。そして、大学ランキング自体がこの2つに限らず、サウジアラビアのCenter for World University Rankingsはノーベル賞のほか、大企業の経営者輩出率なども加味されていること、ヨーロッパでは6領域43の指標によって大学の個性を描き出すような手法も出てきていることを指摘する（米澤2014:61）。

椹木（2014）の指摘はさらに踏み込んだ内容を含んでいる。人口に膾炙する世界大学ランキングがわが国の大学の国際化の遅れに対する警鐘であることを見逃してはならないものの、「日本の高等教育や研究の特質を訴えていくことのできる代替評価指標を創案し、世界に向けて発信していくことが肝要」（63）との提案である。まさにランキングに対する建設的対応で本書筆者も賛同する。山村（2013）も、日本の大学として、何を重視するかを鮮明にしたランキングを自ら発表するぐらいの積極性が必要な時代であると指摘する。

2014年12月28日『日本経済新聞』に大阪大学の全面広告が載った。「3位じゃダメなんです。」の目立つうたい文句の下に、大学に関連するランキングが並ぶ。QS World University Ranking 2014 [国内順位3位]、上海交通大学の世界大学学術ランキング [国内順位3位]、US News & World Report, Best Global Universities 2014 [国内順位3位]、科学研究費補助金配分総額（大学別）2013年度＊朝日新聞出版「大学ランキング2015年版」[3位]、外部資金総額（大学別）2012年度＊朝日新聞出版「大学ランキング2015年版」[3位]、トムソン・ロイター高被引用論文（総合）国内2003年1月〜2013年10月＊朝日新聞出版「大学ランキング2015年版」[3位]、「ネイチャー」掲載論文数2008〜2013年＊朝日新聞出版「大学ランキング2015年版」[3位]、「サイエンス」掲載論文

数 2008〜2013年＊朝日新聞出版「大学ランキング 2015年版」[3位]、有力企業人事部の総合評価＊毎日新聞社「エコノミスト 強い大学」2014年8月5日[1位]、民間企業との共同研究実施件数（平成 25 年度）＊文部科学省「大学等における産学連携等実施状況について」[3位]、特許権実施等収入（平成 25 年度）＊文部科学省「大学等における産学連携等実施状況について」[3位]と、一つを除いてすべて3位のランキングを紹介する。

　3位ではダメだとする広告コピーには、さまざまなランキングを列挙して3位であることをむしろ誇らしげに喧伝する意図もにじむ。ランキングをしたたかに利用するたくましさを見てとれる。ランキングに振り回されるのではなく、ランキングを利用する。そのしたたかさは欠かせない。

6　海外留学生数

　海外派遣留学生がソフトパワーとしてなぜ重要であるのか、いくつかの論点を提示したい。元駐中国大使、丹羽が指摘するのは、ハーバード大学における中国人留学生の多さと、それに比して数を減らす日本人留学生の数である。世界トップクラスで学ぶ学生数の少なさは、世界のエリートと伍して研鑽する日本人の少なさを表している。日本の将来を担う人材の育成の面からの懸念が示されている。

　文科省の大学教育に対する施策に注目しておきたい。2015年6月5日、日本の大学の多くは職業訓練に力を入れるべきとの方針が示された。クリティカル・シンキングやアカウンタビリティの涵養がそこにどのように組み込まれるのかは定かでない。日本のソフトパワーを進展させるために、留学経験者を数多く増やすことが効果的である。同時に、異文化間コミュニケーションが必須となる環境は、アカウンタビリティを鍛錬する場ともなる。また自分の意見に理由を付して説明する論理的思考によってクリティカル・シンキングも養われる。職業訓練という言葉の響きから、留学を奨励する姿勢は連想できない。グローバル人材育成を求める一方で、

職業訓練に力を入れよとする。大学の二極化によって効率的な教育行政を企図しているのであろうか。韓国と比して大学進学率が大幅に低い現実のなかで、迷走する高等教育行政は国の将来にも暗い影を落としている。

留学と英語教育に関連して、文科省は中学校で聴く話すを含めた試験の導入も予定している（文部科学省 2014b）。さらに教員の英語力レベルを向上させて、英語力の底上げを図っている。そうした施策のためには、教育にかけるお金を増やすことが欠かせない。韓国と比べて大いに見劣りする教育予算のままでは、英語力の差がさらに開きかねない。英語の力を持つ英語教員の養成にいかに予算を割けるかが懸案である。

OECDの2013年版データ（経済協力開発機構（OECD）2013）から、OECD各国にG20を加えて海外留学者数を見ておく。

表11-8　海外留学者数

1	中国	722914	11	カナダ	47025
2	インド	222912	12	ポーランド	46242
3	韓国	138600	13	インドネシア	42835
4	ドイツ	131780	14	ギリシャ	38536
5	トルコ	82981	15	日本	38535
6	フランス	79601	16	英国	37490
7	ロシア	71072	17	スロバキア	35584
8	イタリア	62579	18	ブラジル	35221
9	米国	62395	19	スペイン	33522
10	サウジアラビア	57183	20	メキシコ	29084

経済協力開発機構（OECD）2013）基づき筆者作成

現在4万人に届かない日本の海外留学者数である。OECD、G20諸国のなかでの比較においては、国全体の人口を加味して考えると、さらにその少なさは顕著な特徴となる。人口ではおよそ半分の韓国が、留学者数では3倍強である。比率にすれば、韓国は日本の6倍多く海外に学生を送り込んでいることになる。

他方、留学することでの意識の変化について二つ挙げておきたい。一つは海外に出ることで世界の中での自国の位置づけを強く認識する機会とな

ることである。海外においては、日本人が期待するほどには日本のことが知られていない。また日本ではおよそあり得ない日本についての質問を尋ねられることもある。そうした経験を通して自国に対する意識を高め、外国に日本のことをもっとよく知ってほしいと思う気持ちが高まる。それだけ広義のパブリック・ディプロマシーを担う日本人を育成することにつながる。当然、日本のソフトパワー増進に寄与する。

　上と関連して、留学の定義を確認しておきたい（小林 2007）。たとえば、超短期の海外大学における学習の経験を留学とみなせるかどうかである。この点に関しては、牧（2013）が、医学・医療分野の視点から、短期でも実益が上がるプログラムは留学生とカウントして、支援制度の対象とすべきであると主張している。

　新しい在留管理制度が 2012 年 7 月 9 日に導入され、留学に「3 月」が加わった（法務省 2012）。つまり、3 か月以上をもって正規の留学生としてカウントすることを意味している。しかし仮に超短期であっても、その地を訪れたことの意味は大きい。ソフトパワーの観点からは、超短期を含めて海外経験を学生に積むように促したい。さらに留学は、その日本人が訪れた外国のことをよく知る機会ともなる。人間行動の基本的な特性として、相互主義的な感情は一般的である。相手に関心をもってもらうことで、自分もその相手に関心をもつ。それと同様に、相手のことを理解しようとしないで、自分の理解を他に求めることは都合がよすぎる。自分のことを相手に理解してもらうためにも、自分が相手を理解しようと努める。

　愛国心の涵養の必要性を安倍政権が主張するなか、その効果的な手法は日本人学生を外国に留学させることである。外国との比較なくして、自国の良さは認識しがたい。自国と違う環境のなかで暮らして、はじめて自国の良さも認識されよう。自国の学生を海外に送り出すことと同時に、海外の学生を自国に受け入れる、インバウンドの留学生を増やすことも前者に劣らず重要な課題である。ジョセフ・ナイがアメリカのソフトパワーの淵源として言及することの一つに、アメリカが多くの留学生受け入れていることがある。アトキンソン（Atkinson 2010）はアメリカの留学プログラ

ムが非民主主義国の市民に民主主義の生活を直接的に知る機会を提供したことの意義を強調する。アメリカが積極的に留学生を受け入れてきた理由もわかる。留学先を決めるとき、確かに人々は、その国に留学することが価値あると認識するからこそそこを選択するだろう。世界中の多くの人びとがアメリカの大学に惹きつけられている。ナイが指摘するようにそれはアメリカのソフトパワーの表れである。

7 日本の英語教育の課題

　日本人の英語力を増強するために間歇的に登場する英語公用語論については、その淵源を初代文部大臣、森有礼の提案に求めることができる（施 2015:68）。つまり英語をめぐる日本にとっての本質的な議論は明治期から続いていることになる。現在も、主要新聞の社説で日本の英語教育の問題が正面から論じられたことは数度に上る。朝日新聞1993年8月31日の社説「『使える英語』教育への転換を」との表題で、「読み書き」中心から「話す聞く」を重視するコミュニケーション能力の向上を目指す提言が文部省協力者会議から出されたことを紹介している。社説が主張する内容の骨子は、教える側の能力の向上、少人数クラスへの転換、入試問題改革の3つを柱としている。教師の会話力を高めるために、この当時、日本人教師の海外研修が2か月から1年まで合わせて年に300人に満たない状態からの人数増加を求めている。

　20年経って、現実を直視すれば、成果が上がったとは言い難い。読売社説が英語教育を真っ向から取り上げたのは、2000年2月6日の「生きた英語を身に着けるには」である。日本人一般の英語力がお粗末である実例として、TOEFLでアジア21か国中18位であったことを紹介する。言語構造上の距離や、受験者の大衆化などが成績不振の主因とできないことは、日本より人口当たりの受験者が多い韓国が上位9位にランクされていることで反証されている。教育に問題があるとの結論が導き出される。

　国会のなかで指摘される日本の英語力の問題は、まず昭和56年4月

10日、衆議院文教委員会の小杉隆の発言がある。そこでは、「106か国中85位……中略……韓国や中国よりも点数が劣っておる状況です」(国会会議録1981)との問題提起がある。平成8年4月23日、参院の予算委員会において、寺澤芳男が、「182か国中、日本のTOEFLの平均スコアというのは162番目である。あるいはアジアの27か国中、日本の平均スコアは23番目である。要するに英語が非常にできない」と指摘する。寺澤は平成9年11月2日にもこの問題を取り上げて、日本人の英語能力はアジアではほとんど最低の水準であること、その原因が日本の英語授業時間数が短すぎることを主張する。

平成10年3月25日、参考人として出席している田勢康弘は「1995年の水準で、171か国中149番目でありまして、日本より低いアジアの国は二つしかございません。国名は挙げませんけれども、信じられないレベルでございます」と手厳しい。上でも言及した日本アカデメイアは、日本にとって必要な改革のすべては人材の問題に収斂される（岡村他2013）と力説する。「『日本力』を体現する人材、世界への発信力をもつ人材、イノベーションを担う人材、『中核層』を担う人材、そして企業や政治のトップリーダー……中略……これらは、広い意味での人材育成の問題」（岡村他2013）との指摘である。それを端的に言えば、本章が論じてきた教育の問題に帰する。あまりに教育を軽視してきたのが、バブルから今日までの日本の姿である。バブル期には景気の良い民間のなかで、地味で給与も並みの域を出ない教師は敬遠され、「でもしか」教員との揶揄もあった。バブル崩壊後も経済の立て直しばかりに目がいき、国の根幹をなす教育の課題はなお優先順位の高い事項とはなっていなかった。江戸から明治期を支えたのは、勤勉な日本人の姿であった。それをノスタルジーならぬ、現実の姿に再生させることこそが、最も肝要な日本の課題である。

英語ランキングが示す日本人の英語力の不十分さは、韓国、中国などのアジア諸国との比較においても顕著なことは何度も指摘した。イェール大学で助教授を務めた経験のある斉藤淳は、「中国・韓国・台湾から来る留学生たちは、アメリカに来た時点でそれなりに英語ができるし、年を追う

ごとにその水準は上がってきている。一方、日本人留学生は、英語レベルがもともと低かったうえに、近年もずっと下手なままです」（斎藤2014:5）と記し、「日本でエリートとされる人材の英語力がこの程度だということは、日本の国益は今後大きく損なわれてしまうのではないか？」（斎藤2014:6）とも述べる。こうした問題意識のもと、どうすれば英語力を伸長できるか、いくつかのノウハウを示す。発想として大いに共感できるのは、「『英語ができる』の意味が曖昧だから『できないまま』」（斎藤2014:173）という指摘である。斉藤は「英語ができる」というのは、その人の役割やポジションにおいて、適切な英語力があることだと捉える。たとえば営業でプレゼンができる、ビジネスレターが書ける、というような具体的な目標を絞り、その達成に向けた努力の重要性を説く。最初から完璧を求めるのではなく、実現可能性を視野に入れた目標を立てることが大切だとする（斎藤2014:175）。

　「英語ができる」あるいは文科省の「英語が使える」という発想も同様に、何をもってそうなるのかは判然としない。子供たちが野球で遊ぶとき「野球ができる」ことを目指して野球をするわけではない。野球で遊んでいるうちに、あるものはプロを目指すほど上手になり、あるものは仲間とボールを追いかけること自体を楽しむ。英語もそういう発想で、「英語を使う」ことを重視したい。教室では、ゲーム性のあるディベート実践によって、「英語を使う」機会を増やしていくことも一案である。

　経済同友会（2013）は、以前は基礎的能力を「読み・書き・算盤」と言っていたが、現在は「読み・書き・IT・英語」であると指摘する。同時にTOEFLの国別ランキングで日本は163か国中135位、アジア30か国中27位であることを紹介する。さらに、韓国と日本のTOEFLの成績の推移と貿易総額に対するGDP比の推移を図示し、グラフがほぼ同じ形状をしていることを明らかにした（経済同友会2013:5、本章3節参照）。

　日本人の英語力が伸びないことが、事実上、英語が世界のビジネス標準語となっているなかで、日本の国際競争力の足を引っ張っているとの経済界の実感が表れている。そうした認識が国際競争力においても韓国の後塵

を拝することが多い現在、韓国を超える英語パフォーマンスの実現を希求する所以ともなっていよう。韓国企業のサムスンが TOEIC で新入社員に 900 点を課しているとの情報は、国会でも話題になった（国会会議録 2010）。

　苅谷（2015）は、欧米に追い付き追い越せを達成し、ジャパンアズナンバーワンと言われたことによる目標の喪失、あらゆる分野で最先端の国際的研究の翻訳本がすぐに手に入る強みが逆に英語を必要としない環境を日本のなかに生んだ現実を指摘する。しかし、中国韓国の英語教育の成果によって、日本の英語教育の問題が浮き彫りにされ、経済的グローバル競争の進展のなかで必死に英語力の増強を迫られている現実を指摘している。現実生活で英語が必要とされていない現実は変わらない。

　ここは客観的に目標を再定義することが肝要である。大学の卒業要件に一定の TOEIC における点数を課すなら、飛躍的に日本のスコアを伸ばすことはできる。ただ、そうした要件化に対しては強い抵抗もあって実現する目処はたたない。求められる発想は、英語をスポーツや楽器のようなスキルとみなすことである。全員に求められるスキルではない。しかしそれに真剣に打ち込む意味を正当に評価できる社会的基盤、社会的価値を確立することが急がばまわれの施策であろう。オリンピックのメダル数は国家の目標として提示された。英語で勝負する人林が TOEIC を受験し、その順位の向上を日本社会の目標として明示することも一案であろう。

第12章

オリンピック・メダル数ランキング

1　ソフトパワーとしてのオリンピック・メダル数

　4年に一度、世界から日々研鑽をつむ選手たちが一堂に会して、その成果をぶつけ合う姿は多くの人びとを魅了する。サッカーのワールドカップについては、日本が出場するようになって以来、国内における熱狂も大いに高まった。ワールドカップを視聴する人の数は、実に数億人ともいわれ、世界におけるその関心の高さは折り紙つきである。サッカーの強国であることは、それが一つのソフトパワーとなっていることも見逃すことができない。ジョセフ・ナイもその著書『スマート・パワー』において、ブラジルを論じつつ、「ソフト・パワーの面ではカーニバルとサッカーという大衆文化が特に有名」(ナイ 2004: 226) だと記述する。

　各国の代表同士の戦いは、勝ち負け、強弱を通してその国の文化、国民性にまで話は及ぶ。なぜブラジルは強いのか。逆に日本が満足のいく戦いができていないとすれば、それはなぜなのか。喧々諤々の議論が展開する。FIFAが公表するランキングによって、上位に並ぶ国への敬意が生れ、ソフトパワーにつながる。

　ただFIFAのランキングはFIFA独自に算出方法を定め、そこに外部が口をはさむ余地はほとんどあるまい。各国にとってランキングは上位であることに越したことはないにしても、真の目的はワールドカップにおける優勝であって、ランキングを上位にすること自体が優先する目的とはなり得ない。ちょうどテニスの錦織圭選手が四大大会のひとつである2014年の全米オープンで準優勝した時の熱狂が良い例である。ランキング1位の

選手を破ったという快挙が大きく取り上げられた。現在の実力の評価を踏まえて、観戦における興味は一段と増す。しかし第一の目標は優勝である。残念ながら決勝では今度はランキングにおいて自分より下位の選手に敗れた。

　この例からわかるように、FIFAのランキングは、数々の試合結果を反映した一つの結果ではあるが、それ自体が目標ではないので、ここでもこれ以上は踏み込まないことにする。

　スポーツはサッカーだけではない。同じく4年に1度開催されるオリンピック[1]は、参加する選手も応援する側も各国の国旗を掲げ、振りかざす。自国の選手が金メダルを取ったときはわがことのように喜ぶ。こちらも途方もない努力の結集による真剣勝負が繰り広げられるだけに、その勝者に対する称賛は大きい。新聞、テレビ等のメディアも、国別のメダル獲得数を詳細に発表することもあって、強国への尊敬の念と相俟ったソフトパワーが関係するスポーツイベントとなっている。

　近代オリンピックの祖であるクーベルタンは、「オリンピックの制度が繁栄するならば—すべての文明国家が協力すれば必ずそうなると信じているのだが—オリンピックはおそらく世界平和を確保する、間接的にではあるが有力な一要因となろう」（日本オリンピック・アカデミー編 2004:38）と語った。

　本章では、オリンピックにおける各国のメダル獲得状況を見ていく。世界の中のメダル獲得数は明瞭である。それが表すのは直接的には各国の選手強化策の成否の縮図であり、スポーツ政策の反映であろう。しかしその背景を探るなら、選手強化に費やせる経済力の強弱であり、スポーツ医学、食物科学、健康医学をも包摂した科学力も大きな比重を占めている。さらには選手たちが用いる道具の良し悪しが勝敗を大きく左右する現実を

---

[1] 現在オリンピックはパラリンピックと併せて開催されるようになっている。近年開催された大会について正確を期した表記はオリンピック・パラリンピックとなる。本書では近代オリンピック第1回大会にまで遡って通史的な分析も加えている関係で、特にオリンピックに注目している。

踏まえると、各国のものづくりの技術力がものをいう場合も少なくない。

　どの国も持てる資源のすべてをオリンピックのメダル獲得に費やしているわけではない。オリンピック憲章第1章の6は「オリンピック競技大会は、個人種目または団体種目での選手間の競争であり、国家間の競争ではない」(オリンピック憲章 2015)と明記する。これを根拠に、2015年の東京オリンピックにおける金メダル16個の目標を掲げた閣議決定を批判する論調もある（朝日新聞 2015b）。確かにメダル至上主義はさまざまな弊害を生む。ドーピングはその最たるものだろう。メダルのみに価値を置くメダル至上主義と、目指すべき目標をアドバルーンとして掲げることは違う。それでも目標がいつしか唯一の目的と化してしまうことは危険である。メダル至上主義に陥らないことに注意しつつ、事実としてのメダル獲得ランキングを通史的に見れば、その国の世界の中でのある位置づけをおのずと表すデータが現出することは興味深い。典型的には冷戦期の米ソの争い、中国、韓国の台頭など、国際社会の趨勢と軌を一にする動向がメダル数ランキングに映し出されている。東西冷戦では自由な資本主義に基づく経済体制の国家側と、政府により管理された計画経済に依拠する東側陣営が厳しく対峙した。オリンピックはその対立の一つの最前線であったと見て良い。両陣営の代表的な諸国家は、言わば国の威信をかけてメダルの獲得を競った。

　参議院議員で、元オリンピック選手である橋本聖子は2013年2月1日の参議院の本会議で次のような質問をしている（国会会議録 2013a）。

　　フランスの元文化大臣であるジャック・ラングは、文化とは経済と同じ戦いであると言いました。彼は、フランス文化省の使命の一つを、世界の様々な文化との対話のなかでフランスの文化と芸術の威光に貢献することと定義いたしました。彼らにとって文化とはまさに国家の威信を懸けた戦いであり、国家戦略そのものであります。

　　安倍総理は、所信表明演説で、今こそ世界一を目指していこうと呼びかけられました。我が国は、文化と、その文化に裏打ちされた経済において

世界一を目指すべきであります。オリンピックは、スポーツのみならず、文化力や経済力、科学技術力など、総合的な国力を懸けた戦いであり、国家全体の発展につながる一大イベントであります。

　日本は、経済が長きにわたり停滞し、財政的にも厳しい状況にあり、震災によって心にも傷を負いました。オリンピック・パラリンピック開催を起爆剤として、我が国が再び夢と希望を手に入れ、輝きを取り戻すことを心から願い、質問とさせていただきます。

　ここにメダルについての言及があるわけではない。しかしオリンピックそのものが言わば国の威信を懸けた総合的な戦いであるとの認識は鮮明に表明されている。

　国際政治理論において威信は、たとえばギルピン（Gilpin）が国際秩序と関連付ける形で重視していることを、中野が紹介している。それによると「『威信』とは、覇権国家の軍事力や経済力の強さに対する各国の認知であり、言わば国際社会における評判や信用である」（中野 2014:165）。覇権国家はその威信が保たれていれば「実際にパワー、特に軍事力を実際に行使する必要もなく、覇権国家を頂点とする国際秩序のヒエラルキーを維持することができる」（中野 2014:165）。ここに覇権安定論のギルピンの威信の捉え方が端的に示されている。これを逆に言えば、覇権国家に挑戦する国は、その威信に対する挑戦も併せて行うことになる。現在の中国がオリンピックにおいてそのメダル数を飛躍的に増大させている背景に、かつてのソ連に代表される東側陣営が威信を懸けたメダル争いを繰り広げた状況と同じ様に、威信をかけた争いが顕在化していると見ることができる。

　メダル数に注目すれば、国の威信、国の誇りに加えてさらにもう一つ、国の「勢い」がメダル数には反映されている。経済力の大小や人口の多寡がその最たる規定要因であるとするなら、前者に関しては、日本が長くGDP 2位の地位にあった時期のメダル数は、アメリカに次いで2位でなければならなかったはずである。後者については、中国のみならずインド

も上位に食い込んでこなければならないだろう。しかし実際はそうなっていない。経済力や人口という要因に劣らず注目されるべきは、メダル数には国の勢いが反映されることである。韓国がその典型と言える。経済力の伸長も確かに目覚ましい。しかしそれにとどまらない勢いがメダル獲得数に現れている。そうした視座を交えてメダル数を見ることで、世界の中のその国の位置づけを捉える興味深い側面が浮かびあがる。国の勢いは世界の中の存在感につながる。それゆえにメダル数はその国のソフトパワーと繋がってくる。

ナイは、オリンピック開催そのものがその国のソフトパワーの増大に結びつくことを指摘する。地域ごとに分析するセクションにおいて、ソ連の箇所で次のように記している。ソ連は「スポーツにも力をいれ、金メダル獲得数では冬季オリンピックで一位、夏季オリンピックでもアメリカについで二位であった」（ナイ 2004: 123）。ただし総合的なソフトパワーについては、「科学技術、クラシック音楽、バレエ、スポーツの分野ではソ連文化は魅力的であったが、大衆文化の輸出がなかったことから、影響がかぎられていた」（ナイ 2004: 125）とする。外交政策上の他国への軍事介入、閉鎖的な政治体制が大きくソ連のソフトパワーを損なったことも指摘する。

オリンピックのメダルの今日的意味は、競技者が個々の名誉と栄光のために獲得を目指すことにとどまっていない。そうだとするなら本稿のように、あるいはオリンピック期間中に新聞やテレビで国ごとの獲得数を報道する必要は生じない。メダルが国家と大いにかかわりがあると捉えるのが無理のない解釈である。

オリンピック・メダルは愛国心、ナショナリズム、国家の威信とかかわりがある。これについてどのように理解されているのか。まず International Encyclopedia of Social Sciences における解説を見ておこう。Patriotism の説明では、この言葉がラテン語で国を意味する *patria* に由来し、愛国者は国のために犠牲になる用意があり、おそらくはそのために死をも厭わないような国を愛する気持ちをもった市民であるとする。古代

の例として挙がるのはスパルタの市民である。スパルタの市民は公共心に富む。スパルタにおける公共心の意味は、男子であれば生まれた時から兵士になるべく鍛錬し、国のために戦う準備を行うことである。

同様に同 Encyclopedia における Prestige は、人の特性から説き起こし、業績、専門性、尊敬しうる性格と行いを通して獲得されるものであることを強調する。「我々は威信ある人々を賛美し、尊敬し、時に畏敬の念を抱く。そしてこうした感情が、我々に対する影響力の彼らの主要な源泉である」(Darity 2007:443-444)。

これに対して西山（2015）は、オリンピック開催は「経済効果」と「国威高揚」の二つに集約されるとする。メダル獲得競争は公的資金の投入がある以上、その費用対効果の計算のために、メダル獲得数が指標となることはやむを得ないとしつつも、現代においては単純に「国威高揚」と結びつけても意味はない。それよりも、むしろ大会の「レガシー（遺産）」として何を残せるかを議論することが重要であるとする（西山 2015:8）。

国威高揚という、戦争時にしばしば用いられた国威発揚とは微妙に異なる表現ながら、オリンピックの国民の間に生まれるある種の興奮状態を表す言葉としてこれが最適かどうかは議論があろう。しかし確かに自国の代表を熱烈に応援するときに生じる愛国心、ナショナリズム、国家アイデンティティの存在は無視できない。それらを国家統合の手段として政府が活用することが、主権国家の揺らぎが顕在化しているなかで、政府の課題となっている側面は否めない。

ロンドン・オリンピックに至るイギリスの例はそのことの証左となっている。イギリスの夏季大会におけるメダル獲得数の順位は、5 大会前からたどると、アトランタ（1996）36 位→シドニー（2000）10 位→アテネ（2004）10 位→北京（2008）4 位→ロンドン（2008）3 位と躍進が著しい。その背後に政府によるスポーツ政策の存在がある。以下、金子（2014）に依拠して確認しておく。1995 年にメイジャー首相が国家戦略文書である『スポーツ：スポーツの水準を上げる』を発表する。続いてブレア首相

はスポーツ関連予算を増大しつつ『ゲームプラン：政府のスポーツ・身体活動の目的のための戦略（2002）』を公表する。その翌年ブラウン首相が『勝つためにプレイする：スポーツ新時代』を発表する。キャメロン政権では『2012オリンピック政府計画』により、スポーツ振興と雇用拡大・経済成長戦略も打ち出された。西山（2015）は、イギリスは長らくメダル競争を良しとしてこなかったと記す。アトランタ（1996）の結果がそれを物語っていよう。

日本で国家が国民に勲章を授与するとき、それはその個人の国家への貢献を顕彰する行いと言える。オリンピックのメダリストたちには、しばしば国民栄誉賞が贈られる。国民栄誉賞表彰規程によれば、「広く国民に敬愛され、社会に明るい希望を与えることに顕著な業績があったものについて、その栄誉を讃えることを目的とする」（内閣府 1977）とされている。オリンピック選手たちは確かに社会に希望を与えている。メダリストたちのその業績は顕著である。

スポーツが国際政治に果たす役割を論じた池井（1988）は、次の5つのポイントをあげている。第1にナショナリズムの高揚、第2に国際社会における宣伝と正統性の認知がスポーツを通じてみられること、第3に外交の手段としての効用、第4に政治のスポーツへの介入が露骨に見られるようになった点、そして第5にスポーツの政治への介入である。

第1の点については、敗戦後すぐに日本の水泳選手、古橋広之進が活躍したことによる日本国民の喜び、中国の卓球、ワールドカップサッカー優勝チームの所属国、オリンピックのメダル獲得など、随所に見られるとする。第2は、1936年のベルリン・オリンピックによるナチスドイツの宣伝、分裂国家で平和の祭典を開くことを謳ったソウル・オリンピックなどを例示する。第3は中国のピンポン外交、第4は1980年のモスクワ・オリンピック、1984年のロサンゼルス・オリンピック大会のボイコットの応酬、そして第5には南アフリカのアパルトヘイトに抗議するため、ブラック・アフリカ諸国のオリンピック参加のボイコットをちらつかせた動きなどをあげる。池井の論文は冷戦構造崩壊前に書かれている。したがっ

て、現在においてはこの５つの枠組みすべてが説得的にスポーツと国際政治を分析するために有用とは言えない。しかし第１から第３に関しては、まさに本書が論じようとする国家のソフトパワーに関連する視座である。

　オリンピックのメダル数によるランキングはその測り方を議論するまでもない。きわめて単純明快に各国を比較できる。もっとも、金銀銅のメダルの総数の順位でランク付けをするか、金の獲得数を基準に、これが同数の時に銀を比べるという方式を取るかで違いは生ずる。オリンピック開催中の日本の主要新聞の発表方式は後者である。ここでも後者の方式を用いて検討する。

　このメダル数ランキングについては、オリンピックも開催を重ね、データ面で蓄積もあって、様々な分析アプローチが可能である。本書では、すべての大会における上位10か国のメダル獲得状況を網羅的に示す。加えて世界の中の日本を考察する手立てに用いたいので、日本のメダル数について、G8諸国に中国、韓国を加えた10か国との比較を交えての検討を加えたい。ここでは便宜的にこれらを比較対象10か国、C10とする[2]。趨勢として一目瞭然に、経済的な大国と言えるG8はメダル獲得数においても上位を占める傾向にある。また中国、韓国の両国とも同様に、急速に経済力をつけてきたころと軌を一にして、メダル獲得数において好成績を収めるようになっている。

　近代オリンピックは1896年にアテネで開催されたことに始まる。この時のランキング１位はアメリカで、金11、銀６、銅１を獲得した。アメリカに次いだのは開催国ギリシャで、金10、銀17、銅18、そして３位はドイツの金６、銀５、銅２であった。この大会に日本は参加していない。JOC（日本オリンピック委員会 2016a）によると日本がはじめて参加したのは1912年のストックホルム大会であった。

　最古から最新に目を転じて、直近の夏季の５大会のメダル獲得状況を見ておきたい。夏季は冬季よりも参加国・地域数が多い。実施競技数も多く

---

[2] C10とはあくまで本章で用いる造語である。'Compared' に由来する。

それだけ注目の度合いも高い。5大会で日本がトップ10に入らなかった回数は3回ある。C10でこれより多いのはカナダだけで、5大会すべてでトップ10を逃している。カナダは人口が少ないこと、寒冷地のため夏季大会での開催種目に強さを発揮できないことが原因となっているものと推察できる。しかし日本の3回は、その不振を如実に物語っている。なぜなら、C10のなかでは、カナダ、日本以外にトップ10入りを逃した国は、韓国、イギリスが1回ずつあるのみだからである。換言すると、最近の夏季5大会において、アメリカ、中国、ロシア、イギリス、フランス、イタリアは常にトップ10に名を連ねていたことになる。

C10以外にトップ10に名を連ねた国々は、最多がオーストラリアの5回、つまり最近の大会では常にメダル獲得数トップ10入りを果たしたことになる。2回がキューバ、他にはすべて1回ずつ、ハンガリー、オランダ、ウクライナを挙げることができる。

国家の経済力と他国との比較から見て、日本の低迷がこのデータから浮かび上がる。他方、オーストラリアはスポーツ大国と呼ぶにふさわしい活躍を示している。ナショナル・トレーニングセンターはそうしたオーストラリアを範にして作られたが、なお学ぶべき点が多くありそうである。

あらためて2012年ロンドン・オリンピックの国別メダル獲得数のトップ10を表にして示す[3]。またC10がそこに入らない場合は、随時表に該当国を加えて比較検討し易くする。直近5大会については、G20（19）を対象として分析を加えている。

2　夏季オリンピックⅠ（1976年モントリオール・オリンピック以降）

最近の5回の大会について、メダル獲得数の推移を確認しておきたい。

---

[3] 以下、各オリンピックのメダル数については、特に注記しない限り、Sports-Referenceのウェブページ <http://www.sports-reference.com/olympics/> による。2014年12月16日閲覧。

日本は、アトランタ（1996）からロンドン（2012）まで、つぎのような推移である。23位→15位→5位→8位→11位。ここではちょうど真ん中に当たる、5位となったアテネ（2004）での検討が光る。アトランタ（1996）、シドニー（2000）での不振から大きく飛躍したと言えよう。た

表12-1　ロンドン・オリンピック（2012）

	金メダル	銀メダル	銅メダル	総数	順位
アメリカ	46	29	29	104	1
中国	38	27	23	88	2
イギリス	29	17	19	65	3
ロシア	24	26	32	82	4
韓国	13	8	7	28	5
ドイツ	11	19	14	44	6
フランス	11	11	12	34	7
イタリア	8	9	11	28	8
ハンガリー	8	4	6	18	9
オーストラリア	7	16	12	35	10
日本	7	14	17	38	11
カナダ	1	5	12	18	36

表12-2　北京・オリンピック（2008）

	金メダル	銀メダル	銅メダル	総数	順位
中国	51	21	28	100	1
アメリカ	36	38	36	110	2
ロシア	23	21	29	73	3
イギリス	19	13	15	47	4
ドイツ	16	10	15	41	5
オーストラリア	14	15	17	46	6
韓国	13	10	8	31	7
日本	9	6	10	25	8
イタリア	8	9	10	27	9
フランス	7	16	18	41	10
カナダ	3	9	6	18	19

だ、トップ10を維持できたのはその次の北京（2008）までで、ロンドン（2012）では再び圏外に退いている。

表12-3　アテネ・オリンピック（2004）

	金メダル	銀メダル	銅メダル	総数	順位
アメリカ	36	39	26	101	1
中国	32	17	14	63	2
ロシア	28	26	36	90	3
オーストラリア	17	16	17	50	4
日本	16	9	12	37	5
ドイツ	13	16	20	49	6
フランス	11	9	13	33	7
イタリア	10	11	11	32	8
韓国	9	12	9	30	9
イギリス	9	9	12	30	10
カナダ	3	6	3	12	21

表12-4　シドニー・オリンピック（2000）

	金メダル	銀メダル	銅メダル	総数	順位
アメリカ	37	24	32	93	1
ロシア	32	28	29	89	2
中国	28	16	14	58	3
オーストラリア	16	25	17	58	4
ドイツ	13	17	26	56	5
フランス	13	14	11	38	6
イタリア	13	8	13	34	7
オランダ	12	9	4	25	8
キューバ	11	11	7	29	9
イギリス	11	10	7	28	10
韓国	8	10	10	28	12
日本	5	8	5	18	15
カナダ	3	3	8	14	24

表12-5　アトランタ・オリンピック（1996）

	金メダル	銀メダル	銅メダル	総数	順位
アメリカ	44	32	25	101	1
ロシア	26	21	16	63	2
ドイツ	20	18	27	65	3
中国	16	22	12	50	4
フランス	15	7	15	37	5
イタリア	13	10	12	35	6
オーストラリア	9	9	23	41	7
キューバ	9	8	8	25	8
ウクライナ	9	2	12	23	9
韓国	7	15	5	27	10
カナダ	3	11	8	22	21
日本	3	6	5	14	23
イギリス	1	8	6	15	36

　2012年のロンドン・オリンピックに関連して、開催地のイギリスの変動は注目に値する。アトランタの36位から3位にまで飛躍している。これは開催に向けての選手強化が成果を挙げたと見ることができる。なおイギリスは、アトランタ（1996）では全くの不振であったが、その前のバルセロナは13位であったので、この30位以下に沈んだ落ち込みについては極端な不振とみなすこともできる。

　韓国は日中と比較するために随所で注目したい。最近5大会の推移も、そのコンスタントな上昇を知ることができる。アトランタ（1996）からの変動は、10位→12位→9位→7位→5位である。日本のほぼ半分の人口で、メダル獲得数を着実に伸ばし5位にまで伸びてきている。

　自国開催の後は選手強化策の余韻である程度の持続もある。しかし意欲の面で鈍化も予想され、後退していくのが通常の状況である。その意味ではオーストラリアの推移も想定内の動きと言える。7位→4位→4位→6位→10位と、やはりシドニー（2000）とアテネ（2004）の4位をピーク

として下降線を描いている。

　続いては、バルセロナ（1992）からモントリオール（1976）の5大会について振り返りたい。

　1992年のバルセロナ、1988年のソウル、1984年のロサンゼルス、1980年のモスクワ、1976年のモントリオールは、まさに冷戦構造を象徴する出来事とその崩壊を画す時期と重なっている。1992年はソ連が崩壊した直後で、バルト三国を除く旧ソビエト連邦構成国家によって統一チームとして表記されている。周知の通り、ソ連によるアフガニスタン侵攻に抗議して日本、アメリカを含む多くの西側諸国はモスクワ・オリンピックをボイコットした。またそれに対抗する形で、ロサンゼルス・オリンピックには、ソ連、東ドイツ等、東側諸国の多くが不参加だった。

　中華人民共和国は夏季大会については1984年のロサンゼルスから復帰している。中華民国としては1932年以来参加していた。1954年のIOCのアテネ総会で、北京にある組織が中国を代表する正当な委員会であると

表12-6　バルセロナ・オリンピック（1992）

	金メダル	銀メダル	銅メダル	総数	順位
EUN	45	38	29	112	1
アメリカ	37	34	37	108	2
ドイツ	33	21	16	54	3
中国	16	22	16	54	4
キューバ	14	6	11	31	5
スペイン	13	7	2	22	6
韓国	12	5	12	29	7
ハンガリー	11	12	7	30	8
フランス	8	5	16	29	9
オーストラリア	7	9	11	27	10
カナダ	7	4	7	18	11
イタリア	6	5	8	19	12
イギリス	5	3	12	20	13
日本	3	8	11	22	17

表12-7　ソウル・オリンピック（1988）

	金メダル	銀メダル	銅メダル	総数	順位
ソ連	55	31	46	132	1
東ドイツ	37	35	30	102	2
アメリカ	36	31	27	94	3
韓国	12	10	11	33	4
西ドイツ	11	14	15	40	5
ハンガリー	11	6	6	23	6
ブルガリア	10	12	13	35	7
ルーマニア	7	11	6	24	8
フランス	6	4	6	16	9
イタリア	6	4	4	14	10
中国	5	11	12	28	11
イギリス	5	10	9	24	12
日本	4	3	7	14	14
カナダ	3	2	5	10	19

表12-8　ロサンゼルス・オリンピック（1984）

	金メダル	銀メダル	銅メダル	総数	順位
アメリカ	83	61	30	174	1
ルーマニア	20	16	17	53	2
西ドイツ	17	19	23	59	3
中国	15	8	9	32	4
イタリア	14	6	12	32	5
カナダ	10	18	16	44	6
日本	10	8	14	32	7
ニュージーランド	8	1	2	2	11
ユーゴスラビア	7	4	7	18	9
韓国	6	6	7	19	10
イギリス	5	11	21	37	11
フランス	5	7	16	28	12

表12-9　モスクワ・オリンピック（1980）（アメリカ、日本などがボイコットしている）

	金メダル	銀メダル	銅メダル	総数	順位
ソ連	80	69	46	195	1
東ドイツ	47	37	42	126	2
ブルガリア	8	16	17	41	3
キューバ	8	7	5	20	4
イタリア	8	3	4	15	5
ハンガリー	7	10	15	32	6
ルーマニア	6	6	13	25	7
フランス	6	5	3	14	8
イギリス	5	7	9	21	9
ポーランド	3	14	15	32	10

表12-10　モントリオール・オリンピック（1976）

	金メダル	銀メダル	銅メダル	総数	順位
ソ連	49	41	35	125	1
東ドイツ	40	25	25	90	2
アメリカ	34	35	25	94	3
西ドイツ	10	12	10	17	4
日本	9	6	10	25	5
ポーランド	7	6	13	26	6
ブルガリア	6	9	7	22	7
キューバ	6	4	3	13	8
ルーマニア	4	9	14	27	9
ハンガリー	4	5	13	22	10
イギリス	3	5	5	13	13
イタリア	2	7	4	13	14
フランス	2	3	4	9	15
韓国	1	1	4	6	19
カナダ	0	5	6	11	27

したものの、台北にある中華民国も認めることにしていた。しかし1956年のメルボルン大会において選手村に台湾の国旗が掲揚されたことに北京は怒り、IOCを脱会していた。冬季での復帰は1980年のレークプラシッドで、夏季がこのロサンゼルスであった（日本オリンピック・アカデミー編2004:146）。

　この期間においてボイコットによる多数の不参加に見舞われなかったのは、モントリオール、ソウル、バルセロナの3大会になる。モントリオールではソ連1位、東ドイツ2位、アメリカ3位、西ドイツ4位であった。これら4か国は1988年のソウルでもほぼ変わらず、ソ連1位、東ドイツ2位、アメリカ3位、西ドイツ5位であった。ソウルでは開催国の韓国が4位に食い込んでいる。なお、日本はモントリオールで5位、モスクワはボイコット、ロサンゼルス7位、ソウル14位、バルセロナで17位となっている。ロサンゼルスの7位は東側の多くが不参加であったことを斟酌するなら実質的には二桁の順位であったろう。この点から、ボイコットしたモスクワ（1980）以降、長期の低迷期に入ったことがわかる。

　冷戦構造崩壊前のソウル（1988）については、共産主義諸国全体の強さが目立った大会であったと言える。「人口でみれば世界の8％に程度にすぎないのに、ソビエトと東側諸国は1988年のソウル夏季五輪で48％のメダルを獲得」（シュライファー／トレーズマン2014:95）したとの指摘は驚きである。ステートアマチュアやドーピングの問題もあって、もろ手を挙げての賞賛というわけにはいかないが、国家の威信をかけたオリンピックのパフォーマンスが大変な成果を挙げていたのは事実である。

　日本のメダル数の推移は何を物語っているのだろうか。中国と韓国の躍進が顕著なだけに、ソウル、バルセロナにおける没落状況は惨憺たる結果であったとの感を抱かせる。ソウル・オリンピック前、1986年のアジア大会の後に文部大臣の塩川正十郎は国会で次のように発言している（国会会議録1986）。

　　ソウル・アジア大会で、各選手はそれなりによくやったのでございますが、

やはり日本の選手よりは韓国、中国の選手がすばらしい成績を上げました。私たちも、それにつきまして、どういうところに問題があるのかということを検討する必要があると思いまして、体育局等を中心にいたしましてその検討を進め、そしてさらには日本体育協会の幹部の方々ともお会いいたしましてこの問題に対する検討をいたしておるところでございますが、体育協会の方からも具体的な要請が来ております。その一つは、何といたしましても体育の技術の向上、これに対して日本の対応がおくれておったということは、これは私も認めるところでございまして、そのためにはもっとスポーツというものが生理的に、医学的に、あるいは物理的、運動学的にですか、運動物理的にもっと研究をし、より合理的な動作をつくり出していかなきゃならぬ。このために筋肉であるとかあるいは生理学、そういう面における研究機関をつくってほしいという要望がございまして、これは文部省としてもつくっていきたいと、こう思うております。

　それと、私たちの方から訴えました問題は、一つは日本体育協会等を中心として、要するにスポーツ界がアマチュアリズムというものを、日本の基準と外国のアマチュアの基準というものとは違うんじゃないのか。この物差しが違ってしまったら勝負にならぬじゃないか。だから、一度各国際競技の、オリンピックも含めてでございますが、アマチュアリズムというものの基準を、これをちゃんとしてもらわなきゃ困るということを私は申し上げております。そして同時に、世界のアマチュアの解釈に日本がむしろ合わすべきではないのかと思うのであります。日本のアマチュアリズムは余りにも厳格に遵守されておると思うのでございまして、一方、社会主義国並びに独裁的な国家というものは、もう国家の威信ということで、そのもの自体がもう何といいましょうか、英雄扱いのような形で訓練し、育ててきておりまして、これは私はアマチュアじゃないと思うのでございます。これだったら、それを職業とする立派な職業人じゃないかと思うのでございますが、向こうでは、社会主義国等では、そういう商業的プロというものもおりませんから、国家的プロになるわけでございまして、そこらが私は基準が違うと、こう思うております。

ここには、中国、韓国との比較、研究面の遅れ、アマチュアリズムの問題が挙げられている。具体的なメダル数について補足しておく。1986年に開催されたソウルでのアジア競技大会のメダル獲得状況は次の通りである。

表 12-11　ソウル・アジア競技大会（1986）

順位		金	銀	銅	計
1	中国	94	82	46	222
2	韓国	93	55	76	224
3	日本	58	76	77	211
4	イラン	6	6	10	22
5	インド	5	9	23	37

　塩川の発言に続いて、同じ委員会で林寛子は次のような見解を示している。

　　大臣の方でも、担当者を呼ばれていろいろ原因の追求といいますか、より改善していく方法がないかとお考えのようでございますけれども、いろんな反省の弁といいますか、たくさん出ておりますので、幾つかを申し上げますから、大臣、参考にお聞きいただきたいと思います。
　　低落という言葉を使うと情けないかもしれませんけれども、日本のスポーツ界のこの原因について、いろんなところでいろんな方が今発言していらっしゃいます。その幾つかを私も拾ってみました。まず、大会があるから参加したんだと。国のためという感じを年寄りは持つが、若者には通じない。この現状の修正は難しい。山があるから登るんだと同じ感覚だと、こうおっしゃる。そして、日の丸をつけていくんだからと選手にじゅんじゅんと諭すのに苦労するという協会の幹部もございます。また、ハングリー精神も、国民一人当たりの年収が八千五百ドル以下なら金銭欲や物欲などの物質面にもあらわれるが、我が国のように、国民一人当たりの年収が一万七千ド

ルと倍以上もなりました。しかも、アメリカの一万六千ドルを抜いて世界一ともなれば、昔の貧しい時代の名残りの根性を押しつけても選手は動かない。また、金の差だよという声もあるわけでございます。そして日本の代表選手が、個人の負担金七万円を納めて日本選手が参加していると言いましたら韓国の団長がびっくりしたという話もあります。また、年間十四億のアジア大会強化費は、これは大した金額ではないかと思いますけれども、これでも大した金額どころか、韓国の十分の一です。しかも、日本は専用訓練所、いわゆるナショナルトレーニングセンターというものを持っておりません。また、アメリカは、一九七六年モントリオールのオリンピックの金メダル争いでソ連に、東ドイツに負けました。そのためにアメリカでは即スポーツ法を成立させまして、三千万ドルのオリンピック選手強化費を結実させたんですね。日本はいまだにそれはできていません。また、施設不足を口にする日本のスポーツ人がたくさんいらっしゃいます。施設が足りないんだ施設が足りないんだとおっしゃいますけれども、今や日本じゅうには、健康ブームに乗りまして全国各地であらゆるアスレチッククラブというものが、高い入会金を払って、大変世界的にも水準の高いアスレチッククラブが各所にできております。にもかかわらず、それをオリンピック選手に活用させないだけだという声もあるわけでございます。また、体協の委員会のなかでは、敗因を、一、技術は日本は上だが筋力の差がある。二、やる気の問題。三、コーチの教育がおろそかだったとの三点を体協では挙げました。

　また私は、大会史上初の五連勝をしました室伏選手、彼の言葉を印象深く聞いたんです。おれはやるんだという動機づけをいかにできるか、やる気の問題を最重点に室伏選手は挙げたわけでございます。そして私は、ソウルに代表選手が乗り込んだ後、日本選手のなかでただ一人、トレーニングセンターに通って力を維持していた選手は室伏選手ただ一人だったと聞いております。ですから私は、この四十歳でハンマー投げで五連勝という偉業を達成した室伏選手のその根性というもの、四十歳だからということではなくて、やっぱり基本的に根性が必要だという室伏選手の声というも

のは、やはり重みを増してくるのではないかと思います。私は、少なくともスポーツ選手のなかでもいろんな、先ほども午前中の審議で新人類という話が出ましたけれども、根性がないというのは新人類ばかりだと言って笑ってもいられなくて、旧人類と言われるような今のリーダーたちにも私は少なくとも頭の切りかえをしてもらうことが必要ではないかと思います。

　ですから、私は、これらの多くの人たちが言われているソウルのアジア大会の反省としてこれから大いに反省もし、そして所管庁としてできるものは確実に実行していっていただきたいと思って、それを促しておいて質問を終わりたいと思いますけれども、最後に一言、何かあればお答えいただきます。

　林は日本のメダル獲得状況についての低落の要因と思われる事項を列挙している。国としての予算面、強化策の不足、選手たちの愛国心、ハングリー精神の不足、さらには根性論も交えた精神論も紹介されている。それまでは少なくともアジアにおいては最強であるとの自負もあっただろう。もはやそうではないことにショックを隠せない心情、あるいは半ば怒りを交えた気持ちの吐露が感じられる。では、これより前の日本を含めた世界におけるメダルの獲得状況はどうだったのだろうか。

3　夏季オリンピックⅡ（1972年ミュンヘン・オリンピック以前）

　メルボルン（1956）、ローマ（1960）、東京（1964）、メキシコ（1968）、ミュンヘン（1972）の5大会は、日本にとっては勢いのある時期のオリンピックであることがメダル数から推察できる。その推移は、10位→8位→3位→3位→5位となっている。開催国として東京オリンピックでは3位の成果を挙げ、続くメキシコ、ミュンヘンでも勢いを維持していた。

　開催国の順位はこの時期も概ね好調であった。メルボルンのオーストラ

表12-12 ミュンヘン・オリンピック（1972）

	金メダル	銀メダル	銅メダル	総数	順位
ソ連	50	27	22	99	1
アメリカ	33	31	30	94	2
東ドイツ	20	23	23	66	3
西ドイツ	13	11	16	40	4
日本	13	8	8	29	5
オーストラリア	8	7	2	17	6
ポーランド	7	5	9	21	7
ハンガリー	6	13	16	35	8
ブルガリア	6	10	5	21	9
イタリア	5	3	10	18	10
イギリス	4	5	9	18	12
フランス	2	4	7	13	17
カナダ	0	2	3	5	27
韓国	0	1	0	1	33

表12-13 メキシコシティ・オリンピック（1968）

	金メダル	銀メダル	銅メダル	総数	順位
アメリカ	45	28	34	107	1
ソ連	29	32	30	91	2
日本	11	7	7	25	3
ハンガリー	10	10	12	32	4
東ドイツ	9	9	7	25	5
フランス	7	3	5	15	6
チェコスロバキア	7	2	4	13	7
西ドイツ	5	11	10	26	8
オーストラリア	5	7	5	17	9
イギリス	5	5	3	13	10
イタリア	3	5	5	13	13
カナダ	1	3	1	5	23
韓国	0	1	1	2	36

表12-14　東京オリンピック（1964）

	金メダル	銀メダル	銅メダル	総数	順位
アメリカ	49	41	35	125	1
ソ連	40	25	25	90	2
日本	34	35	25	94	3
東西統一ドイツ	10	12	10	17	4
イタリア	9	6	10	25	5
ハンガリー	7	6	13	26	6
ポーランド	6	9	7	22	7
オーストラリア	6	4	3	13	8
チェコスロバキア	4	9	14	27	9
イギリス	4	5	13	22	10
フランス	3	5	5	13	21
カナダ	2	7	4	13	22
韓国	2	3	4	9	27

表12-15　ローマ・オリンピック（1960）

	金メダル	銀メダル	銅メダル	総数	順位
ソ連	49	41	35	125	1
アメリカ	40	25	25	90	2
イタリア	34	35	25	94	3
東西統一ドイツ	10	12	10	17	4
オーストラリア	9	6	10	25	5
トルコ	7	6	13	26	6
ハンガリー	6	9	7	22	7
日本	6	4	3	13	8
ポーランド	4	9	14	27	9
チェコスロバキア	4	5	13	22	10
イギリス	3	5	5	13	12
フランス	2	7	4	13	25
カナダ	2	3	4	9	32

表12-16　メルボルン／ストックホルム・オリンピック（1956）

	金メダル	銀メダル	銅メダル	総数	順位
ソ連	37	29	32	98	1
アメリカ	32	25	17	74	2
オーストラリア	13	8	14	35	3
ハンガリー	9	10	7	26	4
イタリア	8	8	9	25	5
スウェーデン	8	5	6	19	6
東西統一ドイツ	6	13	7	26	7
イギリス	6	7	11	24	8
ルーマニア	5	3	5	13	9
日本	4	10	5	19	10
フランス	4	4	6	14	11
カナダ	2	1	3	6	15
韓国	0	1	1	2	29

　リアは3位、ローマのイタリアも3位、東京の日本も3位、ただメキシコは10位以内に入っていない。ミュンヘンの西ドイツは4位であった。メキシコを除いて、3位が開催国の定位置の観もある。この時期の1位と2位がどこかというと、冷戦期真只中にあって、米ソが独占している。1位か2位かの違いであるが、大会ごとにその順で両国を並べみる。メルボルンではソ米、ローマもソ米、東京が米ソ、メキシコも米ソ、ミュンヘンがソ米であった。

　その他特徴的なこととしては、メルボルン、ローマ、東京の3大会で、東西ドイツが統一チームとして出場していることがある。韓国は朝鮮戦争直後のメルボルンで29位、ローマ―（メダル0のため順位不明）、東京27位、メキシコ36位、ミュンヘン33位と、経済状況そのままに低迷している。北京の中国はこの間IOCを脱会しており、台湾がローマ（1960）で銀1個、東京での獲得メダルはなく、メキシコ（1968）で銅1個であった。

清川はメルボルン大会について「スエズ第二次中東戦争」、「ハンガリー動乱」が相次いで起こり、大会が開催できるかどうか、開会式の直前まで危ぶまれたと記している。イギリスのスエズ政策に抗議して、エジプト、オランダ、スイス、スペインが参加を拒否するなど、この時から「ボイコット」という言葉が使われ始めたという（清川 1987:33）。大会に参加しても特定国に対しては「対戦拒否」をする、「ソ連対ハンガリー」の水球の試合では水中で流血の乱闘が起こった（同上）とあって、国家間対立の厳しさが如実に表れている。

　韓国が初めてオリンピックに参加したのは1948年からであった。この年夏と冬、共に参加して、夏の大会で銅メダル2個を獲得している。

　世界大戦の混乱期にあって、1940年の東京は返上となり、代わるヘルシンキ大会は中止となった。また1944年のロンドンも中止となっている。1948年のロンドンは、日本はまだ独立を回復しておらず、不参加で

表12-17 ヘルシンキ・オリンピック（1952）

	金メダル	銀メダル	銅メダル	総数	順位
アメリカ	40	19	17	76	1
ソ連	22	30	19	71	2
ハンガリー	16	10	16	42	3
スウェーデン	12	13	10	35	4
イタリア	8	9	4	21	5
チェコスロバキア	7	3	3	13	6
フランス	6	6	6	18	7
フィンランド	6	3	13	22	8
オーストラリア	6	2	3	11	9
ノルウェー	3	2	0	5	10
日本	1	6	2	9	17
イギリス	1	2	8	11	18
カナダ	1	2	0	3	21
西ドイツ	0	7	17	24	28
韓国	0	0	2	2	37

表 12-18　ロンドン・オリンピック（1948）日本不参加

	金メダル	銀メダル	銅メダル	総数	順位
アメリカ	38	27	19	84	1
スウェーデン	16	11	17	44	2
フランス	10	6	13	29	3
ハンガリー	10	5	12	27	4
イタリア	8	11	8	27	5
フィンランド	8	7	5	20	6
トルコ	6	4	2	12	7
チェコスロバキア	6	2	3	11	8
スイス	5	10	5	20	9
デンマーク	5	7	8	20	10
イギリス	3	14	6	23	12
カナダ	0	1	2	3	25
韓国	0	0	2	2	32

表 12-19　ベルリン・オリンピック（1936）

	金メダル	銀メダル	銅メダル	総数	順位
ドイツ	33	26	30	89	1
アメリカ	24	20	12	56	2
ハンガリー	10	1	5	16	3
イタリア	8	9	5	22	4
フィンランド	7	6	6	19	5
フランス	7	6	6	19	5
スウェーデン	6	5	9	20	7
日本	6	4	8	18	8
オランダ	6	4	7	17	9
イギリス	4	7	3	14	10
カナダ	1	3	5	9	17

表12-20 ロサンゼルス・オリンピック（1932）

	金メダル	銀メダル	銅メダル	総数	順位
アメリカ	41	32	30	103	1
イタリア	12	12	12	36	2
フランス	10	5	4	19	3
スウェーデン	9	5	9	23	4
日本	7	7	4	18	5
ハンガリー	6	4	5	15	6
フィンランド	5	8	12	25	7
イギリス	4	7	5	16	8
ドイツ	3	12	5	20	9
オーストラリア	3	1	1	5	10
カナダ	2	5	8	15	12

表12-21 アムステルダム・オリンピック（1928）

	金メダル	銀メダル	銅メダル	総数	順位
アメリカ	22	18	16	56	1
ドイツ	10	7	14	31	2
フィンランド	8	8	9	25	3
スウェーデン	7	6	12	25	4
イタリア	7	5	7	19	5
スイス	7	4	4	15	6
フランス	6	10	5	21	7
オランダ	6	9	4	19	8
ハンガリー	4	5	0	9	9
カナダ	4	4	7	15	10
イギリス	3	10	7	20	11
日本	2	2	1	5	17

あった。

　上の例にならって、5大会ごとに各国のメダル獲得の状況を比較する。中止を挟むので、1928年のアムステルダムから1952年のヘルシンキまでの24年間の推移を確認することとする。日本は17位→5位→8位→不参加→17位という推移である。アムステルダム大会では、日本人として初めての金メダル第1号が出ている。陸上三段跳びの織田幹夫であった（日本オリンピック・アカデミー編2004: 128）。

　1924年のパリから1908年のロンドンまでの5大会では、1916年のベルリンが第一次世界大戦の最中であったことから中止になっている。また日本は1912年のストックホルム大会にはじめて選手が参加している。日本がはじめてメダルを獲得したのは1920年のアントワープ大会で、男子テニスのシングルスで熊谷一弥が、またダブルスで熊谷と柏尾誠一郎が共に銀メダルを獲得している（日本オリンピック・アカデミー編2004: 127）。この2個により、日本は全体で17位となった。この時の参加国は29か国であった。日本の大会参加状況と成績をまとめておこう。1908

表 12-22　パリ（1924）

	金メダル	銀メダル	銅メダル	総数	順位
アメリカ	45	27	27	99	1
フィンランド	14	13	10	37	2
フランス	13	15	10	38	3
イギリス	9	13	12	34	4
イタリア	8	3	5	16	5
スイス	6	4	5	15	6
ノルウェー	5	2	3	10	7
スウェーデン	4	13	12	29	8
オランダ	4	1	5	10	9
ベルギー	3	7	3	13	10
カナダ	0	3	1	4	20
日本	0	0	1	1	23

表12-23 アントワープ（1920）

	金メダル	銀メダル	銅メダル	総数	順位
アメリカ	41	27	27	95	1
スウェーデン	19	20	25	64	2
イギリス	15	15	13	43	3
フィンランド	15	11	11	36	4
ベルギー（開催国）	14	11	11	36	5
ノルウェー	13	9	9	31	6
イタリア	13	5	5	23	7
フランス	9	19	13	41	8
オランダ	4	2	5	11	9
デンマーク	3	9	1	13	10
カナダ	3	3	3	9	12
日本	0	2	0	2	17

ベルリン（1916）中止

表12-24 ストックホルム（1912）日本人選手参加

	金メダル	銀メダル	銅メダル	総数	順位
アメリカ	45	27	27	99	1
スウェーデン	14	13	10	37	2
イギリス	13	15	10	38	3
フィンランド	9	13	12	34	4
フランス	8	3	5	16	5
ドイツ	6	4	5	15	6
南アフリカ	5	2	3	10	7
ノルウェー	4	13	12	29	8
カナダ	4	1	5	10	9
ハンガリー	3	7	3	13	9
イタリア	0	3	1	4	11

表12-25 ロンドン（1908）

	金メダル	銀メダル	銅メダル	総数	順位
イギリス	45	27	27	99	1
アメリカ	14	13	10	37	2
スウェーデン	13	15	10	38	3
フランス	9	13	12	34	4
ドイツ	8	3	5	16	5
ハンガリー	6	4	5	15	6
カナダ	5	2	3	10	7
ノルウェー	4	13	12	29	8
イタリア	4	1	5	10	9
ベルギー	3	7	3	13	10
ロシア	0	3	1	4	12

年のロンドンから、不参加→初参加→大会中止→17位→23位であった。

またこれら期間の開催国の順位は次の通りである。ロンドンのイギリスが1位、ストックホルムのスウェーデンが2位、アントワープのベルギーが5位、パリのフランスが3位であった。1908年から1924年は1917年のロシア革命を挟んだ時期であり、動乱期のロシア並びにソ連は上位に名を連ねていない。ロンドンは22か国参加のなかで12位、ストックホルムでは28か国参加のなかで16位、1920年のアントワープでは不参加であった。1924年のパリでは参加国数が44に増えるものの、ロシアはわずか3人の参加のみであり、メダル獲得はできていない。

スポーツ・レファレンス（http://www.sports-reference.com/olympics/）による国ごとの情報で確認すれば、ロシアの参加は1900年に4人、1908年に6人、1912年159人、1924年3人とある。これらはいずれも夏季の大会である。その後ロシアとしては1994年の冬季に113人、1996年の夏季に391人、1998年の冬季に122人と続く。ソ連の参加は1952年夏季から1984年のロサンゼルスを除いて、1988年の夏まで参加がある。ロシア、ソ連については、1920年と、1928年から1948年は参加

しなかったことがわかる。ロシア革命直後、世界大戦期の混乱のなかで、当初ソ連自体がスポーツを重視していなかったこと、国際社会がソ連を国家として承認することに足並みが揃っていないことも反映していた[4]。

　他方アメリカはこの時期、2位、1位、1位、1位という成績を収めている。1908年のロンドンでは、1位がイギリス、2位がアメリカという成績だが、英米両チームのライバル視はあからさまで険悪なムードになったという。大英帝国の威光と国力を急伸させる新興のアメリカとの対立がオリンピックの場で顕在化している。大会中の日曜日、セントポール大寺院の主教が選手たちを前に、勝つことではなく参加することに意義があると諫めるほどであった。クーベルタンはこの言葉に感動して、英政府主催の晩餐会で引用したことから、オリンピック精神を表す言葉として知られるようになっている（日本オリンピック委員会 2016b）。

　以上1904年のセントルイス、その前のパリ、初回のアテネの3大会まで遡って、夏季の大会すべてを見たことになる。アメリカは初めから強国であった。開催国に関連しては、アテネのギリシャが2位、フランスはパ

表12-26　セントルイス（1904）

	金メダル	銀メダル	銅メダル	総数	順位
アメリカ	78	82	79	239	1
ドイツ	4	4	5	13	2
キューバ	4	2	3	9	3
カナダ	4	1	1	6	4
ハンガリー	2	1	1	4	5
イギリス	1	1	0	2	6
混合チーム	1	1	0	2	6
ギリシャ	1	0	1	2	8
スイス	1	0	1	2	9
オーストリア	0	0	1	1	10

---

[4] アメリカがソ連を正式に承認したのは1933年であった（D'AGATI 2013: 60）。

表12-27　パリ（1900）

	金メダル	銀メダル	銅メダル	総数	順位
フランス	26	41	34	101	1
アメリカ	19	14	14	47	2
イギリス	15	6	9	30	3
混合チーム	6	3	3	12	4
スイス	6	2	1	9	5
ベルギー	5	5	5	15	6
ドイツ	4	2	2	8	7
イタリア	2	1	0	3	8
オーストラリア	2	0	3	5	9
デンマーク	1	3	2	6	10
ハンガリー	1	3	2	6	10
カナダ	1	0	1	2	13

表12-28　アテネ（1896）

	金メダル	銀メダル	銅メダル	総数	順位
アメリカ	11	7	2	20	1
ギリシャ	10	17	19	46	2
ドイツ	6	5	2	13	3
フランス	5	4	2	11	4
イギリス	2	3	2	7	5
ハンガリー	2	1	3	6	6
オーストリア	2	1	2	5	8
オーストラリア	2	0	0	2	9
デンマーク	1	2	3	6	10
スイス	1	2	0	3	10

リで 1 位であった。1 世紀強のタイムスパンながら、各国の盛衰の一面がここに浮かび上がっている。中国、韓国の台頭、日本の浮き沈みも露呈している。

4　日本のメダル数

　開催国の奮闘ぶりを踏まえるなら、2020 年の東京で、日本が金メダル数 25 個から 30 個（国会会議録 2013b）で、世界で第 3 位〜 5 位を狙うとする目標（日本経済新聞 2015）も荒唐無稽ではない。ただし近年の日本のメダル獲得数は中国には全く及ばず、韓国にも後れをとっているのが現実である。通常開催前後においても一定の成果を上げているのが開催国のメダル獲得状況であることを加味するなら、リオデジャネイロにおいても上位 5 位以内の目標を達成したかった。

　日本スポーツ振興センターは、2020 年東京オリンピックのメダル獲得目標を増やすために「ターゲットスポーツ」を指定したという（日本経済新聞 2014）。文部科学省から同センターに託された事業であるので、国策としての方針であることは明らかである。ここでとられている施策は、近年のメダル獲得実績がある分野以外で日本人の適性や国際大会の成績などをもとにした選定で、14 年度の予算は 1 億 9 千万円程度であるという。

　近代オリンピックの開始から、開催国が上位を占める傾向は明確に表れていた。その他の傾向として、この当時の列強である米英仏独の強さも目立つ。アテネでは、アメリカ 1 位、イギリス 5 位、フランス 4 位、ドイツ 3 位、第 2 回のパリではアメリカ 2 位、イギリス 3 位、フランス 1 位、ドイツ 7 位、第 3 回のセントルイスではアメリカ 1 位、イギリス 6 位、フランス（不参加）、ドイツ 2 位、第 4 回のロンドンではアメリカ 2 位、イギリス 1 位、フランス 4 位、ドイツ 5 位、第 5 回のストックホルムではアメリカ 1 位、イギリス 3 位、フランス 5 位、ドイツ 6 位となっている。もっとも当初はオリンピックに参加できる国家の数も少なかった。アテネは 14 か国、パリ 24 か国、セントルイス 12 か国、ロンドンが 22 か国、ス

トックホルムが 28 か国という参加国数であった（武田 2008）。

　オリンピックを巡っては、経済的効果についても大きくクローズアップされる。1964 年の東京オリンピックによる首都圏インフラの整備がその後の高度経済成長を支えたことも想起される。メダル数に関わるランキングは、直接的に経済的効果の問題ではない。それはむしろ、ナショナリズムと関わっていると見て良い。

　IOC はオリンピック憲章で、オリンピズムの根本原則を示す。オリンピズムは人生哲学であり、努力のうちに見出される喜び、教育的価値、社会的責任、普遍的・基本的・倫理的諸原則の尊重に基づくバランスのとれた生き方の創造を目指している。またその目標として、スポーツを人類の調和のとれた発達に役立て、人間の尊厳保持に重きを置いて、平和な社会を推進することにあるとする。オリンピック・ムーブメントの目的として、オリンピズムとその諸価値に従い、スポーツを実践することを通じて若者を教育し、平和でより良い世界の建設に貢献することを掲げている。JOC のウェブページには、オリンピック憲章そのものの改訂についての説明もある。1994 年に環境もオリンピック・ムーブメントの大事な柱となったこと、さらに 2004 年以降では、「環境問題に関心を持ち、啓発・実践を通してその責任を果たすとともに、スポーツ界において、特にオリンピック競技大会開催について持続可能な開発を促進すること」が明示されるようになっている（日本オリンピック委員会 2016c）。

　それでもオリンピックは、厳然と国家間比較のデータの蓄積があって、ある意味でウェストファリア体制を支えるナショナリズムの確認の場になってきたことは否めない。あらためて日中韓の比較を見ておきたい。ただし 1980 年のモスクワ・オリンピック、続く 1984 年のロサンゼルス・オリンピックでは東西双方のボイコットがあり、1976 年のモントリオール大会には中国が参加していない。したがって参加国の態様に歪みが少なく、比較に意味があると捉えられる 1988 年のソウル大会以降のメダル獲得順位を取り上げる。明らかに中国、韓国は一桁台が目立ち健闘が光る。これらの期間で、日本が両国共を上回ったことはない。

表 12-29　日中韓のメダル獲得順位

	1988	1992	1996	2000	2004	2008	2012
日本	14	17	23	15	5	8	11
中国	11	4	4	3	2	1	2
韓国	4	7	10	12	9	7	5

　日本におけるトップアスリートの強化は、2001年10月の国立スポーツ科学センターの開所と、2008年（陸上トレーニング場は2007年1月）のナショナルトレーニングセンター（現、味の素ナショナルトレーニングセンター）の開所が画期となっている。
　2004年と2008年の順位が上がったのは、こうした強化が実を結んでいる側面もあるだろう。ただ、開所以降のアジア大会の動向を見ると、相変わらず中国、韓国の後塵を拝している。2014年の仁川アジア大会でもやはり両国に及ばない。この大会のメダル数は下の通りである。

表 12-30　仁川アジア大会（2014）

		金メダル	銀メダル	銅メダル	合計
1	中国	151	108	83	342
2	韓国	79	71	84	234
3	日本	47	76	77	200
4	カザフスタン	28	23	33	84
5	イラン	21	18	18	57

仁川の参加国・地域数＝45

5　冬季ソチ・オリンピックを終えて

　冬季五輪がはじめて開催されたのは、1924年のシャモニーで、日本は不参加であったが、サンモリッツで開催された1932年の第2回の冬季オリンピックには初めて日本も参加している。武田（2008）『オリンピック全大会』は、全大会と謳っていながら冬季のオリンピックについては一切

記載がない。日本でも札幌、長野と2度の冬季大会を開催している。浅田真央や羽生結弦が人気を博すフィギュアスケートへの関心も高い。世界の中のオリンピックを考えるために、あるいは逆にオリンピックを通して世界を考えるために冬季の大会を無視することはできない。

ここでは、本書執筆時点で最も新しい冬季オリンピックであるロシアのソチでの大会から見ておきたい。

表12-31　ソチ・オリンピック（2014）

	金	銀	銅	計	順位
ロシア	13	11	9	33	1
ノルウェー	11	5	10	26	2
カナダ	10	10	5	25	3
アメリカ	9	7	12	28	4
オランダ	8	7	9	24	5
ドイツ	8	6	5	19	6
スイス	6	3	2	11	7
ベラルーシ	5	0	1	6	8
オーストリア	4	8	5	17	9
フランス	4	4	7	15	10
中国	3	4	2	9	12
韓国	3	3	2	8	13
日本	1	4	3	8	17
イギリス	1	1	2	4	19
イタリア	0	2	6	8	22

このソチ・オリンピックについて、2014年2月21日の衆議院の文部科学委員会において、木村均委員の質問に答えて、下村文科相（当時）は次のように発言している。

　　きょうの印象としては、浅田真央選手を初め女子フィギュアにおいてメダルがとれなかったということはちょっと残念に思いますけれども、しかし、御指摘のように、本日までのソチ・オリンピック日本代表選手団、金

メダル一個、それから銀メダル四個、銅メダル三個、合計八個のメダル獲得ということで、今まで最高が長野の十個、それに次ぐメダル獲得数ということで、それなりの成果が出ているのではないかと思います。

その内容を見ると、十九歳の羽生結弦選手がフィギュアスケート男子でアジア初の金メダルを獲得したこと。それから、十五歳の平野歩夢選手がスノーボード男子ハーフパイプで銀メダルを獲得するなど若い世代の活躍。また、竹内智香選手がスノーボードパラレル大回転で、日本人女子としてスノーボード種目で初のメダルとなる銀メダルを獲得する等の活躍が見られ、さらに、ジャンプ男子ラージヒルで四十一歳の葛西紀明選手が冬季オリンピック日本人選手最高齢でメダル獲得、銀メダルを獲得するなど、これは中年の期待の星にもなったのではないかと思います。何事にも諦めない、七回目でメダルをとったということは、これはすばらしい励みにもなると思います。

このように、日本選手が連日活躍しているということは、これは私自身もそうですが、国民に感動とそして勇気を与えてくれたことであると思いますし、また誇りに思うことでありますし、ソチで活躍されている日本選手団に対して私も、開会式は間に合わなかったんですが、ゼロ泊三日でソチに行って日本選手団を激励してまいりましたが、それぞれ頑張ったことに対しては誇りに思います。

このように、スポーツが持つ、人々を引きつけ感動させる力、これは、人々の心を豊かにし、困難な問題に連帯して取り組む活力ある社会の構築に不可欠なものであるというふうに思います。

今後とも、国家戦略としてスポーツの振興に全力で取り組んでまいりたいと思います。

健闘した選手を称えることに何の異論もない。メダル数に関しては、この大会において絶対視されていた女子スキー・ジャンプの高梨沙羅は残念ながら4位に終わった。しかし北海道の人口わずか4000人（2014年9月30日現在）の小さな自治体が、スキー・ジャンプで原田雅彦や高梨沙

羅を輩出し、強い印象を残している。地域振興のための国家戦略として、こうした上川町のような例を適切に位置づける視点もあって良い。

　自治体国際化フォーラムの2014年10月号は、スポーツによる自治体の地域振興について特集している。湊慎一郎（2014）は、2012年のロンドン・オリンピックの際に、英国全土の266か所で事前合宿の受け入れがあり、少なからず経済効果があったことを指摘する。選手が開催地の気候や環境、雰囲気を知るために、事前に訪れることを希望するのは当然である。可能な限り開催国やあるいはその周辺で合宿を行おうとすることも予想できる。2020年の東京大会においても、多くの国が事前合宿を望むであろうから、その準備を早い段階でしておくべきとの進言は当を得ている。さらに、ロンドンでは誘致合戦が過熱したことを教訓として、何らかの形で自治体間の事前調整が必要との指摘にも留意したい。

　日本の自治体は、施設面での充実等、合宿を行う環境整備に腐心することが求められる。併せて小学校も巻き込み、子供たちの国際理解、スポーツに親しむ機会となるような工夫があっても良い。多岐にわたるオリンピック種目について、それぞれの自治体が得意とする分野を視野に入れたスポーツ振興があってしかるべきである。この点に関連して、冬季オリンピックでは特徴的な状況が既に現出している。カーリングでは北海道の常呂町[6]が伝統的に強い。またスキー・ジャンプでは、上川郡の下川町、上川町などから著名な選手が輩出されている。ソチ・オリンピックの銀メダリスト葛西紀明を輩出した下川町は、人口3500人ながら町をあげての応援が目立った。小さな町であっても、その気候にあったスポーツに親しみ、オリンピック選手が出たならば町をあげて応援する。そうして町の活性化を図ることを他の自治体にも拡げたい。

　朝日新聞は2015年2月11日から4日間に渡って、北海道下川町でスキー・ジャンプに取り組む下川ジャンプ少年団の様子を紹介した。下川からはソチ（2014）に、銀メダルを獲得した葛西紀明、団体の銅メダリス

---

[6] 2006年の合併で、現在は北見市常呂町。

ト伊東大貴、女子で7位に入賞した伊藤有希が出場した。この地にスキー留学して、合宿施設である「アイキャンハウス」で過ごした経験があるスキー・ジャンプ選手は、金メダリスト原田雅彦、女子の第一人者、高梨沙羅選手もいる（朝日新聞 2015a）。この二人はいわば隣町とも言える上川町からのスキー留学だが、これまでには東京や京都、沖縄やさらには韓国からも訪れたという。多くのメダリストを先輩に持ち、少年団の子どもたちは、がんばれば実現可能な夢としてオリンピックを目指している。高梨沙羅だけではなく、高校生で世界の大会を経験する選手も決して稀なことではない。人口 3500 人の小さな町が、町全体で下川ジャンプ少年団を支え、世界を舞台に活躍する子どもたちを育てている。

　下川町は現在、木材のバイオマスによるエネルギー供給についても先進的な試みを行っている。スキーを通じて多くの人が町を訪れ、町の産業についても知る機会を得る。町の外の人々が下川町への認識を高めていくことは、町の誇りとアイデンティティの確立にとって大いに意義のあることである。

　地方創生戦略を論じて 2014 年 12 月 28 日の朝日新聞社説は、島根県の旧掛合町が 1982 年の国民体育大会の相撲会場になった時の例を紹介する。この時同町は、町民をあげて全国から選手や応援団を受け入れ、それがきっかけになって住民活動が活発になったという。国体も地方に大きな影響を与えた。ましてオリンピックであればさらなるインパクトを地方にもたらしうるはずである。

　東京オリンピック・パラリンピックの開催は、自治体の経済的活性化を図る試みと結びつくことが期待されている。同時に、地域のスポーツの振興による「おらが町」への誇りを高める機会ともなりうる。冬季オリンピックに関しては上にあげた通りの好例がある。夏の種目に関しても、一村一品ならぬ、1 自治体 1 スポーツと言えるような、得意スポーツの育成に力を入れたい。さいたま市では 1993 年に「サッカーのまちづくり推進協議会」が発足し、浦和レッズ、大宮アルディージャを抱える自治体ならではの動きを展開している。サッカーのような人気のあるプロスポーツは

すそ野が広く、さいたま市のみならず、静岡の清水市なども有名で、多くの自治体がそれを特色とすることができる。

　再び冬のスポーツに戻れば、アイスホッケーのまち苫小牧は、市全体でアイスホッケーを盛り上げる機運が高く、子供たちは、小さい時からその試合に親しんでいる。国内の有力チーム、王子製紙を擁し、日本のトップクラスの試合も数多く行われ、観戦の機会も多い。ただアイスホッケーの教訓は、苫小牧のみでは日本リーグの盛り上げもできず、裾野を広げられなかったことにある。北海道内の同じ性格の町は、釧路、その隣の御影町もある。本州では栃木県の日光、青森の八戸もアイスホッケーが盛んな自治体の一つである。日本リーグを維持できる程度の拠点を国内に作ることが望まれる。地域密着型のチームとすることでファンを確保しているサッカーや野球から学べることは多いはずである。

　スピードスケートの選手、小平奈緒が留学したオランダは、プロのスケートクラブが多数存在する。強い競技種目をもつ国の、その競技を取り巻く環境はどうなっているのか。ニュージーランドのラグビーのように、国民がそれを誇りとするような環境はどのようにして生まれたのか。長期的に強化を図るために看過できない視点と言えよう。まずは１地域１スポーツ的な発想で地域振興とスポーツ振興の実現可能性を探ることが課題である。

　石破茂が大臣となって創設された官邸の「地方創成」の委員会メンバーの一人である、日本ニュービジネス協議会連合会の会長、池田弘は、街を創る！実践事例の紹介として、「スポーツを通じたまち創り」を紹介している。新潟アルビレックスの全面支援の例である。サッカーは観客動員数でＪリーグ２位を誇っている。さらに「祭りを通じたまち創り」「マンガ・アニメを通じたまち創り」を挙げる。

　増田寛によれば、北海道で消滅が予測される自治体が数多く存在する。そうした場所と名指しされた現実があればこそなおさら、スポーツによる立て直しを試みる価値は十分にある。何もせずに手をこまねいているだけでは消滅する。そうであるなら果敢に攻めの姿勢を見せる施策として、オ

リンピック選手育成とスポーツによる町おこしに資源を投入してみてはどうだろうか。

　カーリングは常呂町のみならず、軽井沢、青森、札幌で企業のサポートを得て拠点の確立に成功している。オリンピックの競技種目について上の例を参考にして、国内的なネットワーク、また同様に、周辺国の特定のスポーツの拠点とのネットワークを強化したい。1自治体1スポーツ、さらに同一スポーツ自治体のネットワークを通して、オリンピック種目の強化も図りたい。

　2015年1月5日に放映されたNHKの番組「クローズアップ現代」は、岩手県紫波町の試みを紹介した。ここでの中心的なテーマは補助金に頼らない民間活力を活かした街の賑わいづくりであった。一カ所に図書館から体育館、学習塾や地元の生産物の販売所までをまとめる。そうすることで人口わずか3万3千人の町に、年間80万人もが集う賑わいが生まれた。筆者が注目したいのは、ここの体育館である。ここに国際試合も可能な最高級のバレーコート用の素材を床に用いた。そうするとどのようなことが起こるだろうか。単にこの町のバレー愛好家にとどまらず、他の地域からここをバレー練習の合宿地とする人々が集まってきた。当然宿泊施設も必要になり、確かな経済効果も生んでいる。

　紫波町のスポーツはバレーボールだった。他の地域も、これに倣って、是非多くの選手が集まる、ある競技にとっての最高の環境を整えたい。2020年には、世界各国の強豪バレーチームが、紫波町での合宿を希望しての争奪戦が繰り広げられるかもしれない。そうした事例を日本各地に作り出したい。

6　冬季1980年レークプラシッド以降

　冬季大会のメダル数について、まず最近の7大会について日中韓のメダル獲得数の比較を行っておきたい。

　1998年の地元、長野オリンピックを除いて日本がこれら3か国のなか

表12-32　冬季大会のメダル獲得順位の3か国比較

	1992	1996	1998	2002	2006	2010	2014
日本	11位	11	7	21	18	20	17
中国	15位	19	16	12	14	7	12
韓国	10位	6	9	13	7	5	13

で最上位になったことはない。長野の次からの最近の大会に関して言えば、つまり2002年以降、3か国のなかでは常に最下位であることがわかる。

　前節に示したソチを含めて、最近の5大会、つまりソチ（ロシア）、バンクーバー（カナダ）、トリノ（イタリア）、ソルトレーク（アメリカ）、長野（日本）を見てみると、夏季のように開催国が圧倒的な強さを発揮するとは限らないことがわかる。ただし、過去に比べるとそうした傾向も少し

表12-33　バンクーバー（2010）

	金	銀	銅	計	順位
カナダ	14	7	5	26	1
ドイツ	10	13	7	30	2
アメリカ	9	15	13	37	3
ノルウェー	9	8	6	23	4
韓国	6	6	2	14	5
スイス	6	0	3	9	6
中国	5	2	4	11	7
スウェーデン	5	2	4	11	7
オーストリア	4	6	6	16	9
オランダ	4	1	3	8	10
ロシア	3	5	7	15	11
フランス	2	3	6	11	12
イタリア	1	1	3	5	16
イギリス	1	0	0	1	19
日本	0	3	2	5	20

表 12-34　トリノ（2006）

	金	銀	銅	計	順位
ドイツ	11	12	6	29	1
アメリカ	9	9	7	25	2
オーストリア	9	7	7	23	3
ロシア	8	6	8	22	4
カナダ	7	10	7	24	5
スウェーデン	7	2	5	14	6
韓国	6	3	2	11	7
スイス	5	4	5	14	8
イタリア	5	0	6	11	9
フランス	3	2	4	9	10
オランダ	3	2	4	9	10
中国	2	4	5	11	14
日本	1	0	0	1	18
イギリス	0	1	0	1	21

表 12-35　ソルトレーク（2002）

	金	銀	銅	計	順位
ノルウェー	13	5	7	25	1
ドイツ	12	16	8	36	2
アメリカ	10	13	11	34	3
カナダ	7	3	7	17	4
ロシア	5	4	4	13	5
フランス	4	5	2	11	6
イタリア	4	4	5	13	7
フィンランド	4	2	1	7	8
オランダ	3	5	0	8	9
オーストリア	3	4	10	17	10
中国	2	2	4	8	13
韓国	2	2	0	4	13
イギリス	1	0	1	2	18
日本	0	1	1	2	21

表12-36　長野（1998）

	金	銀	銅	計	順位
ドイツ	12	9	8	29	1
ノルウェー	10	10	5	25	2
ロシア	9	6	3	18	3
カナダ	6	5	4	15	4
アメリカ	6	3	4	13	5
オランダ	5	4	2	11	6
日本	5	1	4	10	7
オーストリア	3	5	9	17	8
韓国	3	1	2	6	9
イタリア	2	6	2	10	10
フランス	2	1	5	8	13
中国	0	6	2	8	16
イギリス	0	0	1	1	22

ずつ強まっていることがうかがえる。次の平昌で、韓国がどういう結果を残すかにかかるところがある。冬でも開催国が強さを発揮する流れが確かなものとなるかどうかの分岐点として位置づけられそうである。上の5大会の1位を確認すると、ロシア、カナダ、ドイツ、ノルウェー、ドイツとなっている。直近のソチとバンクーバーは開催国が1位であった。この両国を除くと、必ずしも開催国が上位を占めるとは言えないことがわかる。開催国の順位を昔に遡る形で示すと、1位→1位→9位→3位→7位となる。

　冬季種目に強い国は、開催国に拘わらず存在していた。それはロシア、ソ連であり、そしてノルウェーであった。そうした強国をも破って、今後は開催国が夏季と同様にオリンピックに向けた選手の強化に力を入れ、上位を占めるようになるのかが平昌での一つの興味となる。

　リレハンメル、アルベールビル、カルガリー、サラエボ、レークプラシッドにおける第1位を確認しておきたい。この順に、ノルウェー、ドイツ、ソ連、東ドイツ、ソ連という結果である。開催国と第1位が一致

表12-37 リレハンメル（1994）ノルウェー

	金	銀	銅	計	順位
ロシア	11	8	4	23	1
ノルウェー	10	11	5	26	2
ドイツ	9	7	8	24	3
イタリア	7	5	8	20	4
アメリカ	6	5	2	13	5
韓国	4	1	1	6	6
カナダ	3	6	4	13	7
スイス	3	4	2	9	8
オーストリア	2	3	4	9	9
スウェーデン	2	1	0	3	10
日本	1	2	2	5	11
フランス	0	1	4	5	17
中国	0	1	2	3	19
イギリス	0	0	2	2	21

表12-38 アルベールビル（1992）フランス

	金	銀	銅	計	順位
ドイツ	10	10	6	26	1
ＥＵＮ	9	6	8	23	2
ノルウェー	9	6	5	20	3
オーストリア	6	7	8	21	4
アメリカ	5	4	2	11	5
イタリア	4	6	4	14	6
フランス	3	5	1	9	7
フィンランド	3	1	3	7	8
カナダ	2	3	2	7	9
韓国	2	1	1	4	10
日本	1	2	4	7	11
中国	0	3	0	3	15

表12-39 カルガリー（1988）カナダ

	金	銀	銅	計	順位
ソ連	11	9	9	29	1
東ドイツ	9	10	6	25	2
スイス	5	5	5	15	3
フィンランド	4	1	2	7	4
スウェーデン	4	0	2	6	5
オーストリア	3	5	2	10	6
オランダ	3	2	2	7	7
西ドイツ	2	4	2	8	8
アメリカ	2	1	3	6	9
イタリア	2	1	2	5	10
カナダ	0	2	3	5	13
日本	0	0	1	1	16

表12-40 サラエボ（1984）ユーゴスラビア

	金	銀	銅	計	順位
東ドイツ	9	9	6	24	1
ソ連	6	10	9	25	2
アメリカ	4	4	0	8	3
フィンランド	4	3	6	13	4
スウェーデン	4	2	2	8	5
ノルウェー	3	2	4	9	6
スイス	2	2	1	5	7
カナダ	2	1	1	4	8
西ドイツ	2	1	1	4	8
イタリア	2	0	0	2	10
イギリス	1	0	0	1	11
フランス	0	1	2	3	13
日本	0	1	0	1	14

表12-41 レークプラシッド（1980） アメリカ

	金	銀	銅	計	順位
ソ連	10	6	6	22	1
東ドイツ	9	7	7	23	2
アメリカ	6	4	2	12	3
オーストリア	3	2	2	7	4
スウェーデン	3	0	1	4	5
リヒテンシュタイン	2	2	0	4	6
フィンランド	1	5	3	9	7
ノルウェー	1	3	6	10	8
オランダ	1	2	1	4	9
スイス	1	1	3	5	10
イギリス	1	0	0	1	11
西ドイツ	0	2	3	5	12
イタリア	0	2	0	2	13
カナダ	0	1	1	2	14
日本	0	1	0	1	15
フランス	0	0	1	1	17

しているのは、リレハンメルのノルウェーだけである。アルベールビルのフランスは7位、カナダも後のバンクーバーと違って、カルガリーにおいては13位、サラエボのユーゴスラビアは銀メダル1個で15位だった。レークプラシッドのアメリカは3位であった。

日本はリレハンメルから古い方に順に11位→11位→16位→14位→15位という成績で、メダル数は5個→4個→1個→1個→1個となっている。金メダルを基準としている関係でリレハンメル、アルベールビルの順位も一けた台には届いていないが、メダル総数としてはこの両大会での検討は光っている。

7　冬季1976年インスブルック以前

　1976年のインスブルックを含めてそこから5大会を遡ると、インスブルック、札幌、グルノーブル、インスブルック、スコーバレーの冬季大会となる。まずこれらにおける第1位を確認しておきたい。この順に、ソ連、ソ連、ノルウェー、ソ連、ソ連となる。ソ連の圧倒的強さが光る。開催国と第1位が一致した大会はこの間なかった。1976年のインスブルックのオーストリアは7位、札幌は11位、グルノーブルのフランスは3位、1964年のインスブルック・オーストリアは2位、スコーバレーのアメリカは3位であった。

　日本は札幌大会で笠谷幸生がスキー・ジャンプで金1個を獲得して、順位としては11位であったものの、その他の大会ではメダル獲得には至っていない。札幌では日の丸飛行隊として、70メートル級のスキー・ジャンプで金銀銅を独占した。

表12-42　インスブルック（1976）オーストリア

	金	銀	銅	計	順位
ソ連	13	6	8	27	1
東ドイツ	7	5	7	19	2
アメリカ	3	3	4	10	3
ノルウェー	3	3	1	7	4
西ドイツ	2	5	3	10	5
フィンランド	2	4	1	7	6
オーストリア	2	2	2	6	7
スイス	1	3	1	5	8
オランダ	1	2	3	6	8
イタリア	1	2	1	4	10
カナダ	1	1	1	3	11
イギリス	1	0	0	1	12
フランス	0	0	1	1	16

表12-43　札幌（1972）

	金	銀	銅	計	順位
ソ連	8	5	3	16	1
東ドイツ	4	3	7	14	2
スイス	4	3	3	10	3
オランダ	4	3	2	9	4
アメリカ	3	2	3	8	5
西ドイツ	3	1	1	5	6
ノルウェー	2	5	5	12	7
イタリア	2	2	1	5	8
オーストリア	1	2	2	5	9
スウェーデン	1	1	2	4	10
日本	1	1	1	3	11
フランス	0	1	2	3	16
カナダ	0	1	0	1	17

表12-44　グルノーブル（1968）フランス

	金	銀	銅	計	順位
ノルウェー	6	6	2	14	1
ソ連	5	5	3	13	2
フランス	4	3	2	9	3
イタリア	4	0	0	4	4
オーストリア	3	4	4	11	5
オランダ	3	3	3	9	6
スウェーデン	3	2	3	8	7
西ドイツ	2	2	3	7	8
アメリカ	1	5	1	7	9
東ドイツ	1	2	2	5	10
フィンランド	1	2	2	5	10
カナダ	1	1	1	3	13

表12-45　インスブルック（1964）オーストリア

	金	銀	銅	計	順位
ソ連	11	8	6	25	1
オーストリア	4	5	3	12	2
ノルウェー	3	6	6	15	3
フィンランド	3	4	3	10	4
フランス	3	4	0	7	5
東西統一ドイツ	3	3	3	9	6
スウェーデン	3	3	1	7	7
アメリカ	1	2	4	7	8
オランダ	1	1	0	2	9
カナダ	1	1	1	3	10
イギリス	1	0	0	1	11
イタリア	0	1	3	4	12

表12-46　スコーバレー（1960）アメリカ

	金	銀	銅	計	順位
ソ連	7	5	9	21	1
東西統一ドイツ	4	3	1	8	2
アメリカ	3	4	3	10	3
ノルウェー	3	3	0	6	4
スウェーデン	3	2	2	7	5
フィンランド	3	3	3	8	6
カナダ	2	1	1	4	7
スイス	2	0	0	2	8
オーストリア	1	2	3	6	9
フランス	1	0	2	3	10
イタリア	0	0	1	1	14

表12-47　コルティーナ・ダンペッツオ（1956）イタリア

	金	銀	銅	計	順位
ソ連	7	3	6	16	1
オーストリア	4	3	4	11	2
フィンランド	3	3	1	7	3
スイス	3	2	1	6	4
スウェーデン	2	4	4	10	5
アメリカ	2	3	2	7	6
ノルウェー	2	1	1	4	7
イタリア	1	2	0	3	8
東西統一ドイツ	1	0	1	2	9
カナダ	0	1	2	3	10
日本	0	1	0	1	11

表12-48　オスロ（1952）ノルウェー

	金	銀	銅	計	順位
ノルウェー	7	3	6	16	1
アメリカ	4	6	1	11	2
フィンランド	3	4	2	9	3
ドイツ？	3	2	2	7	4
オーストリア	2	4	2	8	5
カナダ	1	0	1	2	6
イタリア	1	0	1	2	6
イギリス	1	0	0	1	8
オランダ	0	3	0	3	9
スウェーデン	0	0	4	4	10
フランス	0	0	1	1	12

表 12-49　サンモリッツ（1948）スイス

	金	銀	銅	計	順位
ノルウェー	4	3	3	10	1
スウェーデン	4	3	3	10	1
スイス	3	4	3	10	3
アメリカ	3	4	2	9	4
フランス	2	1	2	5	5
カナダ	2	0	1	3	6
オーストリア	1	3	4	8	6
フィンランド	1	3	2	6	8
ベルギー	1	1	0	2	9
イタリア	1	0	0	1	10
イギリス	0	0	2	2	13

　第二次世界大戦後のサンモリッツ（1948）、オスロ（1952）、コルティーナ・ダンペッツオ（1956）の3大会について確認しておこう。1位は、新しい方から古い方に遡って、ソ連、ノルウェー、ノルウェーが獲得している。開催国の成績は、同じ順で、8位、1位、3位であった。第二次世界大戦後に日本がオリンピックに復帰したのは、冬季に関しても

表 12-50　ガルミッシュ・パルテンキルヘン（1936）ドイツ

	金	銀	銅	計	順位
ノルウェー	7	5	3	15	1
ドイツ	3	3	0	6	2
スウェーデン	2	2	3	7	3
フィンランド	1	2	3	6	4
スイス	1	2	0	3	5
オーストリア	1	1	2	4	6
イギリス	1	1	1	3	7
アメリカ	1	0	3	4	8
カナダ	0	1	0	1	9
フランス	0	0	1	1	10
ハンガリー	0	0	1	1	10

表12-51　レークプラシッド（1932）アメリカ

	金	銀	銅	計	順位
アメリカ	6	4	2	12	1
ノルウェー	3	4	3	10	2
スウェーデン	1	2	0	3	3
カナダ	1	1	5	7	4
フィンランド	1	1	1	3	5
オーストリア	1	1	0	2	6
フランス	1	0	0	1	7
スイス	0	1	0	1	8
ドイツ	0	0	2	2	9
ハンガリー	0	0	1	1	10

表12-52　サンモリッツ（1928）スイス

	金	銀	銅	計	順位
ノルウェー	6	4	5	15	1
アメリカ	2	2	2	6	2
スウェーデン	2	2	1	5	3
フィンランド	2	1	1	4	4
カナダ	1	0	0	1	5
フランス	1	0	0	1	5
オーストリア	0	3	1	4	7
ベルギー	0	0	1	1	8
チェコスロバキア	0	0	1	1	8
ドイツ	0	0	1	1	8
イギリス	0	0	1	1	8
スイス	0	0	1	1	8

表12-53　シャモニー（1924）フランス

	金	銀	銅	計	順位
ノルウェー	4	7	6	17	1
フィンランド	4	4	3	11	2
オーストリア	2	1	0	3	3
スイス	2	0	1	3	4
アメリカ	1	2	1	4	5
イギリス	1	1	2	4	6
スウェーデン	1	1	0	2	7
カナダ	1	0	0	1	8
フランス	0	0	3	3	9
ベルギー	0	0	1	1	10

1956年からで、ここで猪谷千春がスキーで銀メダルを獲得している。

　日本オリンピック委員会のウェブページに冬季大会が開かれるまでの経緯が説明されている（日本オリンピック委員会 2016d）。初めて開かれたシャモニーでは、16か国から258名が参加した。北欧の国々が強く、特にノルウェーは第1回、第2回、第4回とメダル獲得数で1位に輝いている。シャモニーの開催国フランスは9位となっている。第2回のサンモリッツのスイスは9位であった。日本はこのサンモリッツに初めて参加している。スキーのノルディック種目に6人の選手が、シベリア鉄道を使ってヨーロッパに入ったという。第3回のレークプラシッドでは、開催国アメリカが第1位となり、ノルウェーが2位であった。日本も前回に引き続いて参加して、ジャンプで8位入賞を果たしている。

　第4回の開催国ドイツは2位であった。冬季に関しては、全期間を通じてノルウェーが非常に強い。第二次世界大戦後になってソ連、ロシアもその強さを発揮するようになる。夏季のように、開催国が上位に名を連ねる傾向は冬季では強くない。それでも、近時の大会においてはそうした傾向が仄見える。開催国のメダル獲得状況は、経済的負担も大きいオリンピック開催とその開催国における選手強化の方向性を捉える一つの視座となっ

ている。

　以上、冬季のオリンピックのメダル獲得状況を振り返った。地理的要因が大いに絡んで夏季とは様相を異にする。日本は国土が南北に伸びている島国でなおかつ四季の移ろいも明確な国である。日本は夏季冬季双方のオリンピックで活躍を目指す環境に恵まれた国の一つと言える。それを楽しみとしつつ、世界の中の日本の有りようが顕著に表れるメダルの状況を注視して分析を続けたい。

8　おわりに

　本書出版に向けた最終的な準備段階と、2016年夏季オリンピック、リオデジャネイロ大会の開催が重なった。最後に、この大会の各国のメダル獲得状況を紹介しておきたい。ロシアのドーピング問題もあって、1位にアメリカ、2位にイギリス、3位に中国が並ぶと、日本はもっと上位であってしかるべきではないのか、という声もあるかもしれない。メダル獲得数がソフトパワーたるゆえんは、ハードパワーの軍事力、経済力とは違った意味合いを帯びる解釈が可能であったことによる。しかし、上位がGDPと多分に重なる結果は、選手強化に費やせる資金に左右される面が否定できない。それでも、ズレも生じてはいる。そのズレに注目することからも、オリンピックのメダルに関わるソフトパワーを議論する意味は消えない。近代のオリンピックの歴史を振り返って断定的に言えることは、経済力がメダルをすべて決することはない。まして冬季も加味するなら、その論拠はより一層増えてゆく。次の東京オリンピックで日本は、アメリカ、中国に次いで3位になれるだろうか。上位に経済大国が並んでも、意外な国が意外な種目でメダルを獲得する事例は必ずや出現する。そのメダルに敬意を表しつつ、オリンピックをめぐるソフトパワーの分析は、オリンピックが続く限り尽きない研究となりそうである。

表 12-54　リオデジャネイロ（2016）ブラジル

	金	銀	銅	計	順位
アメリカ	46	37	38	121	1
イギリス	27	23	17	67	2
中国	26	18	26	70	3
ロシア	19	18	19	56	4
ドイツ	17	10	15	42	5
日本	12	8	21	41	6
フランス	10	18	14	42	7
韓国	9	3	9	21	8
イタリア	8	12	8	28	9
オーストラリア	8	11	10	29	10

第 13 章

NGO・シンクタンク・ランキングと日本の市民社会の課題

1　NGO とシンクタンク

　第6章でも取り上げたように、トランスペアレンシー・インターナショナルは、腐敗認識指数を世界に発信していることでその名を馳せる。この NGO は自らのホームページに、世界の NGO ランキングも掲載している。自らが世界的にも上位に位置づけられていることを示している。NGO は世界的な諸問題について、市民の主体的な関わりの発出を具現する。活動に関わる市民も多国籍で問題も地球的である以上、NGO は文字通り国境を越えた、あるいは国家枠に拘泥しないトランスナショナルな主体である。その存在感は今や国際社会においてきわめて大きい。

　シンクタンクも各国政府の政策決定に影響を及ぼしうる存在である。専門的知見に裏付けられた外交政策の遂行が求められる時代に、優良なシンクタンクの有無が外交政策の成否も左右する。田中（2015）はシンクタンクの機能充実を日本外交の課題の一つして指摘している。

　この章では、NGO とシンクタンクのランキングを見ることで、日本の市民社会の課題を浮き彫りにする。なお前者については国境を越えた存在で、国ごとの比較となじまないとする声があるかもしれない。また後者も専門領域の機関の話題であって、市民社会と直接関係がないと捉える向きもあるかもしれない。しかしこれらを敢えて国ごとにランキング化してみると世界の一つの諸相が明らかになる。それは民主主義の懐の深さとも言える市民社会の充実の程度と関わっている。

そうした意味を含めて、NGOとシンクタンクのランキングにおける日本の位置づけを検討する。日本は世界の中で民主主義的理念を重視する国家としてその先頭集団を走れているのか否か、ランキングの意味をそうした視点も加味して解釈する。

2　NGO ランキング

特定非営利活動法人トランスペアレンシー・ジャパン（2012）が報道資料として 2012 年 4 月 2 日発表したグローバル・ジャーナル（The Global Journal）による世界 NGO トップ 100 ランキングは表 13-1 の通りである。

グローバル・ジャーナルは 2012 年以降毎年こうしたランキングを発表している。NPO のためのマーケティングについて著作もある長浜洋二は、2012 年 3 月 30 日の自身のブログ「飛耳長目」にこの 2012 年にはじめて発表された「The Top 100 Best NGOs」について紹介している（長浜 2012）。発表の主体は 2010 年に創刊された、スイスとアメリカに拠点を置く隔月誌『グローバル・ジャーナル』であること、その 2012 年 1/2 月号が、はじめて NGO のグローバル・ランキングを発表したとある。その評価基準はイノベーション（事業の創造性／課題に対する新鮮なアプローチ）、効果（目的に対する多様性／外部評価の質）、インパクト（アウトプットを上回るアウトカム／影響範囲の広さ／支援者ドリブン vs ニーズドリブン）、効率と経済価値（管理運営コスト／重複の排除）、透明性とアカウンタビリティ（インパクトの持続性と妥当性／問題解決 vs 自己保存）、戦略的財務マネジメント（資金源の一貫性／自己評価プロセス）、相互評価（NGO や支援者からの評価／受賞実績）とする。また TOP100 に日本の NGO／NPO は入っておらず、韓国、中国も入っていないという。

NGO に関するこうしたランキングの作成は何を意味しているのだろうか。アメリカ発のランキングは、アメリカ発の価値観のメッセージの発信である。時にそれは押し付けと映ろう。それでも自分たちの価値観に則っ

表 13-1　世界 NGO トップ 100 ランキング

2012 年ランキング≪トップ 20≫

01 - The Wikimedia Foundation（米国）／ウィキメディア財団
02 - Partners in Health（米国）／パートナーズ・イン・ヘルス
03 - Oxfam（英国）／オクスファム
04 - BRAC（バングラデシュ）
05 - International Rescue Committee（米国）／国際救援委員会
06 - PATH（米国）
07 - CARE International（スイス）
08 - Medicines Sans Frontières（スイス）／国境なき医師団
09 - Danish Refugee Council（デンマーク）／デンマーク難民評議会
10 - Ushahidi（ケニア）／ウシャヒディ
11 - Mercy Corps（米国）／マーシー・コー
12 - Heifer International（米国）／ハイファー・インターナショナル
13 - Handicap International（フランス）／ハンディキャップ・インターナショナル
14 - Human Rights Watch（米国）／ヒューマンライツ・ウォッチ
15 - Barefoot College（インド）／裸足の大学
16 - Transparency International（ドイツ）／トランスペアレンシー・インターナショナル
17 - Water for People（米国）／ウォーター・フォー・ピープル
18 - Save the Children International（英国）／セイブ・ザ・チルドレン
19 - Amnesty International（英国）／アムネスティ・インターナショナル
20 - Action Contre la Faim（フランス）／反飢餓行動

て、世界にそれを伝えようとする貪欲さを感じる。良き NGO とはこういうものであるとのメッセージは、そうしたスタンダードを広めることで、自分たちが望ましい国際社会を構築しようとするしたたかさが覗く。

　世界秩序は、軍事力や経済力のみによって支えられているわけではない。世界が価値あると認識する価値を盤石にすることによっても支えられている。市民社会の充実を期す NGO 世界ランキングはそうした姿勢の発露である。翻って、日本はどのような価値を世界に広げて、より良い国際

社会の在るべき姿について発信しているのだろうか。日本に限らず、中国、韓国も、両国発の影響力をもちうる世界ランキングの発表が可能となっているかどうか、ランキングパワーに関わる検討課題である。

　地球市民社会の代表のように受け止められることもあるNGOであるが、その欧米への偏りは国連NGOに関しても指摘されてきた（三上2000）。このランキングにおいてもそれは表れている。NGOが表出する価値観は欧米を中心に発展してきたことの証左であるとも言えよう。他方、国連が創設されてすでに70年の月日を経ている。非欧米諸国のNGOの数も増大している。そうした状況を実相として反映するランキングとなっているのかどうか、吟味も求められる。NGOがソフトパワーを表すことは、ナイも指摘するところである（ナイ2011）。NGOは市民社会の成熟を示すと共に、人類社会の普遍的価値を共有する市民社会を国内に内包していることも示している。ここで日本の課題も浮かび上がる。人類の普遍的価値の発出は、政府の発信機能に限定されない。市民社会も同様に、積極的に自らの価値観を発信し、世界の平和的環境の基盤を作り出すための貢献が求められる。日本にもオイスカやピースボートなど、既に活動期間も長期に及ぶNGOがある。その活動を広く世界に知ってもらうことのメリットはNGO自体にとっても意味のあることである。

　長浜も同様に、グローバル・ジャーナルの評価基準はそれなりに妥当であると記しつつ、「ランキング自体の妥当性はともかく、少なくとも日本のNPOもこういった評価基準に対して愚直に向き合い、常に意識しながら組織運営を行うべき」（長浜2012）と主張する。このNGOのランキングは、現在はNGO Advisorが主管している。ランキングの出発点的な意味合いを強調しているのか、2013年版のグローバル・ジャーナルのランキングは現在でも確認できる（NGO Advisor 2016）。表13-2を参照されたい。

　ここにも日本人が中心となったNGOは登場しない。世界の中の日本を考えるということは、国際社会における日本の政府の行動のみを捉えようとする試みではない。地球的な市民社会のなかで、日本の市民社会の在り

表 13-2　2013 年ランキング

1- BRAC（バングラデシュ）
2- The Wikimedia Foundation（米国）
3- Acumen Fund（ニューヨーク他）
4- Danish Refugee Council（デンマーク）
5- Partners in Health（米国）
6- Ceres（米国：Coalition for Environmentally Responsible Economies）
7- CARE International（スイス）
8- Médecins Sans Frontières（フランス）
9- Cure Violence（米国）
10- Mercy Corps（米国）
11- Apopo（米国）
12- Root Capital（米国）
13- Handicap International（フランス）
14- IRC（米国）／国際救援委員会
15- Barefoot College（インド）
16- Landesa：Rural Development Institute（米国人による創設）

様を考察することも含まれる。世界 NGO ランキングも、世界で価値あるものを地球大で示そうとする試みとして解釈可能である。ジュネーブとニューヨークを本拠とするグローバル・ジャーナルはいわば西欧的な文化のなかから発信されたランキングである。それゆえに日本の NGO が入っていないと理解して、看過しておけば良いランキングであるかどうかが検討課題の一つである。

　2015 年のランキングは、五十嵐（2015）がウェブ上で公開している。表 13-3 を参照されたい。五十嵐の紹介によるランキング付けの手法は、主要 3 項目として innovation（革新性）、impact（社会的インパクト）、sustainability（持続可能性）があって、その他の項目として、independence（事業の独立性）、transparency（事業の透明性）、accountability（説明責任）、quality of the returned questionnaire（回答の質）、dependence on corporations, governments, single funders, or other specified sources（企

表 13-3　2015 年ランキング

1- MSF（フランス／医療・人道支援）
2- BRAC（バングラデシュ／開発援助）
3- Danish Refugee Council（デンマーク／難民支援）
4- Grameen Bank（バングラデシュ／マイクロファイナンス）
5- Acumen Fund（米国／貧困対策の社会起業家支援）
6- Oxfam（イギリス／貧困対策）
7- Partners in Health（米国／貧困地域の健康支援）
8- Islamic Relief International（イギリス／人道支援・開発援助）
9- Save the Children（イギリス／開発援助）
10- World Vision（米国／開発援助）

業、政府、特定の個人の融資者などに依存していないか）があるとする。これは先に紹介した長浜と完全に一致するわけではない。新出のランキングだけに、評価基準の一貫性、浸透も含めてこれからも注目し、その精査も必要となろう。

　五十嵐（2015）はさらに、出所元のグローバル・ジャーナル誌が、2012 年からの発表では TOP100 であったランキングに、2015 年は

表 13-4　国ランキング TOP10（TOP100 内）

順位	国名	100 位以内
1	米国	37
2	イギリス	7
3	スイス	7
4	オランダ	7
5	インド	6
6	ブラジル	4
7	フランス	3
8	ケニア	2
9	南アフリカ	2
10	バングラデシュ	2

表 13-5　国ランキング TOP10（TOP500 内）

順位	国名	500 位以内
1	米国	130
2	イギリス	46
3	スイス	33
4	インド	31
5	日本	18
5	オランダ	18
6	ドイツ	15
7	フランス	13
8	ロシア	11
9	南アフリカ	8
10	アルゼンチン	7

TOP500 NGOs 2015 を発表したことを付け加えている。TOP100（表13-4）では日本はランキングに顔を出さない。しかし TOP500（表13-5）にまで広げると日本は5位にランクインする。

　五十嵐の解釈では、日本の NGO は社会的インパクトが小さいために TOP100 にランクインできないながらも、TOP500 にまで広げると良質な団体が数多く存在しているからだと見る。

　日本において NGO の重要性を強く主張し、NGO 論の展開に大きく寄与したのが馬場伸也（1982）の議論であった。トランスナショナル・リレーションズに基づき、国家を超えた存在として NGO を位置づけた（馬場 1982）。他方、国際社会においては早くも 1970 年代には NGO への関心が高まっていた。コヘイン（Keohane）とナイ（Nye）による編著がその代表例である（Keohane and Nye 1971）。

　トランスナショナルであることに焦点をあてるなら、NGO の本部がどの国家に所在するかは、そもそも問題にならないとの主張もあるかもしれない。その点では、本部所在の意味は、いかなる市民社会に属する NGO なのか、という問いに置き換える方が良いのかも知れない。国際社会を構

成するのは政府のみではない。市民社会そのものも主要な構成要素である。

　トーマス・リセ・カッペン（Thomas Risse-Kappen）は1990年代半ばのトランスナショナル研究を、1970年代と対比させて次のように指摘している。1970年代が、世界政治を「国家中心」対「社会志向」かの対立軸で議論されてきたのに対して、1990年代はいかに国家間の世界がトランスナショナルな「社会の世界」と相互作用しているかを見ようとしている。どのような条件の下で、国内的なものと国際的な状況がトランスナショナルな連携を創り出せるかを問おうとしている（Risse-Kappen 1995: 5）。

　さらにシキンク（Sikkink）とフィネモア（Finnemore）の規範のライフサイクルに関する研究になると、トランスナショナル・リレーションズの典型的な主体であるNGOと国家との連携が重要なカギを握る（Finnemore and Sikkink1998）。規範起業家が国際社会における新たな規範の必要性を訴え、規範のカスケード（雪崩）によって国家をはじめとしたアクターの受容が広がり、規範の内部化・制度化につながる（毛利 2011: 132）。このライフサイクルにおいて、NGOと国家、また国際機関は決して対立の構図で描かれてはいない。

　規範に関わるランキングを国家ごとに比べることの意味は、まさに当該の規範を市民社会、政府が一体となって普及定着に努めることを促す。

3　シンクタンクのランキング

　世界のシンクタンクのランキングが発表されていることを、nippon.comが紹介している。nippon.comは、公益財団法人の日本財団からの助成を受けて、2011年10月から運営されているサイトで、多言語で情報発信を行って国際社会における対日理解の促進を図っている（nippon.com 2016）。編集主幹に政策研究大学院大学学長の白石隆、編集長に東京大学大学院総合文化研究科教授の川島真の名が挙がっている。

このランキングの出典元はペンシルベニア大学の The Think Tanks and Civil Societies Program（TTCSP）のレポートである。その初お目見えは 2007 年で、2015 年版の登場が第 9 回目であることが示されている（TTCSP 2016）。まず nippon.com に倣って 2014 年版の評価報告書から見ておきたい。世界の対象となったシンクタンク数は 6618 に上り、1 位は米国のブルッキングス研究所、2 位はイギリスの王立国際問題研究所（チャタムハウス）としている。3 位＝カーネギー国際平和基金（米国）、4 位＝戦略問題研究所（CISS）（米国）、5 位＝ブリューゲル（ベルギー）、6 位＝ストックホルム国際平和研究所（スウェーデン）、7 位＝ランド研究所（米国）、8 位＝外交問題評議会（米国）、9 位＝国際戦略研究所（英国）、10 位＝ウッドロー・ウィルソン国際学術センター（米国）、11 位＝アムネスティ・インターナショナル（英国）、12 位＝トランスペアレンシー・インターナショナル（ドイツ）、13 位＝日本国際問題研究所（日本）、14 位＝ドイツ国際安全保障研究所（ドイツ）、15 位＝ピーターソン国際経済研究所（米国）が名を連ねる。

　日本国際問題研究所が 13 位で、アジアでは最高位であった。トップ 15 まで広げて各国の分布状況に言及すると、アメリカが 7 つ、イギリスが 3 つ、ドイツ 2 つ、ベルギー、スウェーデン、日本が 1 つずつの登場である。

　世界全体では、6618 の内、アメリカが 1830、次いで中国が 429 で 2 位となっている。nippon.com はこの中国の台頭は著しいと記す。この両国に続くのが英国の 287、ドイツ 194、インド 192 となる。日本は 108 で 9 位である。アジアでは中国、インド、日本に次いで台湾が 52、韓国が 35、香港 30、インドネシアには 27 のシンクタンクが 6618 の一角を占める。

　nippon.com は、1970 年が日本にとってのシンクタンク元年であったと記す。野村総合研究所、社会工学研究所、三菱総合研究所、未来工学研究所などが次々と設立されたことを紹介する。ただ、日本の場合は財界や企業主導で創設されたものが少なくなく、影響力の面で制約が存在したと

の分析である。

　ペンシルベニア大がこのランキングを発表している理由として、シンクタンクが世界の政府と市民社会に不可欠な役割を果たしていると見ているからだとするが、果たして中国のシンクタンクが中国の市民社会にどのような役割を果たしているのかについてはより注意を向ける必要がある。

　2014年と大差はないが、2015年の世界シンクタンク・ランキング（TTCSP 2016）を前年比較を交えて表にして示しておく（表13-6）。6位だったストックホルム国際平和研究所が22位まで後退しているため、下の表にはない。同様に14位だったドイツ国際安全保障研究所（ドイツ）は18位となっている。

表13-6　2014年と2015年の世界シンクタンク・ランキング

2015年順位	シンクタンク名	所在国	2014年順位
1	ブルッキングス研究所	米	1
2	王立国際問題研究所	英	2
3	カーネギー国際平和基金	米	3
4	戦略国際問題研究所	米	4
5	ブリューゲル	ベルギー	5
6	外交問題評議会	米	8
7	国際戦略研究所	英	9
8	ランド研究所	米	7
9	ウッドロー・ウィルソン国際学術センター	米	10
10	アムネスティ・インターナショナル	英	11
11	ケイトー研究所（Cato Institute）	米	16
12	ヘリテージ財団	米	17
13	ジェトゥリオ・ヴァルガス財団（FundacaoGetulio Vargas）	ブラジル	18
14	トランスペアレンシー・インターナショナル	ドイツ	12
15	日本国際問題研究所	日本	13

以下は、国際大学がウェブ上で発表した記事である（国際大学グローバル・コミュニケーション・センター 2016）。

　　米・ペンシルバニア大学の「シンクタンクと市民団体プログラム（TTC-SP: Think Tanks & Civil Societies Program）」が発表した年次報告書『2014年世界有力シンクタンク評価報告書（2014 GGTTI: 2014 Global Go To Think Tank Index Report）』において、国際大学 GLOCOM が、「世界のトップ・シンクタンク　Science & Technology 部門」の第 31 位にランクインしました。
　　TTCSP が毎年発表しているこの年次報告書では、世界各地のシンクタンクに関する主な動向や論点の概要報告とともに、世界の有力なシンクタンクの評価が報告されています。2014 年のランキング結果を含む報告書は、2015 年 1 月 22 日に公表され、ネットワークを通じて全世界に配信されました。 2014 年は、世界各地から推薦された 6,681 のシンクタンクを対象にランキングが行われました。200 カ国 3,500 人以上の政策立案者、ジャーナリスト、地域や対象分野の専門家に対して実施された調査の結果に基づき、さらに、さまざまな学問領域や活動分野を網羅する、世界各地の 1,900 人以上のメンバーからなる専門家パネルが、その後のランキングリストの絞り込みと検証にあたりました。
　　報告書では、総合・地域別・研究分野別・目的別の 4 つのカテゴリーで、世界のトップ・シンクタンクをランキングしていますが、GLOCOM は、13 ある研究分野別カテゴリーのうち、「Science & Technology 部門」第 31 位（日本第 3 位）で、初めてランキングされました。
「世界のトップ・シンクタンク　Science & Technology 部門」
1- マックス・プランク研究所（ドイツ）
2- Information Technology and Innovation Foundation（ITIF）（アメリカ）
3- ボン大学開発研究センター（ドイツ）
4- ランド研究所（アメリカ）
5- バテル記念研究所（アメリカ）

6- 公益財団法人未来工学研究所（日本）
7- 情報通信技術を生かした社会開発（ICT4D）（イギリス）
8- Science Policy Research Unit（SPRU）（イギリス）
9- Institute for Basic Research（IBR）（アメリカ）
10- Consortium for Science, Policy, and Outcomes（CSPO）（アメリカ）
……
29- 一般財団法人関西情報センター（日本）
30- Science and Technology Policy Institute（STEPI）（韓国）
31- グローバル・コミュニケーション・センター（GLOCOM）（日本）

　NGOやシンクタンクは、市民社会の強靭さを表す指標として無視できない。同時に、ランキングが示すとおり欧米的な市民団体であることも浮き彫りになっている。また世界に対する影響力の観点からは、英語による発信があるかないかも大きな要素である。こうした情報をペンシルバニア大学が発表している事実を重く受け止める必要がある。NGOや市民団体という、地球市民社会における価値の創出、普及、浸透に寄与する実行力を、このペンシルバニア大学自体が示していると言える。翻って、日本の大学にこのようなランキング創出力があるだろうか。
　地域に根差す大学を目指すならば、教員はゼミ活動として、「広島県の自治体」比較のランキング、中国地方のランキング、中国四国地方のランキングなど、グループ活動として、ランキング創出を課題とすることも可能である。確かに日本人的特性として、人が関わる主体を格付けすることに対する抵抗、躊躇いは存在していよう。その一方で他者からのランキング評価はとても気にする。グローバリゼーションのなかでは、国際的に普遍的な価値を有すると捉えるならば能動的にそれを世界に周知する時期にきている。そのためにランキングが有効に用いられるのであれば、自らその創出に尽力するべきであろう。重視する価値を広めるための世界に対する発信を、市民社会の様々な層から行うことがますます重要になっているのが現在の国際社会である。

第14章

ソフトパワーによる民主主義の強化

1 ソフトパワーの相互認証

　本書の提言は、日本は自らが重視する価値に関してはOECD諸国を比較するデータのなかで平均以上を目指す、というものである。特に自国にとってのソフトパワーと認識するランキングに関してはトップ3、できるだけナンバーワンになることを目指すべく、そのための課題を探ってきた。あわせて可能な範囲でOECD加盟各国のそれぞれの強みを分析した。またデータが入手できている場合、BRICS諸国も交えて各国の強みの分析を行った。ソフトパワーは魅力が源である。それぞれの魅力を認め合う国際社会は切磋琢磨が可能であると同時に、相互認証の機会となって平和的友好関係を築きやすい。

　こうしたことは人間社会の常識的な判断の延長線上に想像力を及ぼせば自明のことである。ＡＢ２人の知り合いがいるとする。ＡがＢの魅力を認識すると同時に、ＢもＡの強みを認識する。これは互いに互いを尊重する姿勢である。逆の例を考えよう。ＡがＢの弱点ばかりを指摘する。そうなるとＢもＡの弱みを喧伝することになる。それでは互いの不信感を増幅し、友好的な関係は築けない。魅力を認め合う作業はその反対であり、相互尊重を促す行為である。

　ソフトパワーの相互認証による平和的な国際環境を創出することは可能だろうか。日本国民が韓国のソフトパワーは何かを考える。仮にそれを国際競争力としよう。ランキングの順位によって客観的に評価できることを根拠に、韓国の国際競争力に敬意を表し、そのソフトパワーを認める。中

国の場合も同様である。歴史と伝統が中国の強みであるとするなら、それを表すランキング、たとえば世界遺産数のランキングを根拠に中国の強みを認める。そうした敬意のネットワークによる相互認証の網を密にしていくことで、国際社会に平和的な環境を生み出す。そしてこのネットワークはランキングに根差しているだけに、健全な競争心、向上心とも関連する。ライバルの好成績を評価しつつも、そのソフトパワーは自国にとっても大切な価値である時、自国の改善を期すことにもつながる。

　もっともソフトパワーを語るなかでナイ自身が指摘するように、ソフトパワーがあらゆる局面で万能の役割を果たすような理解は危険である。ここで述べているソフトパワーの相互認証にしてみても同様である。Ａ国がいくらＢ国のソフトパワーを評価しても、Ｂ国がＡ国のソフトパワーを全く評価しない状況も起こりうる。原因はいろいろあろうが、Ｂ国の国内要因がＡ国の評価を許さないこともありえよう。敵対的な関係による悪循環が繰り返されていて、そもそもＡ国にしてみてもＢ国を評価することなどできない状況も惹起しうる。ソフトパワーの相互認証による外交は一つの指針を示すことはできても、それでもってハードパワーの影響力に代わりうるものではない。そのことはナイがスマートパワーを強調するなかで繰り返し述べている通りである (ナイ 2011)。

　世界の中の日本はソフトパワー外交を柱にしつつも、国際環境の変化に応じた自衛力の整備は常に行っておく必要がある。国際政治学理論におけるリアリズムは、安全保障政策として軍事力の一定程度の保持を前提としている。ソフトパワー外交による存在感の維持を図りつつも、国際政治の常識として自衛力の整備は怠れない。

　本書では地球環境に関わるランキングを取り上げることはできなかった。関連した新聞社説に付言しておくと、2015 年 5 月 2 日の日本経済新聞は、世界の環境問題に取り組む企業 100 のなかに、日本の企業が一つも入っていないことに言及している（日本経済新聞 2015）。これはアメリカ発の発表だという。しかし何度も指摘するように、新聞社はそのランキングが何に基づいて、どのような尺度で作られているかについて敏感であ

るべきだろう。尺度に正統性、妥当性を確認できるとき、それを紹介することで、より良い社会を目指す目標となりうる。それなくしては、いかなるランキングも単に根拠も希薄なひとりよがりの注目集めの行為にほかならなくなる。

　産業遺産群としてユネスコの世界遺産に関連してそれに推挙するICOMOSが長崎県の軍艦島などを選定した。韓国併合時の強制徴用に用いられた施設があるということで、韓国政府はその推薦に反対の表明を行った。ソフトパワーを重視する立場から、こうした行動をどう理解したらよいだろうか。ソフトパワーは他を惹きつける魅力である。それを活用して平和的な国際環境に結び付けていくためには、他国は相手国が認めてほしいと願う魅力の自己認識に対して敏感であった方が良い。韓国は日本が認めてほしいとする価値を自国の論理で否定した。こうしたソフトパワーを否定する行動のあるところに、平和的な相互理解は構築されない。

　21世紀の国家間関係の要諦は、ソフトパワーを認め合うことによる相互承認の関係を築けるかどうかである。自分の文化的価値を他に認めてほしいと願うのなら、他が自分の魅力であるとする自己認識に対してしっかりと向き合って認めることである。

　ナイがその著『スマート・パワー』で言及しているランキングは以下の通りである。オリンピックメダル数（10）[1]、孔子学院設立（11）、留学生受入（11）、国際放送を増やす（11）、軍隊の支援活動（75）、海外援助（108）、音楽やビデオ（118）、交換留学（131）、アリアン・フランセーズ（138）、ダイアナ妃（139）、非政府組織（139）、上位100の大学数（204）、映画制作本数（204）、外国人留学生数（204）、ハリウッド映画とマクドナルド（211）。日本のソフトパワーの源泉として、伝統文化、大衆文化、政府開発援助、国際機関への支援（213）を挙げている。他にブラジルのサッカー（226）、腐敗認識指数（226）、ジニ係数（226）、乳児

---

[1] この段落ではナイ（2011）の著作からランキングが掲載されているページ数のみ示している。

死亡率（241）、平均寿命（241）、子供の貧困率（241）、殺人（241）、移民（244）、高等教育への支出（249）、子供の学力（250）、ノルウェーの外交交渉によるソフトパワーの増大（266）もソフトパワーとして言及されている。

　項目を羅列するよりもランキングははるかにメッセージ性が強くなる。もちろんこれまで本書で論じてきたように、ではいかなるランキングで世界の中の日本をアピールしてゆけば良いのか、との点についてはOECD諸国との相対的な関係、誇りうる国家像に関する議論とも関わることがらである。ナイがアメリカのソフトパワーとして指摘するように、ハリウッド映画の影響力は小さくない。本書で、独立した章として検討する紙幅はなかったが、映画という文化芸術活動が持つ影響力も重要である。それを認識して日本の外交青書はその刊行におけるかなり早い時期において、日本映画の海外における発表状況も掲載していた。

　映画に関連して2014年の動向で着目すべきは、アメリカのディズニー映画、「アナと雪の女王」の大ヒットがある。興行的な成功と同時に、この映画の主題歌が、25か国語バージョンとしてインターネット上に公開された事実は世界文化の視点から衝撃であった。しかし日本語字幕で25か国語バージョンと標題がある「レットイットゴー」も、厳密には25の言語バージョンであって、国家の言語というわけではない。たとえばフランス語などはフランスのフランス語と、カナダ・ケベック地方のフランス語バージョンがある。スペイン語もあれば、カタルーニャ地方のバージョンもある。既存の主権国家から分離独立を目指す民族の言語が数多く現れるのは驚きでもある。英語というリンガフランカの存在とともに、多くの民族が独自の言語を話し続ける文化的意味も併せて考えさせられる。

2　J・マクローリーのソフトパワーランキング

　ランキングに関して、筆者の主な関心の一つは、それがソフトパワーとどう結びつくかを探ることにある。J・マクローリー（Jonathan McClory）

は 2010 年に Institute For Government のウェブで、The New Persuaders: An International ranking of soft power を発表したのを皮切りにして、その後のソフトパワーランキングを公にしている。そのランキングの結果は、英国の雑誌 Monocle にも発表されて、2012 年と 2014-5 年の順位だけなら、同誌のウェブサイトから確認することもできる（Monocle 2016）。下の表はそのトップ 10 の各国である。

表 14-1　Monocle ソフトパワーランキング

	2012	2014-5
1	イギリス	アメリカ
2	アメリカ	ドイツ
3	ドイツ	イギリス
4	フランス	日本
5	スウェーデン	フランス
6	日本	スイス
7	デンマーク	オーストラリア
8	スイス	スウェーデン
9	オーストラリア	デンマーク
10	カナダ	カナダ

Monocle のウェブに基づき筆者作成。

　Institute For Government のウェブには、2010 年、2011 年、2012 年のランキングがスコアと共に掲載されている。さらに 2015 年のランキングに関しては、Portland のウェブ上から、トップ 30 の形で見ることができる。これらはいずれもマクローリーが著者である。

　Monocle は商業誌で、有料の購読の手続きが必要となっている。上記はインターネット上にフィルムの形で掲載されているものから抜粋した。本書執筆時点で雑誌本体の入手は間に合っていないため、順位を確認することしかできなかった。

3　ソフトパワーの重要要素である民主主義を競う

　ヘンリー・ファレル、マーサ・フィネモアー（2013）は、スノーデンらが突き付けた脅威の深刻さは、理念と原則を重んじるアメリカのイメージを失墜させたことにあると指摘した。アメリカのソフトパワーの中枢は自由と民主主義にあった。個人の自由を重んじているはずの社会で、盗聴が行われていた。そのありようを称して、アメリカは偽善に彩られていたと形容する。これをアメリカのダブルスタンダードとして、そのソフトパワーを傷つけたと見る。ここで言えることは、民主主義的価値観を体現することが、世界の中で、重要なソフトパワーとなっている事実である。フクヤマの大著『政治の起源』のキーワードも、まさに民主主義と密接に関係する。

　本書においても、国連開発計画の人間開発指標を取り上げたが、国連本部とそのファミリー、またさまざまな国際機関が発表するランキングは枚挙に暇がないほどである。主権国家の連合体である国連が、国家毎のランキングを発表することで、主権国家システムそのものの有効性を担保しようとする側面がある。現在の国連加盟国（2014年時点）は193か国であるが、時にデータがそろわずランキングに掲載されない国家もある。それでも、このシステムを支える主要国の課題を、国際機関はランキングによって国際社会に明示している。

　本書で取り上げることが出来なかったランキングはまだ数多く存在している。2014年8月、ドイツのフランクフルトで開催された国際関係論の国際学会で、筆者はランキングの重要性について発表を行った。その際、スウェーデンのルント大学教授で、ディスカッサントを務めたヤコブ・スコフガード（Jakob Skovgaard）博士は、非常に興味深いが、「ランキング疲れ」の現実があることを指摘した。確かに、現在至るところにランキングがある。あまりに多過ぎて、いちいちランキングに注目する気になれない、という状況には留意する必要がある。

同じ学会で、筆者がディスカッサントを務めた翌日の報告で、ナンシー・ライト（Nancy E. Wright）博士は、Happy Planet Index の紹介をした。これは、平均寿命、満足感、カーボンフットプリントの3つの項目から、世界各国をランキング化する試みである。2006年にはじめてこのランキングが発表されたという。

　さまざまにあるランキング自体の、世界の中における存在感、影響力はどうだろうか。それを評価することは容易ではない。筆者が一例としてこの学会で提示したのは、国連のウェブサイトがもつ、国連文書を検索する United Nations advanced search の活用であった。これは国連文書を網羅して、キーワードを検索することができる。ディスカッサントを務めるにあたり、Happy Planet Index を含め、本書でも取り上げたランキング、指標を検索した結果が下記である。

Words（anywhere in the UN documents' page）	
The Global Peace index	3120
World Happiness Report	2690
The Travel & Tourism Competitiveness	5500
Democracy Index 2010	6300
Gender gap index 2013	6100
Hiroshima Report	2140
Happy Planet Index	733
Human Development Index	20700
Constructivism[2]	32

（2014年8月8日の検索）

　現時点で、国際社会全体の課題をもっとも広範な範囲で議論あるいは検討している機関は国連であろう。新聞、雑誌メディアにも国際社会への関心を示す有力紙・誌がある。しかしその媒体が属する国や、文化圏の影響

---

[2] ダミー的に入れている。

を色濃く反映している事実は払しょくできない。できるだけ国際社会全体での状況をみるためには、上で示した、国連文書を対象として、そのなかでの登場回数、言及の状況を見ることが有効である。

　3つの領域を統合したHappy Planet Indexではあるが、そのそれぞれの領域を統合する妥当性に問題がある。なぜなら、インデックスは平均寿命を重視するが、それをもって幸福あるいは地球の幸福を示すとするのは短絡的である。また生活満足度が、カーボンフットプリントと関連性を有すると見るのも説得性に欠く。なぜなら、カーボンフットプリントを多く残している方が、むしろより快適な生活をしている可能性もあって、満足度が高くなる蓋然性を否定できない。それぞれの項目が、指標が創出を意図する価値や規範と方向性の点で一致しているとはみなせない。つまり、3つの範疇が生み出す中心的価値、規範に整合性を欠くのである。そのことがこの指標の影響力を限定的にしていると考えられる。

　これまで取り上げたランキングは、日本のなかでは有数の全国紙が掲載してきたように、決して軽視できない影響力を持つ。ただしその国際社会における影響力を推察することは、必ずしも簡単な作業ではない。インターネット時代とはいえ、言葉の壁が立ちはだかる。各国の主要メディアが政府からの干渉も受けず、言論の自由が守られたなかで存立しているかどうかも一様ではない。そのため国際社会におけるランキングの影響力を測る手段を模索することになる。

　本稿はこうした難題に立ち向かう一手段として国連のウェブページがもつ検索機能を用いた。その手法に至る過程として、日本の国会が持つ、議事録検索機能がある。国民を代表する国権の最高機関で、いったい何が話し合われているのか。また国際政治学者として注目する世界の今を映し出す重要概念を、はたして国会は議論しているのかどうかを知るのにこれ以上なく有益であった。同じ手法を国連に関連したデータベースで試みることにした。たとえば、民主主義指数を報告する、エコノミスト・インテリジェンス・ユニットは、国連の議事録にどの程度載るのか。そうしたデータは、ランキングの世界大の影響力を測る指標足りえよう。

4　日本アカデメイア

　世界ランキングのなかの日本の位置を考え、同時にいかなるランキングをどのような尺度で日本から発してゆけば良いのだろうか。そうした試みに資することが本書の狙いである。日本アカデメイアの中間報告において、日本力研究グループは次のように提言している。日本力研究は、対内的に「日本をデザインする」とともに、対外的には「日本がデザインする」気概と構想力を必要とする。それは世界はどうあるべきかという日本発のアジェンダをもつことであり、独りよがりに陥らない方策でもある。また日本の理念やアイディアが世界で通用するためには、国際発信の方法とその内容を改善することが喫緊の課題である。それは世界の公共的なシステムの設計に積極的に関与することでもあり、世界に伝えるブランディング戦略や発信力の強化も今後進めるべき重要な課題である。

　ここにある日本の理念やアイディアをいかにして世界で通用する形で発信すればよいのか。この中間報告は同時に、「日本力を、標準化された定型化された指標から、数値では表現できない領域にまで拡大して考えると、今、日本に必要なものは世界に通じる構想力や問題解決能力などである」と記す。しかし世界にもっとも通じる表現方法は数値だろう。日本力そのものを測ろうとするのではなく、日本が重きを置く価値、世界にとっても有益で公共的価値を有するものを数値で示す。もっともわかりやすいのは数値であり、その改善こそが世界また日本にとってもプラスとなる尺度を提示することである。

　日本社会の強みは統治機構、経済、科学技術、国際貢献、歴史、文化力などが含まれ、同時に安全、清潔、規律、寛容性、連帯感などもあがる。実はこれらのなかには、既に世界各国をランキング化する指標において検討されてきたものも少なくない。

　統治機構についてはEIUの民主主義インデックスが、経済はGDP、科学技術は科学部門関連のノーベル賞受賞者数、国際貢献はODAの額や

PKOへの派遣者数、歴史は世界文化遺産数が良い指標となる。安全はGPIが様々に関連データを提示している。それらを踏まえた上で、文化力、清潔、規律、寛容性、連帯感などを新たに示す手立てを検討すべきである。ヘイトスピーチが国連の場においても話題になっている事実に鑑みれば、日本が寛容性に優れた社会かどうかは別途考察が必要である。同様に、世界の価値観アンケートの結果を見るなら、連帯感に優れた社会であるとも言い難い。それでも日本アカデメイアが世界の中の日本を真剣に討議し、アイデンティティの確認に尽力する姿勢は高く評価してよい。本書も志を一にして、そうした試みの一端を占めたいと願っている。

　日本の絶好調期とも言える高度成長期の特徴は、1億総中流と言われた分厚い中間層が存在していたことにある。それが一気に不安定化するのは社会の格差が広がるなかで、もはや1億総中流と言えない社会になってからである。かつては社会的格差を示すジニ係数の世界ランキングで、日本は最も小さい値を示して、格差の少ない社会であることが示されていた。それが社会的安定と民主主義的社会の土台を支えていた。

　そうした社会が崩れ始めたのは、新自由主義的な競争原理の導入によるアメリカ的な経済構造を持ち込まなければグローバルな競争に勝てない、とする主張が優勢となってからである。終身雇用制度や残業の多い長時間労働は非効率的な労使慣行としてやり玉にあがった。働き方も非正規雇用が増えて、同じ仕事をしながらも契約社員という形で待遇は正社員と比して著しく悪い。そうした職場内格差が存在するなかで、どうして組織としてまとまりをもって心を一つに前に進めるだろうか。

　日本が重視すべきランキングは、ジニ係数の最小を目指す格差の無い社会ランキングではなかろうか。それを社会的安定の支柱として、最優先目標の一つすることをここで提言したい。ジニ係数は幸福度とも関係する。かつて世界に誇るべき低さであったジニ係数は今やOECD諸国のなかでも格差の大きい社会として問題視されている。正規雇用が減り、派遣として非正規で働く人が増えた結果でもある。格差の拡大は今や日本にとって喫緊の問題となっている（朝日新聞2014）。

ブータンが世界一幸福な国と言われた。近代的な電気製品に囲まれているわけではない。経済的豊かさと関係なく、生活満足度が高かったのは、社会的に大きな格差が存在していなかったからではないだろうか。ひとたびグローバル経済に巻き込まれて、地域コミュニティで格差が生じれば、心のなかに不満が芽生えてくることは十分に考えられる。

5　ソフトパワーを高める

　世界の中の日本を考えることは、日本そのものを考えること、つまり本書の問題意識においては日本のソフトパワーを高めることと関連する。しかしそればかりではなく、世界そのものを考えることも大事になってくる。個人が、社会のなかで生きていくのと同じである。社会がすさんでいて、犯罪溢れる状況では個人も幸福を追求できない。世界の中の日本も、世界をより良くするために貢献することが求められる。その努力もまた日本のソフトパワーを高めることにつながる。

　外交において、具体的にソフトパワーを高める試みはパブリック・ディプロマシーとして展開される。その定義を、筆者は公開・公共・広報外交としている。そう捉える理由は後述するが、ここではまず金子・北野（2007）の定義を紹介しておく。「自国の対外的な利益と目的の達成に資するべく、自国のプレゼンスを高め、イメージを向上させ、自国についての理解を深めるよう、また、自国の重視する価値の普及を進めるよう、海外の個人及び組織と関係を構築し、対話を持ち、交流するなどの形で関わったり、多様なメディアを通じて情報を発信したりする活動」（金子・北野 2007: 27）がパブリック・ディプロマシーである。この定義においては、パブリック・ディプロマシーとして行われうる活動が列挙されている。主体は明記されていない。外交である以上、常識的には政府、外務省など、実際の外交を遂行する主体がこのパブリック・ディプロマシーにおいても当てはまるのだろう。

　筆者は、公開・公共・広報外交との定義によって、中心的主体は政府、

外務省であるが、国民も共に展開する外交である点で、公共を含意する必要があると認識している。また、概念的に「民外圧」のベクトルと逆向きであることを明示できることがパブリック・ディプロマシーの意味をより普遍的に捉えることにつながると見る。「民外圧」は筆者が考案した概念である。ソフトパワーが広く流布した現在から捉えなおすならば、異議申し立てとして発する外国市民の声が「民外圧」であるのに対して、魅力を感じて肯定的評価を様々な形で発するダイナミズムがソフトパワーである。

ランキングはその社会の価値観の表出であることを示してきた。同時に、ランキングリテラシーを身につけ、いたずらにランキングに振り回されないことの重要性も論じた。そして単に受け身の姿勢で世界ランキングに一喜一憂することに終始せず、自らランキングを創出して、世界に発信する姿勢も大事である。ランキングを作る作業は簡単ではない。しかし様々な情報がインターネット上で入手可能な現代社会においては、それを駆使したなら一個人であってもランキングを作ることは不可能ではない。

本書の主張は、ランキングは作る人の一つの価値観の表れであり、それへの反発を表す有効な手段の一つは、対抗するランキング、別の価値観を示すことである。地方の大学の良さがあるなら、それを捉えられるランキングを示し、その価値を広く知らしめる努力が必要である。

国際比較を中心としてきたことから、地方の活性化は本書の中心的テーマとしては扱っていない。しかし随所に、たとえばオリンピック種目で地方が得意とする種目を特化することには言及した。スポーツに限らず、地方が輝くランキングを積極的に創出することも地域の活性化の力となろう。

日本人、日本社会が重視してきた重要な価値観の一つが「環境」であった。それは自然環境との調和を大切にしてきたことと、物を大切にする「もったいない」という精神に現れていた。「もったいない」はノーベル平和賞を受賞したワンガリ・マータイ（Wangari M. Maathai）さんも言及したことで一定の国際的認知度も高まった。しかしより広く「もったいな

い」の認知度を高めるための努力があって良い。その手段としてランキングを創設する研究調査を行うならば、それは一つの日本が大事にする価値観を世界に広めようとする試みになる。あるいは観光に有益な「おもてなし」の心も、世界経済フォーラムの評価を受動的に紹介することに止まらず、自らその実態をアンケート調査するなどして、そのための世界ランキングを創出するような試みがあってよい。

　さまざまに検討したランキングにおいて、民主主義、平和、市民社会の成熟における評価できわめて高いのは、デンマーク、スイスである。これらはヨーロッパの小国で、日本との基盤的な違いももちろんある。それでも、世界のこうした分野のランキングがなぜデンマークを評価するのか、その研究、分析を進めて、取り入れるべきは取り入れる努力が必要である。民主主義、平和、民主主義を支える成熟した市民社会の在り様は、日本社会が戦後追い求めてきた重要な価値であり、その世界的評価において高い評価を求めることは自らのアイデンティティとも合致する。デンマークは NATO の一員である。そのデンマークが世界の平和の尺度においても高位置であることにより、日米安保による集団的自衛権は世界が重んじる平和尊重の基準と矛盾することはないと言える。

　本書でとりあげられなかったランキングで、ソフトパワーに関連するランキングは、もちろんなお数多存在している。筆者が指導しているゼミナールにおいて、世界の安全都市のランキングとテーママークの来場者数の世界ランキングを取り上げたゼミ生がいた。どちらもソフトパワーと密接に関わる。治安面の良さはその都市の評判を高める。それは観光客を招致することに良い情報であり、観光ビジネスの振興に貢献するランキングとなっている。テーマパークはディズニーランドが圧倒的に強い。2014年に発表されたランキングで、トップ 10 の内、実に 9 位までがその系列である。わずかに一つ、ユニバーサル・ジャパンが食い込んでいるだけであとはすべてディズニーランド系列が並ぶ。ナイはその著書のなかで指摘してはいないが、エンターテイメントビジネスにおけるディズニーランドモデルの成功は、アメリカ的な娯楽のスタイルの世界大の普及であろう。

上海にも新しく設立された。しかし中東には今だに進出がない。さらなる世界モデルとしていくためには、果たしてイスラム世界で受け入れられるかどうかの分析の視座も必要となっている。

日本が誇りうることの一つとして、数多く存在する老舗企業がある。鴻上がその著『クール・ジャパン』で、世界にある200年以上続いている会社の約4割は日本にあると言われていることを紹介している（鴻上 2015:180）。朝日新聞のコラムも同様に、創業200年を超える企業が3000社以上あって、2位のドイツを大きく引き離して世界一であると記す（朝日新聞 2015）。これは帝国データバンクの調査に基づくランキングである。これだけの長寿企業を数多く持つ社会の特性として朝日新聞のこのコラムは、勤勉に家業を守ろうとする国民性も寄与しているとする。併せて企業そのものについては、資金調達に関して保守的で、質素倹約を旨とし、同時に環境の変化には敏感で、本業を基調にしながら新しい事業にも果敢に挑戦していると分析する。安定した社会の指標の一つであり、世界に誇るべきデータと言える。

日本文学研究者のドナルド・キーンは、2015年10月10日の『NHKスペシャル：私が愛する日本人へ〜ドナルド・キーン文豪との70年〜』のなかで日本人の特徴を尋ねられている。彼はそれに答えて、「あいまい（余情）、はかなさへの共感、礼儀正しい、清潔、よく働く」の5つを示した。日本人をよく知るアメリカ生まれの知識人が捉えた日本人観である。これら特徴の多くはそのまま世界の中の日本人の強みにもなるだろう。しかし、「あいまい」への理解を世界に求めるのは困難である。日本社会のなかで情緒を生み出す「あいまい」さと対極にあるのがランキングかもしれない。それゆえランキング化への抵抗、何やらはしたなさを感じるがための躊躇もあろう。

多様な文化が渦巻くグローバル化のなかで、「あいまい」さによって軋轢を避ける同質的社会の知恵を世界大に広めることはできない。文化的背景を異にする人々の交流においては明確に意図を伝えなければ誤解を生むばかりだからである。それは日本独自の文化として日本人的なるものの真

髄として受け継がれていく日本人性かもしれない。他方キーンの言うこれも日本人の特性である「清潔」は世界に普遍的に広められる可能性をもつ。そうした得意分野の価値を積極的に広める努力は、日本人の評価を高め、同時に世界への貢献にもなる。世界の中で日本は、たとえば世界清潔度ランキングを創設するような創造性を発揮していきたい。

おわりに

　世界の中の日本を考えるにあたって、ランキングを創出することの重要性を強調した論文を発表したのは 2000 年が最初だった。核兵器の廃絶に向けた世論を喚起する方途として、平和度ランキングを創り出そうとする提案であった。その後日本のソフトパワーを見極めようとする試みを続けてきた。本書においてもランキングの検討はつまりはソフトパワーの検討と重なる部分がかなりある。筆者のソフトパワー関連論文の最初の発表は、1995 年の観光論文にまで遡る。ジョセフ・ナイ（1990 年）『不滅の大国アメリカ』の中でソフトパワーに言及してそれほどの期間をおかず、いわばこの概念の魅力に惹かれて関連論文を発表したことになる。国際観光を論じた 1995 年の拙稿のなかでは観光客数のランキングを紹介した。それも加味するなら、筆者のランキング研究は実に 20 年を超えることになる。

　ランキングは数値を扱う。このためには、数量的な尺度の問題を看過できない。元々筆者は、文献に基づいて、その批判的検討から学問的な進展を目指すアプローチを取ってきた。尺度や変数に対する理解を詳しく持ち合わせていたわけではなく、ソフトパワーに関する問題意識からランキングを取り扱ったがゆえに、実に稚拙な分析を行った拙稿もある。どんな人間も、はじめてそれにトライした時は初心者であった。通信教育も利用しつつ統計的な分析手法の修得を目指しているが、50 の手習いはやはり困難を多く伴っている。本書におけるアプローチの不備もすべて筆者の責任であり、忌憚のない意見に耳を傾けながら、より説得力ある説明に資する基礎的な技能の習熟度を上げていきたい。

　区切りという意味で、ようやくこうして単著として上梓することができたのも、広島修道大学ひろみらセンターのサポートがあったからに他ならない。本書の出版は広島修道大学の出版助成を受けている。この場を借り

て大学関係者に心より御礼申し上げたい。また溪水社社長の木村逸司氏のご理解がなければ出版には至らなかった。木村社長をはじめとした溪水社の関係各位にあらためて心より御礼申し上げたい。

参考文献

第1章

アイケンベリー, G・ジョン（2015）「理念・価値観——グローバルな舞台で役割を模索する日本」、船橋洋一編『検証 日本の失われた「20年」——日本はなぜ停滞から抜け出せなかったのか』（15章）東洋経済新報社.

朝日新聞（2015）「社説」『朝日新聞』8月27日.

五百旗頭真（2014）「戦後日本外交とは何か」、五百旗頭真編『戦後日本外交史（第3版補訂版）』（結章）有斐閣.

大庭三枝（2000）「国際関係論におけるアイデンティティ」『国際政治：国際政治理論の再構築』124, 137-162.

大森佐和（2012）「データ収集方法——分析の対象をどのように集めるのか？——」、松田憲忠・竹田憲史編『社会科学のための計量分析入門——データから政策を考える——』（第2章）ミネルヴァ書房.

片山朝雄（1981）「あとがき」、『朝日新聞の用語の手引き』朝日新聞社.

カプラン, ロバート・D.（2014）『地政学の逆襲——「影のCIA」が予測する覇権の世界地図』（櫻井祐子訳）朝日新聞出版.

キャンベル, ピーター／マイケル・C・デッシュ（2013）「大学ランキングが助長する知的孤立主義——より社会に目を向けた政策志向の研究を」『フォーリン・アフェアーズ・リポート』2013, No. 11.

クノー, ジェームズ（2014）「文化遺産とナショナリズム——文化遺産と人類が共有するには」『フォーリン・アフェアーズ・リポート』2014, No. 12.

下田道敬（2012）「援助は本当に役立っているか？——途上国で進むガバナンス改革の光と影、そして日本にできること——」、戸田真紀子・三上貴教・勝間靖編『国際社会を学ぶ』晃洋書房.

下村博文（2014）『9歳で突然父を亡くし新聞配達少年から文科大臣に——教育を変える挑戦』海竜社.

田中明彦（2003）『新しい中世——相互依存深まる世界システム——』日本経済新聞社.

寺島実朗（監修）（2014）／日本総合研究所編『全47都道府県幸福度ランキング2014年版』東洋経済新報社.

服部賢（2010）「YouNet「NIE」シリーズ（4）〜新聞を授業に生かすには〜」5月15日 <http://www.homenews.jp/younet/NIE/YN220515n-4.htm>2015年9月10日閲覧.

馬場伸也 (1983)『地球文化のゆくえ』東京大学出版会.
広田照幸 (2013)「日本の大学とグローバリゼーション」、吉田文 (他) 編『グローバリゼーション、社会変動と大学』岩波書店.
ナイ, ジョセフ・S．(2004)『ソフト・パワー』(山岡洋一訳) 日本経済新聞社.
中西寛 (2003)『国際政治とは何か』中公新書.
西川潤 (2007)「『心の豊かさ』をどう計るか？」『平和研究第 32 号──スピリチュアリティと平和──』早稲田大学出版部.
バボネス, サルバトーレ (2016)「中国経済のメルトダウンは近い──中国経済はまったく成長していない」『フォーリン・アフェアーズ・リポート』2016, No. 3.
毎日新聞 (1969)「国民総生産」『毎日新聞』6 月 11 日.
三上貴教 (2012)「日本はソフトパワー大国か？」、勝間靖・三上貴教・戸田真紀子編『国際社会を学ぶ』(7 章) 晃洋書房.
文部科学大臣 (2015)「国立大学法人等の組織及び業務全般の見直しについて (通知)」<http://www.mext.go.jp/b_menu/shingi/chosa/koutou/062/gijiroku/_icsFiles/afieldfile/2015/06/16/1358924_3_1.pdf>2015 年 10 月 15 日閲覧.
山田順 (2014)『日本人は世界での存在感を失っているのか』SB 新書.
読売新聞 (2015)「大学ランク『危機感を』」『読売新聞』10 月 2 日.
Buscema, Massimo, Pier Luigi Sacco and Guido Ferilli (2016) "Multidimensional Similarities at a Global Scale : An Approach to Mapping Open Society Orientations," *Social Indicators Research*, September 2016, Vol. 128, Issue 3, pp.1239-1258.
Cooper, Robert (1993) "Is there a New World Order?" in Sato, Seizaburo and Trevor Taylor eds, *Prospects for Global Order*, Royal Institute of International Affairs.
Szper, Rebecca (2013) "Playing to the Test: Organizational Responses to Third Party Ratings," *Voluntas*, 24, 935-952.

第 2 章

アイケンベリー, G・ジョン (2015)「理念・価値観──グローバルな舞台で役割を模索する日本」、船橋洋一編『検証 日本の失われた「20 年」──日本はなぜ停滞から抜け出せなかったのか』(15 章) 東洋経済新報社.
朝日新聞 (2015)「社説」『朝日新聞』4 月 29 日.
麻生太郎 (2007)『とてつもない日本』新潮新書.
五百旗頭真編 (2014)『戦後日本外交史 (第 3 版補訂版)』有斐閣.
猪口孝 (2005)『国際政治の見方──9・11 後の日本外交』ちくま新書.

大庭三枝（2000）「国際関係論におけるアイデンティティ」『国際政治：国際政治理論の再構築』124，137-162.
カー，E・H（1996〔原著1939〕）『危機の二十年』（井上茂訳）岩波文庫.
外務省『わが外交の近況』各年版.
外務省『外交青書』各年版.
神川彦松（1957）「日本外交へのプロレゴメナ──わが対外政策の分析、批判および構想──」『国際政治』2，1-20.
後藤範章（2013）「都市・地域社会調査におけるマルチメソッド・アプローチの展開──数字と言葉と映像の"混合"をいかにはかるのか？──」『社会と調査』11，22-32.
対談＝榊原英資×瀬口清之（2015）『中央公論』129（7），82-89.
ナイ，ジョセフ・S（2004）『ソフト・パワー』（山岡洋一訳）日本経済新聞社.
薬師寺克行（2003）『外務省──外交力強化への道──』岩波新書.

第3章
朝日新聞（2014）「『男女平等』進まぬ日本」『朝日新聞』10月28日.
鎌田勇太（2011）「民主主義指標と『プラグマティック・アプローチ』」『公共選択の研究』57号, 31-45.
シャンボー，デビッド(2015)「中国対外構想を支える広報戦略の実態」『フォーリン・アフェアーズ・リポート』2015年No.7.
鈴木賢志（2012）『日本人の価値観──世界ランキング調査から読み解く』中公選書.
総務省（2016a）「国政選挙における投票率の推移」<http://www.soumu.go.jp/senkyo/senkyo_s/news/sonota/ritu/>2016年5月29日閲覧.
総務省（2016b）「国政選挙の年代別投票率の推移について」<http://www.soumu.go.jp/senkyo/senkyo_s/news/sonota/nendaibetu/index.html> 2016年5月29日閲覧.
東郷賢（2008）「Polity Ⅳについて」『武蔵大学論集』第56巻第1号.
内閣府（2014）「平成25年度 我が国と諸外国の若者の意識に関する調査」（平成26年6月）<http://www8.cao.go.jp/youth/kenkyu/thinking/h25/pdf/b2_2.pdf>2014年11月11日閲覧.
EIU：The Economist Intelligence Unit (2010) Democracy Index 2010 <www.eiu.com>2016年5月29日閲覧.
EIU：The Economist Intelligence Unit (2013) *Democracy Index 2013* <www.eiu.com>2016年5月29日閲覧.
EIU：The Economist Intelligence Unit (2014) *Democracy Index 2014* <www.eiu.

com>2016 年 5 月 29 日閲覧.
EIU：The Economist Intelligence Unit (2015) *Democracy Index 2015* <www.eiu. com>2016 年 5 月 29 日閲覧.
Freedom House (2007) *Freedom in the World 2007 : the Annual Survey of Political Rights & Civil Liberties*, Rowman & Littlefield, New York.
Mansfield, E. D. and Jack Snyder (1995) "Democratization and the Danger of War," *International Security*, Summer 1995, Vol. 20, No. 1, pp. 5-38.
Marshall, Monty G. & Benjamin R. Cole (2014) *Global Report 2014-Conflict, Governance, and State Fragility*, Center for Systemic Peace.
Munck, Gerardo L. and Jay Verkuilen (2002) "Conceptualizing and Measuring Democracy: Evaluating Alternative Indices," *Comparative Political Studies*, Vol. 35, No. 1, 5-34.

第 4 章

エンカーナシオン，オマー・G.（2016）「ドナルド・トランプの台頭――ラテンアメリカ化するアメリカ政治」『フォーリン・アフェアーズ・レポート』2016, No. 6.
岡部光明（2013）「幸福度等の国別世界順位について：各種指標の特徴と問題点」『国際学研究』第 43 号，75-93.
近藤由美（2014）『世のなかを良くして自分も幸福になれる「寄付」のすすめ』東洋経済新報社.
鈴木智子・阿久津聡・コールバッハ＝フローリアン（2014）「東日本大震災による日本人の寄付意識の変化と幸福感についての研究」『平成 25 年度助成研究（要旨）』(公益財団法人吉田秀雄記念事業財団).
寺島実郎監修・日本総合研究所編（2014）『全 47 都道府県幸福度ランキング 2014 年版』東洋経済新報社.
西川潤（2007）「『心の豊かさ』をどう計るか？」『平和研究第 32 号――スピリチュアリティと平和――』早稲田大学出版部.
日本経済新聞（2013）「『安全』だけど余暇少なく」『日本経済新聞』5 月 29 日.
日本経済新聞（2015a）「春秋」『日本経済新聞』4 月 26 日.
日本経済新聞（2015b）「春秋」『日本経済新聞』10 月 15 日.
Helliwell, John, Richard Layard and Jeffrey Sachs eds. (2013), *World Happiness Report 2103*, New York: UN Sustainable Development Solution Network.
Helliwell, John, Richard Layard and Jeffrey Sachs eds. (2015), *World Happiness Report 2105*, New York: UN Sustainable Development Solution Network.
OECD（2014）"How's Life in Japan? 日本の幸福度 " OECD Better Life Initiative

<http://www.oecd.org/statistics/BLI%202014%20Japan%20country%20report%20Japanese.pdf> 2015年11月3日閲覧．

Pew Research Center (2014) "People in Emerging Markets Catch Up to Advanced Economies in Life Satisfaction,"<http://www.pewglobal.org/2014/10/30/people-in-merging-markets-catch-up-to-advanced-economies-in-life-satisfaction/> 2015年11月1日閲覧．

Szalavitz, Maja (2013) "The Selfish Behind Why We Give," *TIME* Oct. 23.

第5章

アリソン，グレアム・T（1977）『決定の本質』（宮里政玄訳）中央公論社．

五百旗頭真（1985）『米国の日本占領政策』（下）中央公論社．

運輸省・OSAKAワールド・ツーリズム・フォーラム '94実行委員会主催（1994）「世界観光セミナー」（1994年11月3日・4日大阪開催）．

観光立国会計閣僚会議（2003）「観光立国行動計画～「住んでよし、訪れてよしの国づくり」戦略行動計画～」．

髙松正人（2015）「WEF（世界経済フォーラム）旅行・観光競争力レポート2015の概要」〔JTB総合研究所〕6月15日 <http://www.tourism.jp/tourism-database/column/2015/06/travel-and-tourism-competitiveness-report-2015/> 2016年9月3日閲覧．

フクヤマ，フランシス（1992）『歴史の終わり』（上）（下）（渡部昇一訳）三笠書房．

三上貴教（1995）「観光の国際関係論――そのプロレゴメナとして」『札幌学院法学』第11巻第2号、79-107．

読売新聞（2015）「日本『おもてなし』」『読売新聞』5月7日．

Sinclair, M.T. and S.J. Page (1993) "The Euroregion: A New Framework for Tourism and Regional Development," *Regional Studies: Journal of Regional Studies Association,* Vol. 27, No. 5.

Snyder, R. C., H. W. Bruck and Burton Sapin (1954) *Decision-making Approach to the Study of International Politics,* Princeton University.

World Economic Forum (2013) *The Travel & Tourism Competitiveness Report 2013* < http://www3.weforum.org/docs/WEF_TT_Competitiveness_Report_2013.pdf> 2016年9月3日閲覧．

World Economic Forum (2015) *The Travel & Tourism Competitiveness Report 2015* < http://reports.weforum.org/travel-and-tourism-competitiveness-report-2015/the-travel-tourism-competitiveness-index/> 2016年8月12日閲覧．

第 6 章

阿久澤徹（2013）「公務員倫理問題への新アプローチ」『政策科学』20-2.

大前研一（2013）『クオリティ国家という戦略』（小学館）.

エンカーナシオン、オマー・G（2015）「スペインを席巻するポデモスの正体——急進左派思想と現実主義の間」『フォーリン・アフェアーズ・リポート』2015, No. 3.

オレンシュタイン, マイケル・A（2014）「ポーランドという名のドイツ経済——政治的悲劇から経済的成功への道」『フォーリン・アフェアーズ・レポート』2014, No. 2.

片岡信之（2012）「北欧というアイデンティティ——北欧の世界史的意義とは何か？——」、勝間靖・三上貴教・戸田真紀子編『国際社会を学ぶ』晃洋書房.

近藤正規（2003）「ガバナンスと開発援助——主要ドナーの援助政策と指標構築の試み——」『平成 14 年度国際協力事業団客員研究員報告書』国際協力事業団国際協力総合研修所。

下村勝巳（2004）「グローバル化における国際 NGO の役割——トランスペアレンシー・インターナショナルの活動一〇年の軌跡——」『大東法政論集』第 12 号、121-142.

砂原庸介・稗田健志・多湖淳（2015）『政治学の第一歩』有斐閣.

高橋百合子編（2015）『アカウンタビリティ改革の政治学』有斐閣.

トランスペアレンシー・ジャパン（2005a）「設立背景」< http://www.ti-j.org/index.html>、2015 年 11 月 5 日閲覧.

トランスペアレンシー・ジャパン（2005b）「私たちの使命」<http://www.ti-j.org/mission.html>、2015 年 11 月 5 日閲覧.

トランスペアレンシー・ジャパン（2012）「報道資料」<http://www.ti-j.org/ngo_top100.pdf>　2015 年 11 月 5 日閲覧.

トランスペアレンシー・ジャパン（2013）「ブログ」<http://www.ti-j.org/blog.html>、2015 年 11 月 5 日閲覧.

トランスペアレンシー・ジャパン（2014）「ブログ」<http://www.ti-j.org/blog.html>、2015 年 11 月 5 日閲覧.

日本経済新聞（2016）「パナマ文書、日本関連、270 社明記、UCC 代表の名も」『日本経済新聞』4 月 27 日.

藤原正彦（2005）『国家の品格』新潮新書.

ブルックス, カレン（2014）「フィリピンとインドネシア——何が軌道を分けたのか」『フォーリン・アフェアーズ・レポート』2014, No. 1.

ポンスティラク, ティティナン（2014）「大陸部東南アジアの統合と成長——メ

コン流域地帯のポテンシャル」『フォーリン・アフェアーズ・レポート』2014, No.2.
Ko, Kilkon and Ananya Samajdar (2010) "Evaluation of international corruption indexes: Should we believe them or not?" *The Social Science Journal,* Vol. 47, Issue 3, September, 508-540.
Leon, Carmelo J., Jorge E. Arana, Javier de Leon (2013) "Correcting for Scale Perception Bias in Measuring Corruption: an Application to Chile and Spain," *Social Indicators Research,* December 2013, Vol. 114, Issue 3, pp. 977-995.
Transparency International（2014）*Corruption Perceptions Index 2014: Clean growth at risk* < http://www.transparency.org/cpi2014/press>2015 年 11 月 5 日閲覧.

第 7 章
中本義彦（2006）「規範理論」、吉川直人・野口和彦編『国際関係理論』（第 9 章）勁草書房.
三上貴教（2012）「平和ランキングに基づく主要国比較から得られる示唆」『広島平和科学』33, 49-69.
三上貴教（2014）「『ひろしまレポート』ランキング化試験――地球平和指数ランキングとの比較を交えて――」『広島平和科学』35, 19-42.
Coutsoukis, Photius（2007）Global Peace Index 2007 <http://www.photius.com/rankings/global_peace_index_2007.html> 2015 年 11 月 8 日閲覧.
Institute for Economics & Peace (2013) *Global Peace Index 2013,* <http://www.visionofhumanity.org/pdf/gpi/2013_Global_Peace_Index_Report.pdf> 2015 年 11 月 8 日閲覧.

第 8 章
国連開発計画（UNDP）編（1995）『人間開発報告書（1994）』国際協力出版会.
国連開発計画（UNDP）編（1996）『人間開発報告書 1995――ジェンダーと人間開発――』国際協力出版会.
国連開発計画（UNDP）編（1996）『人間開発報告書 1996――経済成長と人間開発――』国際協力出版会.
国連開発計画（UNDP）編（1997）『人間開発報告書 1997――貧困と人間開発――』国際協力出版会.
国連開発計画（UNDP）編（1998）『人間開発報告書 1998――消費パターンと人間開発――』国際協力出版会.
国連開発計画（UNDP）編（1999）『人間開発報告書 1999――グローバリゼーショ

ンと人間開発——』国際協力出版会.

国連開発計画（UNDP）編（2000）『人間開発報告書 2000——人権と人間開発——』国際協力出版会.

国連開発計画（UNDP）編（2001）『人間開発報告書 2001——新技術と人間開発——』国際協力出版会.

国連開発計画（UNDP）編（2002）『人間開発報告書 2002——ガバナンスと人間開発——』国際協力出版会.

国連開発計画（UNDP）編（2003）『人間開発報告書 2003——ミレニアム開発目標（MDGs）達成に向けて——』国際協力出版会.

国連開発計画（UNDP）編（2004）『人間開発報告書 2004——この多様な世界で文化の自由を——』国際協力出版会.

国連開発計画（UNDP）編（2006）『人間開発報告書 2005——岐路に立つ国際協力：不平等な世界での援助、貿易、安全保障——』国際協力出版会.

国連開発計画（UNDP）編（2007）『人間開発報告書 2006——水危機神話を超えて：水資源をめぐる権力闘争と貧困、グローバルな課題——』国際協力出版会.

国連開発計画（UNDP）編（2008）『人間開発報告書 2007/8：気候変動との戦い——分断された世界で試される人類の団結』阪急コミュニケーションズ.

国連開発計画（UNDP）編（2010）『人間開発報告書 2009：障壁を乗り越えて——人の移動を開発』阪急コミュニケーションズ.

国連開発計画（UNDP）編（2011）『人間開発報告書 2010（20 周年記念版）：国家の真の豊かさ——人間開発への道筋』阪急コミュニケーションズ.

国連開発計画（UNDP）編（2012）『人間開発報告書 2011：持続可能性と公平性——より良い未来をすべての人に』阪急コミュニケーションズ.

椛木哲夫（2014）「世界大学ランキングの動向と問題点——日本の大学の正当な評価とは」『大学時報』358 (9), 62-67.

フランク, A・G（1976）『世界資本主義と低開発——収奪の≪中枢－衛星≫構造』（大崎正治訳）柘植書房.

正井泰夫監修（2013）『今がわかる時代がわかる　世界地図 2013 年版』成美堂出版.

米原あき（2013）「人間開発指数再考：包括的な開発評価への試み」『日本評価研究』13（3）, 91-105.

Galtung, J. A. (1971) "A Structural Theory of Imperialism," *Journal of Peace Research,* 8 (2), 81-117.

Michinaka, Maki（道中真紀）(2011) "Reexamination of the Human Development Index," 『工学院大学研究論叢』49(1)49, 37-50.

UNDP (1993) *Human Development Report 1993*, New York, Oxford University Press.
Yonehara, Aki (2014) "Rethinking the Human Development Index: A Path toward Comprehensive Development Evaluation,"『日本評価研究』14(1), 31-46.

第9章
朝日新聞（2013）「核軍縮取組、北朝鮮は最下位、広島県が『格付け』」『朝日新聞』4月11日.
黒沢満（2013）「『核兵器のない世界』実現への展望」『広島平和研究』第1号.
坂本義和（1982）『新版　核時代の国際政治』岩波書店.
田坂広志（2014）『ダボス会議に見る世界のトップリーダーの話術』東洋経済新報社.
ナイ，ジョセフ・S．（2004）『ソフト・パワー』（山岡洋一訳）日本経済新聞社.
日本経済新聞（2013）「19ヵ国の核軍縮、広島県が採点、リポート公表、廃絶促す」『日本経済新聞』4月11日.
ひろしまレポート（2014）公益財団法人日本国際問題研究所軍縮・不拡散促進センター「ひろしまレポート――核軍縮・核不拡散・核セキュリティを巡る動　向：2014年　――」<https://www.pref.hiroshima.lg.jp/uploaded/attachment/123752.pdf>2015年11月10日閲覧.
ペイ，ミンシン（2014）「中国は欧米秩序を拒絶する――米中衝突が避けられない理由」『フォーリン・アフェアーズ・レポート』2014, No. 4.
毎日新聞（2013a）「ひろしまレポート：ヒロシマ発「核」通信簿、１９カ国の６１項目、県が報告書」『毎日新聞』4月11日.
毎日新聞（2013b）「ひろしまレポート：県採点で核不拡散最低点に、パキスタン側反論」『毎日新聞』4月13日.
三上貴教（2000）「NGOと核廃絶」、山田浩・吉川元編『なぜ核はなくならないのか――核兵器と国際関係――』法律文化社.
三上貴教（2014）「『ひろしまレポート』ランキング化試論――地球平和指数ランキングとの比較を交えて――」『広島平和科学』35.
読売新聞（2013）「核軍縮への貢献採点、広島県、１９か国対象」『読売新聞』4月12日.

第10章
石原俊一（2010）「心理的健康に対するポジティブイリュージョンとセルフモニタリングの効果」『人間科学研究』文教大学人間科学部第32号, 1-7.
外務省（2014）「"世界に良い影響を与えている国"日本」<http://www.mofa.

go.jp/mofaj/press/pr/pub/pamp/mofa/index/html#page=12> 2015 年 4 月 27 日閲覧．
国会会議録（2012）「参議院憲法審査会」5 月 30 日．
杉下恒夫（2007）「世界に最も良い影響を与えている国は日本」『ODA ジャーナリストのつぶやき』vol.178, 30, November 2007 < http://www.jica.go.jp/aboutoda/odajournalist/2007/178.html> 2015 年 4 月 27 日閲覧．
馬場伸也（1989）『カナダ：二十一世紀の国家』中公新書．
読売新聞（2007）「[日本] 海の向こうから（3）世界で意外に高評価」11 月 23 日．
BBC World Service（2008）Poll: Global Views of USA Improve <http://www.worldpublicopinion.org/pipa/pdf/apr08/BBCEvals_Apr08_rpt.pdf> 2015 年 4 月 27 日閲覧．
BBC World Service（2009）Poll, February 2009 <http://news.bbc.co.uk/2/shared/bsp/hi/pdfs/06_02_09bbcworldservicepoll.pdf> 2015 年 4 月 27 日閲覧．
BBC World Service（2010）Poll, April 2010 <http://news.bbc.co.uk/2/shared/bsp/hi/pdfs/160410bbcwspoll.pdf> 2015 年 4 月 27 日閲覧．
BBC World Service（2011）Poll, March 2011 < http://www.worldpublicopinion.org/pipa/pdf/mar11/BBCEvalsUS_Mar11_rpt.pdf> 2015 年 4 月 27 日閲覧
BBC World Service（2012）Poll, May 2012 <http://www.globescan.com/images/images/pressreleases/bbc2012_country_ratings/2012_bbc_country%20rating%20final%20080512.pdf> 2015 年 4 月 27 日閲覧．
BBC World Service（2013）Poll, May 2013 <http://www.worldpublicopinion.org/pipa/2013%20Country%20Rating%20Poll.pdf> 2015 年 4 月 27 日閲覧．
BBC World Service（2014）Poll, June 2014 <http://downloads.bbc.co.uk/mediacentre/country-rating-poll.pdf> 2015 年 4 月 27 日閲覧．
Globescan（2006）Global Poll < http://www.globescan.com/news_archives/bbc06-3/> 2015 年 4 月 27 日閲覧．

第 11 章
朝日新聞（2010）「世界大学ランキングに批判　日本の順位低下、新基準を分析」『朝日新聞』11 月 1 日．
安倍晋三（2013）「成長戦略第 2 弾スピーチ」（日本アカデメイア）<http://www.kantei.go.jp/jp/96_abe/statement/2013/0517speech.html> 2014 年 11 月 13 日閲覧．

安倍晋三（2014）「第186国会における内閣総理大臣施政方針演説」1月24日.
ETS (2013a)「TOEIC テスト Worldwide Report 2012」<www.toeic.or.jp/library/toeic_data/toeic/pdf/data/Worldwide_2012.pdf>（邦語）2014年7月22日閲覧.
ETS (2013b)「TOEIC プログラム DATA & ANALYSIS 2012—2012年度受験者数と平均スコア—」<www.toeic.or.jp/library/toeic_data/toeic/pdf/data/DAA2012.pdf>（邦語）2014年7月22日閲覧.
岩淵秀樹（2013）『韓国のグローバル人材育成力』講談社現代新書.
エルゼビア（2014）「プレス・リリース」11月19日 <http://jp.elsevier/com/press-relieases/2014/20141119> 2015年12月14日閲覧.
大津由紀雄・江利川春雄・斎藤兆史・鳥飼玖美子（2013）『英語教育、迫り来る破綻』ひつじ書房.
岡村正・茂木友三郎・長谷川閑史・大橋光夫・佐々木毅（2013）「2030日本再生の6大シナリオ」『文藝春秋』2014年新年号.
苅谷剛彦（2011）「大学教育機会の拡大によって大卒学歴の価値はどのように変化したのか？――日本型学歴インフレの功罪――」東京大学社会科学研究所パネル調査プロジェクト『ディスカッションペーパーシリーズ』No. 48.
苅谷剛彦（2015）「『キャッチアップの完了』がすべてを間違わせた」、船橋洋一編『検証日本の「失われた20年」』（第6章）東洋経済新報社.
教育再生実行会議（2013）「これからの大学教育等の在り方について（第三次提言）5月28日」 < http://www.kantei.go.jp/jp/singi/kyouikusaise/pdf/dai3_1.pdf > 2014年11月13日閲覧.
経済協力開発機構（OECD）（2013）『図表でみる教育 OECDインディケータ（2013年版）』明石書店.
経済産業省（2011）「産学協働人財育成会議(参考資料1-3: 関連資料・データ集)」<http://www.meti.go.jp/policy/economy/jinzai/san_gaku_kyodo/sanko1-3.pdf>2014年11月13日閲覧.
経済同友会（2013）「実用的な英語力を問う大学入試の実現を～初等・中等教育の英語教育改革との接続と国際標準化～」（4月）<http://www.doyukai.or.jp/policyproposals/articles/2013/130422a.html>2014年11月13日閲覧.
国会会議録（1981）「衆院文教委員」4月10日、小杉隆発言.
国会会議録（2010）「衆院文部科学委員回」4月16日、川端達生発言.
小林明（2007）「留学生の定義に関する比較研究」、平成19年度文部科学省先導的大学改革推進経費による委託研究（委託先：一橋大学）「我が国の高等教育グローバル戦略と留学生定義のゆくえ」.
斉藤淳（2014）『世界の非ネイティブエリートがやっている英語勉強法』中経

出版.

椎木哲夫（2014）「世界大学ランキングの動向と問題点──日本の大学の正当な評価とは」『大学時報』No. 358, Sep. 62-67.

下村博文（2014）『9歳で突然父を亡くし新聞配達少年から文科大臣に──教育を変える挑戦』海竜社.

首相官邸（2013）<http://www.kantei.go.jp/jp/96_abe/statement/2013/0517speech.html>2014年8月14日閲覧.

首相官邸（2014）「日本再興計画」2014年6月の改訂版 <http://www.kantei.go.jp/jp/singi/keizaisaisei/pdf/honbun2JP.pdf> 2015年12月23日閲覧.

施光恒（2015）『英語化は愚民化──日本の国力が地に落ちる』集英社新書.

竹村敏彦（2013）「日本の国際競争力強化に向けた戦略と課題」『情報通信政策レビュー』25-40.

中央公論新社（2016）「2016新書大賞」< https://www.chuko.co.jp/special/shinsho_award/> 2016年2月27日閲覧.

東京医科歯科大学（2016）「THE世界大学ランキングにおける日本の大学の順位」< http://www.tmd.ac.jp/kouhou/ranking/THE/index.html> 2016年9月14日閲覧.

中澤渉（2014）「（学びを語る）日本の公教育費：大学進学、社会的意義訴えて」『朝日新聞』8月27日.

日本アカデメイア（2012）「『日本アカデメイア』発足宣言文」<https://j-akademeia.jp/about/purport.php> 2015年12月9日参照.

日本経済新聞（1994）「根強い人気国際関連学部、大学、遠い『真の国際化』──欧米視野に競争を」『日本経済新聞』3月21日.

日本経済新聞（1997）「社説：英語ができなければ国が危うい」『日本経済新聞』6月8日.

日本経済新聞（2014）「社説：光の革命を起こした日本人のノーベル賞」『日本経済新聞』10月8日.

日本経済新聞（2015）「日本の公的機関、教育への支出、最下位脱せず」『日本経済新聞』11月25日.

フェルドマン，ロバート（2013）「R・フェルドマンが語る安倍政権の経済思想と構造改革」『フォーリン・アフェアーズ・リポート』2013, No. 12.

法務省（2012）「入国管理局」<http://www.immi-moj.go.jp/newimmiact_1/> 2015年12月23日閲覧、

毎日新聞（2009）「世界大学ランキング」『毎日新聞』10月10日.

牧かずみ（2013）「我が国の高等教育グローバル戦略と留学生定義のゆくえ──医学・医療分野の視点から──」『国際交流センター電子紀要』（信州大学）.

文部科学省（2013）「日本再興戦略―JAPAN is BACK―（抜粋）」<http://www.mext.go.jp/b_menu/shingi/gijyutu/gijyutu4/siryo/__icsFiles/afieldfile/2013/08/13/1338449_3.pdf> 2015年12月9日参照.

文部科学省（2014a）『平成26年度文部科学白書』.

文部科学省（2014b）「英語教育の在り方に関する有識者会議（第5回）配布資料【資料2－1】中学校・高等学校における英語教育の在り方に関する論点」6月18日 <http://www.mext.go.jp/b_menu/shingi/chousa/shotou/102/shiryo/attach/1349083.htm> 2016年9月14日閲覧.

山村一夫（2013）「コンサルティングレポート：世界ランキング（THE社）発表～日本らしい独自のランキング発信を～」（三菱UFJリサーチ＆コンサルティング <http://www.murc.jp/thinktank/rc/report/cr_131003.pdf>2014年8月12日閲覧.

養老孟司（2014）『「自分」の壁』新潮新書.

米澤彰純（2014）「大学ランキングと日本の私立大学」『大学時報』No. 358, Sep. 60-61.

読売新聞（2007）「[大学発07]世界大学ランキングほか」『読売新聞』11月20日.

渡部由紀（2012）「＜研究ノート＞世界大学ランキングの動向と課題」『京都大学国際交流センター論攷』第2号, 113-124.

Atkinson, Carol (2010) "Does Soft Power Matter? A Comparative Analysis of Student Exchange Programs 1980-2006," *Foreign Policy Analysis,* Vol. 6, Issue 1, January.

ETS（2015）Test and Score Data Summary for TOEFL iBT Tests January 2014-December 2014 Test Data < www.ets.org/toefl> 2015年6月2日閲覧.

IMD（2015）World Competitiveness Yearbook <http://www.imd.org/uupload/imd.website/wcc/scoreboard.pdf> 2015年12月16日閲覧.

Times Higher Education (2011) World University Rankings 2010-11 methodology <https://www.timeshighereducation.com/world-university-rankings-2010-11-methodology> 2016年9月14日閲覧.

第12章

朝日新聞（2015a）「いま子どもたちは：アーチを描く3」『朝日新聞』2月13日.

朝日新聞（2015b）「社説：五輪のメダル、政府目標は必要か」『朝日新聞』11月24日.

池井優（1988）「戦後国際政治とスポーツ」『国際問題』No.342, pp. 2-16.

オリンピック憲章（2015）　<http://www.joc.or.jp/olympism/charter/pdf/

olympiccharter2015.pdf> 2016 年 9 月 18 日閲覧.
金子史弥（2014）「2012 年ロンドンオリンピック・パラリンピックの『レガシー』をめぐる政策的言説の創造と政策実践の展開：大ロンドン市における『スポーツ・レガシー』に関する取り組みに着目して」『一橋大学スポーツ研究』（33）16-33.
清川正（1987）『スポーツと政治――オリンピックとボイコットも問題の視点――』ベースボール・マガジン社.
国会会議録（1986）「参議院文教委員会会議録」11 月 25 日.
国会会議録（2013a）「参議院本会議録」2 月 1 日、橋本聖子発言.
国会会議録（2013b）「参議院文教科学委員会」11 月 5 日、下村博文発言.
武田薫（2008）『オリンピック全大会』朝日新聞出版.
シュライファー，アンドレイ／トレーズマン，ダニエル（2014）「市場経済・民主主義は淘汰されたのか――旧共産圏改革に関する幻想と現実」『フォーリン・アフェアーズ・レポート』2015, No. 1.
ナイ，ジョセフ・Ｓ．（2004）『ソフト・パワー』（山岡洋一訳）日本経済新聞社.
ナイ，ジョセフ・Ｓ．（2011）『スマート・パワー』（山岡洋一・藤岡京子訳）日本経済新聞出版社.
内閣府（1977）「国民栄誉賞表彰規定」<http://www.cao.go.jp/others/jinji/kokumineiyosho/> 2016 年 2 月 2 日閲覧.
中野剛志（2014）『世界を戦争に導くグローバリズム』集英社.
西山哲郎（2015）「範例的メディアイベントとしての 2020 東京オリンピック・パラリンピック大会の行方について」『マス・コミュニケーション研究』第 86 号, 3-17.
日本オリンピック・アカデミー編（2004）『21 世紀　オリンピック豆事典』楽.
日本オリンピック委員会（2016a）「ストックホルム 1912」<http://www.joc.or.jp/column/olympic/stockholm1912/> 2016 年 2 月 2 日閲覧.
日本オリンピック委員会（2016b）「クーベルタン」<http://www.joc.or.jp/olympism/coubertin/> 2016 年 2 月 5 日閲覧.
日本オリンピック委員会（2016c）「スポーツと環境」<http://www.joc.or.jp/eco/> 2016 年 9 月 18 日閲覧.
日本オリンピック委員会（2016d）「冬季オリンピックの歴史」<http://www.joc.or.jp/column/olympic/winterhistory/> 2016 年 9 月 18 日閲覧.
日本経済新聞（2014）「東京で『金』量産　国が集中強化」12 月 19 日.
日本経済新聞（2015）「社説：『金メダル庁』では情けない」『日本経済新聞』5 月 17 日.
湊慎一郎（2014）「2012 年ロンドンオリンピック・パラリンピック競技大会に

おける事前合宿誘致の取り組み」『自治体国際化フォーラム』Oct. 2014, vol. 300.
D'AGATI, Philip A. (2013) *The Cold War and the 1984 Olympic Games: A Soviet-American Surrogate War,* Palgrave Macmillan, New York.
Darity, William A.（2007）*International Encyclopedia of Social Sciences,* MacMillan Publishing Company.
Olympic Games (2014)<http://www.olympic .org/olympic-games>2014 年 11 月 22 日閲覧.

第 13 章

五十嵐順一（2015）「世界の NGO TOP500! 果たして日本は？」<http://drive.media/posts/6084> 2016 年 9 月 20 日閲覧.
国際大学グローバル・コミュニケーション・センター（2016）「GLOCOM が『2015 年世界のトップ・シンクタンク Science & Technology 部門で第 30 位にランクインしました」< http://www.glocom.ac.jp/news/1407> 2016 年 9 月 20 日閲覧．
田中均（2015）『日本外交の挑戦』角川新書．
トランスペアレンシー・ジャパン（2012）「世界ＮＧＯトップ１００ランキングでトランスペアレンシー・インターナショナルが１６位に！」4 月 2 日 <http://www.ti-j.org/ngo_top100.pdf> 2014 年 11 月 4 日閲覧.
ナイ，ジョセフ・S.（2011）『スマート・パワー』（山岡洋一・藤島京子訳）日本経済新聞出版社．
長浜洋二（2012）「飛耳長目」3 月 30 日 <http://blog.canpan.info/hijichomoku/archive/553> 2015 年 9 月 4 日閲覧．
nippon.com (2016)「多言語発信サイト『nippon.com』について」<http://www.nippon.com/ja/about-nippon-com/> 2016 年 2 月 22 日閲覧。
馬場伸也（1982）「NGO と国際社会」『法学セミナー増刊：国際政治と日本の選択』．
三上貴教（2000）「不均衡の国連 NGO――本部所在地の分析を中心に――」『修道法学』第 22 巻第 1・2 合併号, 255-275.
毛利聡子（2011）『NGO から見る国際関係』法律文化社.
Finnemore, Martha and Kathryn Sikkink (1998), "International Norm Dynamics and Political Change," *International Organization* 52, 4, Autumn, 887-917.
Keohane, Robert O. and Joseph S. Nye, Jr., ed. (1971) *Transnational Relations and World Politics,* Harvard University Press.
NGO Advisor (2016) Top 100 NGOs <https://www.ngoadvisor.net/top100ngos/>

2016 年 9 月 20 日閲覧.
Risse-Kappen, Thomas ed. (1995) *Bringing Transnational Relations Back In*, Cambridge University Press.
TTCSP (2016) <http://gotothinktank.com/> 2016 年 2 月 22 日閲覧.

第 14 章

朝日新聞（2014）「社説：分断を埋める『この道』に」『朝日新聞』12 月 15 日.
朝日新聞（2015）「経済気象台」『朝日新聞』8 月 11 日.
金子将史・北野充［編著］（2007）『パブリック・ディプロマシー――「世論の時代」の外交戦略――』PHP 研究所.
鴻上尚史（2015）『クール・ジャパン！？』講談社.
ナイ , ジョセフ・S.（2011）『スマート・パワー』（山岡洋一・藤島京子訳）日本経済新聞社.
日本経済新聞（2015）「社説：最低限の水準満たした政府の CO2 削減案」『日本経済新聞』5 月 2 日.
ファレル, ヘンリー／マーサ・フィネモアー（2013）「暴かれたアメリカの偽善――情報漏洩とアメリカのダブルスタンダード」『フォーリン・アフェアーズ・リポート』2013, No. 12.
三上貴教（1990）「政治過程論の新次元――国際関係における『民外圧』――」、馬場伸也編『現代国際関係の新次元』日本評論社.
Monocle（2016）Soft Power Survey – 2012 <http://monocle.com/film/affairs.soft-power-survey-2012/> 2016 年 9 月 20 日閲覧.

事項索引

【あ行】

麻生外交　12
新しい中世　4
アパルトヘイト　278
アフガニスタン侵攻　284
アベノミクス　127
安全保障のディレンマ　175
イスラム国　23,24,175
一億総中流　40,115,121
イラク戦争　23,176
ウェストファリア（体制）　4
映画祭　53,54
英語公用語論　268
エピステミック・コミュニティ　17
オイスカ　330
王立国際問題研究所（チャタムハウス）　335
おもてなし　25,351
オリンピズム　304,

【か行】

核の傘　24
カスケード　25,334
カンヌ国際映画祭　53
規範　21,22,25,26,334
基本的人権　90
金・ドル交換停止措置　58
金融緩和（政策）　127,183
クールジャパン　49
クリティカル・シンキング　265
権威主義体制　160
憲法9条　24
公共圏的　22
構造調整　19
構造的帝国主義論　188
公的異議申し立て　107

高度成長期　9
広報外交　11,349
広報文化外交　87
公務員倫理　154
国際交流基金　58,65,70
国際秩序　4,8,40,275
国際文化交流　54,55,65
国連海洋法条約　47
国連憲章　90
国連世界観光機関（UNWTO）　127,137
国連難民高等弁務官　68
国連分担金　67
国権　26
コンストラクティヴィズム　61

【さ行】

査証免除（国）　14,142
施政方針演説　21
自治体国際化フォーラム　308
姉妹都市（関係／交流）　52,54,56
従属論　188,189
ルーブル美術館　39
集団的自衛権　24,176
主家国家（システム）　4,11,19,21,38
情報公開　42
真理探究　7
ストックホルム国際平和研究所　336
スパルタ　277
スマートパワー　340
西欧列強　9
政治参加　104
青年海外協力隊　47,48
勢力均衡　23
世界遺産　125
世界価値観調査　92
世界観光機関　135,140

世界政府　6
世界文化遺産　128
積極的平和　83,166,170,174
相互尊重　339
相互認証　339,340

【た行】
大英博物館　39
大学教育無用論　262
大正デモクラシー　108
大量破壊兵器　176
地球儀を俯瞰する外交　83
地政学的　5
地方創生　249
朝鮮戦争　23
適正な法的手続き　90
ドーピング問題　325
独裁国家　153
特定秘密保護法　87
トルドー外交　224

【な行】
ニクソン・ショック　58
日米同盟　82
日米摩擦　82
日本語学習者（数）　77,85
日本国際政治学会　43
日本国際問題研究所　335
人間の安全保障　40,77,166,197,199
ノーベル平和賞　214
野村総合研究所　335

【は行】
ハードパワー　83
覇権安定論　275
パナマ文書　153
パブリック・コメント　86
パブリック・ディプロマシー　41,142,267,349,350

バブル　9
反証可能性　183
ピースボート　330
ビジットジャパンキャンペーン　127
日の丸飛行隊　318
被爆国　54
非暴力主義　176
富国強兵　15
武士道精神　152
プラハ演説　214
フリーダム・ハウス　88
ブルッキングス研究所　335
ヘイト・スピーチ　107
平和学　83
ベトナム戦争　23
貿易立国　62
訪日観光客数　86

【ま行】
マーシャルプラン　110
民外圧　350
民主党政権　12
メトロポリタン美術館　39
もったいない　25,350
問題解決能力　261

【や行】
吉田路線　82

【ら行】
リアリズム　23
ルーブル美術館　39
冷戦（後／構造）　6,284,287

【わ行】
ワールドカップ　272
ワシントン・コンセンサス　189
湾岸戦争　23

【アルファベット】
BRICS　13
CSCE　142
FIFA　272
G7（諸国）　12,69,184,215
G8（諸国）　76,78,184

GNH　124
ICOMOS　341
NATO　24
PKO（要員）　49,50,78
UNHCR　68

人名索引

【あ行】
アイケンベリー（, ジョン） 12,40
アトキンソン（,C.） 267
安倍首相 231,233
五百籏頭真 82
池上彰 239
石破茂 233,310
大前研一 153,
緒方貞子 68,
オバマ大統領 214

【か行】
カー（,E. H.） 41
神川彦松 43
ガルトゥング（, ヨハン） 83,188,189
川島真 334
キーン（, ドナルド） 352
ギルピン（,R.） 275
クーベルタン（,P.） 273,301
黒澤満 214
黒沼ユリ子 55
ケネディ駐日大使 215
ケリー国務長官 215
コヘイン（,R. O.） 333

【さ行】
榊原英資 86
坂本義和 214
佐々木毅 233
塩川正十郎 287

【た行】
下村博文 231
白石隆 334
菅義偉 233
スティムソン陸軍長官 140
スノーデン（,E. J.） 344

【た行】
ダール（, ロバート） 107
田勢康弘 269

【な行】
中江兆民 175

【は行】
橋本聖子 274
馬場伸也 333
藤原正彦 152
フランク（,A.） 188

【ま行】
マータイ（, ワンガリ） 350
増田寛 310
森有礼 268

【や行】
養老猛司 261
吉田茂 8

【ら行】
リセ・カッペン（, トーマス） 334

著者紹介

三上　貴教（みかみ　たかのり）

1959年北海道生まれ。大阪大学大学院法学研究科博士課程後期単位取得中途退学。
札幌学院大学法学部講師、同助教授、広島修道大学法学部助教授を経て、現在、広島修道大学法学部教授。専門は国際政治学、国際日本学。

主な著作
三上貴教編（2005）『映画で学ぶ国際関係』法律文化社、戸田真紀子・三上貴教・勝間靖編（2012）『国際社会を学ぶ』晃洋書房、三上貴教編（2013）『映画で学ぶ国際関係Ⅱ』法律文化社。

〔広島修道大学学術選書67〕
ランキングに見る日本のソフトパワー

平成29年3月16日　初版第一刷発行

著　者　三上　貴教

発行所　株式会社　溪水社

　　　　広島市中区小町1-4（〒730-0041）
　　　　電話 082-246-7909　FAX082-246-7876
　　　　URL: www.keisui.co.jp
　　　　E-mail: info@keisui.co.jp

ISBN978-4-86327-391-7　C1036